名师名校名校长

凝聚名师共识
回应名师关怀
打造名师品牌
培育名师群体

中学生历史写作指导

杨重诚 施泽玉 胡菊梅 编著

北京燕山出版社
BEIJING YANSHAN PRESS

图书在版编目（CIP）数据

中学生历史写作指导 / 杨重诚，施泽玉，胡菊梅编
著. — 北京：北京燕山出版社，2023.5
ISBN 978-7-5402-6888-6

Ⅰ. ①中⋯ Ⅱ. ①杨⋯ ②施⋯ ③胡⋯ Ⅲ. ①中学历
史课—教学参考资料 Ⅳ. ①G633.513

中国国家版本馆CIP数据核字（2023）第061640号

中学生历史写作指导

编　　著	杨重诚　施泽玉　胡菊梅
责任编辑	满　懿
出版发行	北京燕山出版社有限公司
社　　址	北京市西城区椿树街道琉璃厂西街20号
电　　话	010-65240430
邮　　编	100052
印　　刷	北京政采印刷服务有限公司
经　　销	新华书店
开　　本	170mm×240mm　16 开
字　　数	284千字
印　　张	15.75
版　　次	2023年5月第1版
印　　次	2023年5月第1次印刷
定　　价	58.00元

序　言

2022年8月16日，习近平总书记在辽宁考察时指出："红色江山来之不易，守好江山责任重大。要讲好党的故事、革命的故事、英雄的故事，把红色基因传承下去，确保红色江山后继有人、代代相传。"贯彻落实习近平总书记这一指示，广大中学历史教师可以大有作为。

中学历史课程承载着历史学的教育功能，以立德树人为根本任务，坚持正确的思想导向和价值判断。新时代赋予历史课程新使命，2020年修订的新课标要求历史教育工作者时刻想着历史课程要培养什么人和怎样培养人的问题，深入思考如何使学生从历史的角度、以历史的视野认识社会和人生，使学生通过历史学习得到全面发展，从而真正发挥历史课程的教育功能。

历史反映的是由远而近、循序发展的客观事实，而这样的特点恰好与学生由近及远的感知、认识习惯产生了冲突，给学生的历史学习带来了一定的困难。历史教学要想走出这一困境，首先就得将历史教学与学生的生活实际、个人体验结合起来，让历史走进生活，让学生走近历史，与历史进行对话，感受历史就在我们身边，而且无处不在。历史不是遥不可及的过去，它对我们今天的生活同样有用。

由此，历史写作便是回归生活的重要途径。当我们引导学生以旁观者的视角、局内人的体验来感悟和还原身边的历史，追溯自己的血缘、学缘和乡土发展谱系时；当学生能够将历史学习与已有的生活经验结合起来，联系时政热点、挖掘地方历史资源时，我们的教学也就实现了追求"知识"发现、"方法"习得、"能力"提升、"情怀"培育的有机结合与高度统一。因此，这不仅是中学教育的高阶目标，更是大学看重的培养潜质。

"每个人都是自己的历史学家。"如何引导学生传承红色基因，书写时代故事，是广大历史教师肩上的责任。历史无声，岁月有言。普通人也有历史，平凡中铸就辉煌；每个人都生活在历史中，我们需要的是有一双善于发现的眼睛去探索。在历史写作过程中，给参与写作的学生启发最大的当是以一个全新的视角看待周围的人和事：恢宏的历史与微小的个人息息相关，微不足道的个体与浩浩荡荡的历史之海紧密相连。我们每个人虽是至小中的至小，但是记录某一段历史的使命却令我们不再感到卑微。

兰州市施泽玉首席专家工作室经过三年多的酝酿，收集素材，讨论修改，这本旨在指导中学生历史写作的书终于和读者见面了。我们期盼这本书的出版与发行能为中学历史教师助力，让中学历史教学获得新的力量，找到践行学科素养的"抓手"；能为中学生学习历史助力，让中学生在书写中顿悟、在叙事中成长、在追忆中奋起、在反思中前行，启迪青少年学生铭记光辉历史，传承红色基因，不负青春韶华。

道阻且长，行则将至；诗与远方，奋斗可期！是为序。

骈 旭

2022年11月18日于兰州

前　言

中学生历史写作是学生在具备一定历史资料的基础上，根据所学知识，记录历史小故事、撰写历史小论文、创作历史剧本等；是历史课堂的延伸，是学生知识、思维、情感、道德、审美、能力等素养内涵的综合反映；是中学生历史学习的重要途径，也是中学生历史学科核心素养提升的有效途径。

《汉书·艺文志》中有"左史记言、右史记事"之说，记言、记事是先秦史官两种特定的载录方式。进入21世纪以来，随着媒体和信息技术的不断发展，历史解读、传播与书写方式发生了很大变化，公众史学迅速发展起来。中学生作为公众的一员，参与各类公众历史的书写与传承活动成为他们历史学习不可或缺的一部分。指导中学生通过历史写作来挖掘、收集、辨析身边的家史、校史、社区史，理解与解释其因果变化与精神内涵，提高人文素养，提振精神力量，培养家国情怀，落实立德树人的根本任务就成为每一位历史教师义不容辞的责任。

从2011年《看历史》杂志发起"公民写史计划"活动之后，我们就开始探索指导中学生历史写作，虽然也有中学生通过实际采访和资料研究，讲述先辈在历史变局中的经历，展现时代浪潮下个人或家庭的命运沉浮，初步探寻到个体与社会互动关系，但是大多数中学生的历史写作达不成目标，存在诸多问题，如题目笼统，涉面太广，无法聚焦于某一点；以抒情为主，写成散文类，词汇匮乏、缺乏历史学科语言，时空模糊、故事虚构，甚至还出现调侃历史，宣扬负面的观点等。正因如此，中学生的历史写作确确实实需要全面科学的指导。

2019年，兰州市"兰山杯"中学生历史写作活动开展之后，兰州市施泽玉首席专家工作室就针对中学生历史写作中存在的问题，针对一线历史教师指导中学生历史写作中遇到的困难，以针对性、时效性、实践性、启迪性、引导性为宗旨策划编写这本指导中学生历史写作的书，工作室首席专家施泽玉，核心成员杨重诚、胡菊梅承担这本书的编写工作。

全书共七章三十五节，框架结构、写作体例、写作风格及写作思路集体设计。杨重诚主编，施泽玉统稿定稿，胡菊梅完成约125，000字。具体如下：

序言 骈旭撰写。

前言 施泽玉撰写。

第一章"认识历史写作"胡菊梅撰写第一节至第五节。

第二章"历史写作立意"杨重诚撰写第一节至第二节，胡菊梅撰写第三节至第五节。

第三章"历史写作准备"胡菊梅撰写第一节至第三节，杨重诚撰写第四节至第六节。

第四章"正文写作要素"胡菊梅撰写第一节至第三节、第五节，施泽玉撰写第四节、第六节。

第五章"辅文写作要求"杨重诚撰写第一节至第三节。

第六章"优秀作品赏析"杨重诚撰写第一节至第三节，胡菊梅撰写第四节至第五节。

第七章"教师指导感悟"杨重诚撰写第一节至第五节。

后记 施泽玉撰写。

目　录

第一章

认识历史写作

　　写作是人类运用书面语言文字进行表达和交流的重要方式，是人类精神生活与实践活动的重要组成部分，是各个领域不可或缺的信息记录与传播方式。写作活动的主要作用和意义在于表达感情、交流思想、传递信息。写作行为的深层本质在于寻求生命存续的依托，找到人生追求的精神家园，回归滋生思想的故土。

　　中学生历史写作，是以中学生作为写作主体，在正确价值观的指导下，以涵养中学生历史学科核心素养为指向，对历史材料进行提取概括、逻辑加工、质疑反思，进行语言或者图文表达形成历史写作作品。中学生历史写作大赛是中学生历史写作成果的集中展示。

　　中学生历史写作，是国家基础教育课程改革的时代需要，是反映社会变迁的有力证据，是挖掘和抢救身边历史的迫切要求，也是公众史学发展的社会潮流。

　　中学生历史写作，一方面要厚植家国情怀，塑造责任担当。通过历史写作记载先辈人生经历，体现生命尊重；有效弥合代沟，促进家庭和谐；明确角色与使命，承担历史责任；记录普通人的历史，折射时代精彩。另一方面要符合课标要求，提升中学生学科能力。可以培养学生收集与处理资料的能力，提升学生历史学科思维的能力，完善学生历史书面表达的能力。

　　中学生历史写作，是对过去历史的非虚构叙事，首要原则是真，强调叙事的真实性和客观性；其次选材要微，观察要仔细；再次要讲究一定的文学性和可读性；最后，对于历史爱好者，有趣是历史写作作品非常重要的特征。

　　在指导中学生历史写作的过程中，教师应着重培养学生对历史资料的收集与处理能力、历史学科思维能力和历史书面表达能力。中学生历史写作主要的历史写作作品包括书写历史故事、撰写历史论文和撰写历史剧。

第一节 中学生历史写作的定义

中学生历史写作，是以中学生为写作主体，在正确价值观的指导下，以涵养中学生历史学科核心素养为指向，依据历史事实对历史材料进行提取概括、逻辑加工、质疑反思，最终进行语言或者图文表达的过程。这是一项符合中学生年龄特点、认知特点和学习规律的活动，属于历史学科能力的范畴。

北京师范大学叶小兵教授在《历史教学中的理解与思维——美国最新编制的历史科国家标准中对能力培养的要求》[①]一文中写道："真正的历史理解要使学生有机会去创造他们自己的历史叙述和论据。这种叙述和论据可以采取写论文、写社论、进行辩论等多种形式。"因此，中学生历史叙述能力最终必定要通过文字表达出来，即历史写作。

赵亚夫教授也曾经说过："中学生写史有其特点。中学生作为在学校接受教育的一分子，有知识和技能方面的养成要求，更重要的还在于他是一个成长中的人、一个公民，有权利接受真实的教育，不遮掩事实和回避真相。"

一、中学生历史写作的特殊性

基于年龄限制，中学生有其自身的生理、心理发育特点以及与之年龄相匹配的知识储备和生活经历。除了通过阅读获得的一些感兴趣的课外历史故事，中学生对于历史知识的学习和积累主要依托初中、高中历史教材，对于历史的书写更多局限于身边的人、身边的物和身边的事。与接受过高等教育的

---

① 叶小兵. 历史教学中的理解与思维——美国最新编制的历史科国家标准中对能力培养的要求［J］. 中学历史教学参考，1995（8）：14-16.

历史专业的大学生相比，中学生对历史学的认识缺乏深入系统的学习研究；与成年人相比，中学生缺乏丰富的生活阅历和开阔的视野以及更多维的认知视角。

二、中学生历史写作大赛是中学生历史写作成果的集中展示

"燕园杯"中学生历史写作大赛和全国中学生历史写作大赛都是全国性的中学历史教育公益赛事，旨在通过比赛的方式激发学生主动关注并追寻自我生命源头，在历史研究及写作实践中逐步掌握历史研究和记录方法，培养推己及人的思维习惯，增进代际沟通与融合，塑造独立自主且富有社会责任感的现代公民。这些大赛的组织主要为达成以下目标：

为全国中学生及历史教师搭建学习、探究历史的实践平台，推动中学生发现、记录、认知身边的历史，在历史探寻、写作中获得对历史、人生、世界的感悟和智慧，培育正确的历史观和良好的公民素养。

促进中学生通过历史探究活动，初步掌握历史研究的方法、途径，培养基本的历史认知和表达能力。通过中学生聆听与探索长辈的经历和经验分享，弥合代沟，促进家庭和谐。唤醒年青一代主动关注历史，明确自身在历史长河中的角色与使命，进而主动承担起家庭、学校、社区乃至整个社会赋予的历史责任。全国中学生历史写作大赛正日益成为以学生为中心、全社会共同参与的历史互助教育活动。

这些赛事绝不是引导学生简单地重复课本知识，而是要引领中学生跳出课本，走近身边的历史——家风家训、乡村变迁、服饰生活、中学校史……把身边的历史通过文字的形式叙述出来。

通过组织赛事推进中学生历史写作的深入，也是目前比较有效的做法。我们可以通过历届"中学生历史写作大赛"的公告看到赛事组织方对于中学生历史写作的殷切期望。例如：

"第二届全国中学生历史写作大赛"公告

不管你是否自觉，我们总是借助过往的经验来理解当下并预测未来。然而，这些过往的经验（历史）并不会原封不动地保存下来，它总是转瞬即逝，只留下或明或暗，或正或斜的影子（史料），任凭来者对影追思。

　　尽管只能面对历史的影子，我们却有信心一点点逼近历史的真实。这种信心来自虔诚的态度和正确的方法。这种态度便是"同情的理解"（陈寅恪）和"怀疑一切"（休谟），既敬畏历史又不陷于迷信，凡事都设身处地换位思考，却不忘记追问："事实是这样吗？拿证据来！"而历史研究的方法林林总总，都不外乎胡适先生"大胆假设，小心求证"的原则，务必做到"史由证来，论从史出"。

　　再好的方法不为人用，都是没有意义的。在几千年的王朝时代，书写历史只能是史官们的权利，其内容也不外乎"王侯将相的家史"（鲁迅）。然而，如今之中国，曾经被排挤在大历史之外的普罗大众觉醒了，公民写史的潮流已经悄然形成。尽管起步之初泥沙俱下，但这股浪潮毕竟挣脱了权力对历史的锁禁，为整个民族的新生开启了大门。

　　"人人都是他自己的历史学家"（卡尔·贝克尔），当我们意识到历史并非遥不可及的燕窝鱼翅，而是我们每时每刻都要呼吸的空气时，历史才回到了自己的本位。

　　对每个普通人而言，最需要了解的不是遥不可及的宏大历史，而是带给自己生命的涓涓细流；最需要铭记的也不是往圣先贤，而是那一个个赋予其生命，塑造其人格的普通人。他们往往寂寂无闻，无人喝彩，他们常常是大历史的失踪者，无差别统计的数字。除了我们，没有人会留意他们的存在，更不会有人愿意停下脚步倾听他们的故事。

　　此刻，你！对！就是作为他们血脉和精神承继者的你，对他们的历史负有无可旁贷的责任。

（《看历史》杂志社主办，2012年）

第二节　中学生历史写作的背景

一、历史写作是国家课程改革的时代需要

基础教育课程承载着党的教育方针和教育思想，在立德树人中发挥着关键作用，而课程资源的开发就显得尤为重要。《历史课程资源的开发与利用》［王苏《历史教学（天津）》2002年6月第40页］一文论及课程资源：

就历史课程来讲，历史课程资源是指有利于历史课程目标实现的各种资源的总和。这其中既包括物质的，也包括人力的；既包括校内的，也包括校外的；既包括传统的教科书、图书资料，也包括现代的网络、科技成果。如果能将这些资源很好地开发、利用，对于我国的历史教学和整个民族素质的提高都大有裨益。可以说，课程资源在当前被赋予了前所未有的广阔含义，也被推上了前所未有的重要位置，教学质量与课程资源开发和利用的程度紧紧地挂上了钩。当前，一个重要的课题就是加强对课程资源问题的研究，澄清课程资源的概念，强化课程资源意识，提高对课程资源的认识水平，因地制宜地开发和利用各种课程资源。这虽然是对基础教育所有学科提出的共同要求，但由于历史学科的特殊性，它的课程资源丰富而复杂，因此完成这项课题就显得更为重要。这不仅仅是学科课程专家的任务，更是每一个历史教师的任务，只有将广大历史教师动员起来真正参与到课程资源的开发和利用之中，我国的历史教学水平才能迅速而有效地得到提高。

《普通高中历史课程标准（2017年版2020年修订）》在地方和学校实施本课程的建议中，对加强课程资源的开发与利用特别提到了作为校内课程资源必要补充的校外课程资源的利用。校外的社会资源中的物质资源（历史遗迹、遗址、博物馆、纪念馆、展览馆、档案馆、爱国主义教育基地等），都是学校和

教师应充分考虑开发的校外课程资源。例如，甘肃省博物馆、甘肃马家窑彩陶文化博物馆、兰州市博物馆、兰州城市规划展览馆、八路军兰州办事处纪念馆、榆中县张一悟纪念馆、永靖刘家峡恐龙博物馆等都是我们身边触手可及的校外课程资源。而以上资源也是学生在历史写作的过程中进行实地考察获取资料和素材的重要来源。

众所周知，历史学科是一门综合程度极高的人文学科，它不仅需要丰富的课程资源，还要求历史教师具有渊博的历史知识和相关学科的知识，能够在学生面前展现一种通晓古今中外、博识天文地理的人格魅力。教学实践证明，教师不仅是重要的课程资源的利用者和开发者，而且教师本身就是最重要的课程资源。在学习新课标理念、践行核心素养的过程中，广大中学历史教师的课程资源开发与利用能力得到了极大的提升。广大中学历史教师以课程标准中强调的课程资源观为指导，以课程目标及教学目标为参照，基于但又不拘泥于中学历史教科书，以更加开阔的教学视野，遴选有价值、有意义的课程资源和学习资源，增强了教学的有效性。而指导中学生进行历史写作就是这些课程资源充分发挥作用的过程。

《普通高中历史课程标准（2017年版2020年修订）》中学业水平考试命题的主要原则包括以历史课程标准为依据，以考查历史学科核心素养的具备程度为目的，以新情境下的问题解决为重心。而学生能否应对和解决陌生的、复杂的、开放性的真实问题情境，是检验其核心素养水平的重要方面。在历史学科核心素养的测试中，新情境可以有多种类型，其中生活情境指在个人生活、家庭生活、社区生活中遇到的与历史有关的问题，如在倾听长辈的回忆、观看影视剧、游览名胜古迹时遇到的问题就是在考试命题中常见的素材。在中学生历史写作中，学生通过对长辈的访谈和对历史遗迹的实地考察有了丰富的实践经验和应对这一类问题考查的能力。

综上所述，指导中学生进行历史写作是落实国家课程目标、挖掘丰富课程资源、培养学生核心素养的有效补充形式。

二、历史写作是反映社会变迁的有力证据

作为一名生于斯长于斯的人，当你游历了祖国的名山大川，尽览了异地的风土人情，品尝了他乡的风味美食，你能否向远道而来的客人清晰地介绍你的

故乡？比如兰州，"五泉山"的五口泉叫什么？"白塔山"上屹立的是白塔还是北塔？"白马浪"的来历中是否真的存在着白马？兰州真的有"兰州拉面"吗？"高担酿皮"的"高担"指的是什么？……探寻故乡的历史、记录城市的变迁，用我们的历史和文化将我们的故乡、我们的城市展现在世人的眼前。

六月的阳光洒下炙热和离愁，毕业季的莘莘学子都在高喊："今天我们以学校为荣，明天学校以我们为荣。"在母校发展的沧桑巨变中，还有谁曾让母校为荣？亲爱的母校是如何从当年的茅屋草房变成今天的窗明几净、绿草茵茵？探寻母校的历史，你才能真正懂得母校昔日的荣光，也会激励你为她创造明日的辉煌。

中学生历史写作让你走近"最熟悉的陌生人"，以旁观者的角度、局内人的体验来感悟身边的历史，追溯自己的血缘、家族和乡土发展历史，明晰自己在历史长河中的角色和使命，主动承担起家庭、学校、社会乃至国家赋予的责任。

历史写作以"身边的历史故事"为主题，学生可从家庭长辈的往事、城市发展的变迁、就读学校的校史三个维度切入，需要有"找故事"的敏锐、"写故事"的文采，更需要严谨的治学态度与证据意识。从访谈对象的选择、谈话提纲的拟定、文献的收集整理，到最后考证成文，书写身边人、身边事的历史。用你的细致与用心将尘封的历史展现出来，激励自己、感动世人。

三、历史写作是挖掘和抢救身边历史的迫切要求

2008年9月，凤凰卫视、凤凰网联合庄重发起《寻访抗战老兵——献上心中的敬意》大型活动。凤凰网联合凤凰卫视《冷暖人生》节目组推出《寻找抗战老兵，寻找活着的纪念碑》专题，无数段热血传奇历史故事，在远方呼之欲出。

《冷暖人生》根据线索，采访了10余位老兵。老兵们身上震撼我们的，绝不仅是人生的跌宕，而更是坚忍的力量，那力量贯穿半个多世纪，驱散战火，迎来和平！

然而非常痛心的是，经历漫长岁月的战争、动乱、病痛，耄耋老人已所余无多，他们正在迅速而悄然凋零！可一个采访组的力量有限，一家媒体的力量有限，还有更多的老兵需要关爱，还有更多的历史需要我们挖掘。

我们必须立刻行动，一秒也不等，因为，他们再也等不起一个五年、十年！莫让历史无声湮灭，莫让英魂一生留憾，莫让血脉从此断绝！然而，我们的身边，是否就有这样亟待我们去书写和记录的老兵和老兵的故事？

一句"客从何处来？"是否会激起你探寻祖辈们迁徙的无奈与艰辛的冲动？在动荡的岁月里、社会的变迁中，天南海北的人们来到这里、安居于此，祖辈们用自己的汗水和泪水将我们带到这美丽繁华的城来寻根问祖，给自己一个清晰的答案，也是对家族先辈们一个温暖的慰藉，探寻家族的历史，那一个个动人的故事会令你再次对祖辈们肃然起敬。

四、历史写作是公众史学发展的社会潮流

推动史学普及，使史学走向公众，一直是史学界思考的问题。20世纪六七十年代，美国兴起的公共史学主要强调史学的应用服务，其目的是在公共领域找到史学的服务对象。而我国提出的公众史学就是为解决史学的公众本位问题，突出强调人人参与、书写人人。

从历史知识的生产来说，史学是在职业代理人的执行下出现的，即政府职业史官记录国家公共历史，专业史家编纂国家公共历史。但民间历史的记录与编纂仅有专业史家是远远不够的，因为民间历史太多太杂，必须人人动手才能从根本上解决问题。到了21世纪的现代社会，我们更要提倡人人参与，写自己的历史，写自己认知的时代历史，这就是公众史学。公众史学的研究对象是公众历史，具体地说就是研究公众历史的参与、生产与消费三大活动。公众史学的发展，可以实现史学由"小众参与"到"大众参与"的转变。历史上参与史学的史官与史家人数不多，可称为"小众参与"，公众史学则提倡人人参与。美国历史学家贝克尔说，"人人都是他自己的历史学家"。这样一个崇高的称号，容易让大家心生惶恐，因为即便职业史家也没有几个人敢自称历史学家。但我们可以说"人人都是历史认识者、历史参与者和历史见证者"，想必贝克尔的原意也应该如此吧。大众参与史学的方式，主要有说历史、写（编、制）历史、听（看）历史、传历史、保档案、保文物六大方式。这表明，人既是历史的创造者，也是历史的记录者、历史的享受者、历史知识的生产者。大众参与的方式使公众史学成为关乎人类自身活动记录的学科，它是与人人相关联的一种大众性的史学活动，是一项人人可业余参加的史学活动，不仅不影响人的

正常工作与生活，且具有无穷潜力。

发展公众史学，可以较好地解决史学跟普通人相关联的问题，使史学成为每个人看得见、摸得着的东西，对每个人都有用，这样就可以进一步解决史学的功用问题。

在这种大的社会形势下，我们所提倡和推动的中学生历史写作必然是一种极好的人人参与历史、人人记录历史的社会活动。

第三节　中学生历史写作的意义

如何认识和理解历史写作的意义，将会直接影响到历史写作的过程和作品的质量。因此，教师在给学生介绍历史写作大赛和指导学生进行历史写作的时候，首先要引导学生正确地理解和认识历史写作的意义，从而激发学生写作的兴趣和热情。

一、厚植家国情怀，塑造责任担当

一个国家和民族有自己不容忘记的历史。一个家族、一个人的历史也是真真切切存在过的，也是不应该被忘记的。"个人史是汇入正史河流的涓涓细流，哪怕只是一个少年只言片语的钩沉，也是重建被遗忘与被毁坏的历史的一砖一瓦。"平凡大众的历史也是民族历史的一部分，也具有重要的历史价值。近年来民间兴起的写史潮流让"个人史"开始崭露头角，"发现身边的历史"让身边人的历史通过中学生历史书写呈现在了世人的面前。

（一）历史写作记载先辈人生经历，体现人文情怀

我们作为后来人，把那些真实存在过的人和事找出来，经过整理之后用语言或图文的形式呈现出来，是在帮助先辈们重拾过往的人生经历，也是对先辈们人生经历的一种尊重，更是作为家族成员的我们应该担负起的责任。

在我们去挖掘、记录和再现过去历史的时候，遇到的画面或坎坷曲折，或热血沸腾，或温馨感动，我们的情感就会自然而然地融入这些场景当中。因为，我们记录的这些人都是自己的亲人，我们会感同身受，而这样的过程和经历就是对执笔者最好的生命教育和人生启迪。

（二）历史写作有效弥合代沟，促进家庭和谐

真实的历史往往存在于普通中国人的日常生活里，需要学生用心去挖掘

身边的、自己家庭（家族）的历史。与此同时，学生挖掘和探究的过程，不仅是在追寻那些渐渐被遗忘的个体记忆，也是在寻找和父辈、祖辈等家庭（家族）成员的亲近感，可以拉近家庭成员之间的距离，有效弥合代沟，促进家庭和谐。

（三）历史写作明确角色与使命，承担历史责任

历史学者雷颐在《拒绝遗忘》一文中就提道："集体记忆尤其容易受到主流话语掌控：它可以控制，让你记住什么，屏蔽什么。或者强化你记忆中的某部分，淡化甚至干脆让你遗忘某部分……"历史写作的意义正在于此，可以从我们自己的维度，抵抗由权力主宰的历史遗忘。通过历史写作，唤醒学生主动关注历史、寻找历史真相的意识，进而明确自身在历史长河中的角色与使命，并主动承担起家庭和社会所赋予的历史责任。

（四）历史写作记录普通人的历史，折射时代风貌

随着当今中国经济的迅速发展，城市化进程的快速推进，我们生活中的许多事物正在加速成为历史：古老的城镇、宁静的乡村、别具风格的民居、气势恢宏的庙宇、令人叹为观止的民俗文化，还有那或惊心动魄、或婉转隽永的家族陈年往事，都随着时光的推移而渐渐消逝。

可见，记录"身边的历史"，既是为了让上述渐渐消逝的种种事物留下影子，也是为了让普通民众的生活与奋斗在历史的长河中留下痕迹，以供后来者追思。学生记录的"身边的历史"同样是历史进程的一部分，学生记录的普通人的生活同样能折射出大时代的风貌。因此，作为教师，我们必须以虔诚的态度和正确的方法指导学生记录"身边的历史"，让学生去发现"身边的历史"，让学生去亲手触摸自己的家庭成员所经历过的那么多活生生的、包含人间悲喜剧的个人故事，让学生去探索这些故事和历程、矛盾和彷徨、苦难与成长，最后所收获的东西就是对历史真相最好的尊重。

二、符合课标要求，提升学科能力

中学生历史写作符合新课程标准的要求。从课程资源开发的角度讲，学生通过历史写作能够多方面开发和利用校外课程资源，丰富教学素材，在此基础上建立起校内外课程资源的转化机制，实现课程资源的广泛交流与共享。同时，从培养学生历史学科学习能力的角度讲，学生在历史写作中初步学会从多种渠道获取历史信息，学会独立思考、自主探究，学会用文字图片等方式陈述历史，学会应对和解决陌生的、复杂的、开放的真实情境下的实际问题，有效提升核心素养。中学生历史写作提升学科能力具体体现在以下几个方面。

（一）培养学生资料收集与处理能力

历史学科中涉及的历史资料数量繁多，学生想要学习好历史知识，就必须能够准确地收集并处理相关资料，这样才能更好地掌握历史知识。

学生进行历史写作之前，首先要做的是收集相关资料，并对这些资料进行处理，所谓"论从史出"就是这个道理。学生在书写历史小论文的过程中，必须有大量的历史史实做基础，这样才能够使论文有理有据。由此可见，历史写作对于培养学生收集与处理资料的能力有极大的帮助。

（二）拓展学生历史学科思维能力

历史思维能力是中学生学习历史必须具备的能力之一。写作是运用语言文字来表达客观事物、表述思想感情的过程。与简单的口头表述不同，写作需要的是学生能够有完整的思考过程，并诉诸笔端。而在思考的过程中，学生历史思维的广度、深度和厚度都能够得到潜移默化的提高。

（三）提升学生历史书面表达能力

任何学科都离不开书面表达能力，历史学科也不例外。相较于口头表述，书面表达更为正式与严谨。很多学生书面表达与口头表达能力不成正比，平时在教学中感觉有些学生口头表达能力不错，而一旦需要进行书面表达的时候，就写不出来东西，或者写出来的东西没有章法、缺乏逻辑。

在最初指导学生进行历史书写时，发现学生的作品或失之于仅是史料的堆砌，导致结论不够深刻；或失之于史料不足，空发议论或抒情。在经历多次修改之后，学生基本掌握了论从史出、史论结合的历史写作方法，明白了只有通过充分的"历史证据"，在合理推测和论证的基础上还原而成的历史事件，才是我们所要发现的真正的"历史"。在这个持续修改完善的过程中，学生书面表达的能力（书写能力）得到很大提升，在历史写作方面获得了长足的进步。

第四节　中学生历史写作的要求

全国中学生历史写作大赛和"燕园杯"中学生历史写作大赛的举办，激发了广大中学生进行历史写作的兴趣，也促使我们历史教师进一步思考，怎样指导学生更好地进行历史写作。近几年，文坛上"非虚构叙事""非虚构文学"颇受青睐。从一定意义上说，历史写作也是非虚构叙事，历史写作的作品也是非虚构文学。如果说，文学角度的非虚构叙事指向的是现在，即叙述的是现实中正在发生的事；那么历史角度的非虚构叙事指向的则是过去，即追忆过往的人、事、物。

一、历史写作的第一个要求是"真"

如何进行历史角度的非虚构叙事？无论是专家、学者还是中学生，"真"是首要原则。古人所谓"秉笔直书""信史"等，强调的都是史料的真实性。

历史写作与历史研究不同，它必须尽量做到符合客观事实，不允许歪曲史实，既不能为尊者讳，也不能因为著作中的主人公与作者本人有私人恩怨而在写作的过程中掺入作者本人的感情因素。在这方面，司马迁确实是值得后人效仿的楷模，他生活在汉武帝时代，在事涉汉王朝的建国前前后后及评价汉武帝本人时，他能持客观公正的立场，他本人因为李陵投降匈奴辩解而被处以宫刑。就司马迁的坎坷经历来讲，汉武帝对他并无知遇之恩，倒是汉武帝的独断暴戾殃及他自身，但他并不认为创作《史记》是一个对武帝泄愤的难得机会，他更像一个置身局外的旁观者对汉武帝进行客观的叙述和评价，既记叙他加强中央集权，巩固边防的积极一面，也大胆地揭露他统治时期横征暴敛给人们带来的灾难。尤为难能可贵的是，司马迁持进步的历史观，对于秦末农民起义给予了高度评价，对农民起义领袖陈胜、吴广持高度赞扬的态度，对楚汉战争的失利者项羽也给以崇高的地位并寄予深切的同情，将项羽与刘邦相提并论均列入皇帝本纪，这非常不易。

而"真"也是我们在指导中学生进行历史写作时的首要原则。在对"兰山杯"中学生历史写作活动作品评审的过程中，我们欣喜地看到绝大多数的学生都能遵循这一原则。

比如，"兰山杯"中学生历史写作活动中李浩田同学的《时光岁月凝结钢铁情结》中关于姥爷生活经历的书写，通过细节描写真实地反映了中华人民共和国成立后社会主义建设探索过程中的场景。摘录如下：

姥爷出生于中华人民共和国成立初期。"一唱雄鸡天下白，万方乐奏有于阗。"人民欢呼庆祝解放，立志要改变中国一穷二白的落后面貌。那时候兰州的汽车不多，马车驴车倒是不少。还有一些大木轮的骆驼车"吱扭吱扭"响个不停，车辕上挂了个用来加润滑油的葫芦。小孩儿们好奇，问个不停，车夫一脸无奈："轮上没钢珠子（轴承）。"这是姥爷第一次听到"钢"这个字，打心眼里感到神奇。50年代中期，那是一个火热的年代，"祖国要实现轴承化！"姥爷的父母从单位领来上下半圆的模具和小圆柱钢棒，用业余时间加工成滚珠。小小年纪的姥爷也帮他们敲。劲头足，钢棒少，缺钢就像小锤敲在他幼小的心灵上。"什么时候钢才能多啊？"上小学赶上大炼钢铁，姥爷把家中的一些铁器送到学校，用来支援钢铁生产，拳拳寸心凝结祖国钢铁情……

60年代末的上山下乡运动，姥爷来到位于河西走廊东端的兰州军区生产建设兵团农场。这里地势平坦，绿洲广阔，条田整齐，渠沟成网，是著名的粮油产地。可田野上奔驰的拖拉机多是舶来品。当机械零件磨损，配件跟不上时，拖拉机只能"趴窝"——停机干瞪眼了。姥爷看在眼里急在心里，经常到冶炼炉去帮忙，如愿以偿当上了一名冶炼工。虽然这活又脏又热又累，他却兴奋得不得了。当炽热的铁水倒在模具里，凝成铸件后，他说自己就像报郎一样，干一夜都不觉得累。70年代上大学，姥爷面对五花八门的专业，毅然决然地选择了钢铁冶金，后半生一直沿此走下去。

革命前辈李大钊曾说过："铁肩担道义，妙手著文章。"通过对姥爷的描写，作者深刻认识到自己肩上的责任：要继往开来，接过老一辈人身上的重担，好好学习，顽强拼搏，中国崛起我们也有一份责任和担当。今天的学子，明日的栋梁，为实现中华民族伟大复兴的中国梦贡献自己的一切，中国的未来一定更加灿烂辉煌！

二、历史写作的第二个要求是"微"

对于中学生历史写作来说，选材要"微"，观察要"细"。从宏观上讲，人事无论宏微，凡是过往皆为历史，均可歌可泣、可圈可点。但从受众的阅读兴趣来说，宏大的历史叙事往往不如细微的历史细节更能打动人。以史传为例，自司马迁以来，列传人物就有大小宏微之分。大者如帝王将相、公卿大夫等；小者如"游侠""货殖""列女""方士"等。大者"接仙气"，未免不食人间烟火；小者"接地气"，反倒亲切可爱，令人喜闻乐见。历史写作大赛提供的选材范围就非常"接地气"：在"家庭家族往事、城市村落变迁和就读中学校史"等主题下又细化出"爱情婚姻""民风民俗""传统美食""地方掌故""我的老师""上学经历"等子题。这不但有效开阔了学生的视野，有利于引领学生关注并书写生活中"易被遗忘的历史"，而且极利于学生写作时的切入和驾驭。在指导学生进行历史写作的过程中，可以看到绝大多数的学生选择的都是身边人、身边事、身边物、身边的……

例如，"兰山杯"中学生历史写作活动中郝文婧同学在《这座城的那些车》中这样写道：

童年的我最先有印象的公交车则是双层大巴了。仿古式的公交车——地板、座椅、窗户均是木质的，呈粉色与粉油色相间，车内装饰全部呈仿古式景致。从西固城至新港城单程票价3元。上层的座位则是我的最爱。我还没坐几次，它就消失了，为此我还伤心了好久好久。但如今我可以继续坐在童年最爱的车上去观察这座城市了，因为曾经在南滨河路上的木制旅游观光公交车现如今以复古景观纯电动"铛铛"车再次在兰州出现，成为兰州市的又一道亮丽风景线。

从第一天上学开始，公交车就成为陪伴我的伙伴了，小学、初中我上学时坐的是146路公交车。每天早上我坐车的时间恰好是早高峰，车站上总是站满了人。面对乌泱泱的人群，幼小的我脑海里总会幻想他们踩着我上车的情景，真的害怕极了。上车后，妈妈总会让我抱着书包坐到绞盘的位置。我坐在那里，我的身体与书包随着公交车的转弯、启动、刹车来回摆动。闻着车里早餐香水的混合气味，听着人们操着不同口音的话语声，懵懵懂懂地开始认识这个社会，认识各式各样的人。

公交车的发展映射出城市的进步，时代的变化使公交车也在不停改变着，但无论怎么变化，它都是这个社会以及每一个人心中无法替代的存在。小作者结合自己的真实经历，用细腻的笔触详写了自己与公交车的故事，用求学的经历写出了自己眼中公交车的变迁，让人看到了科技的发展造福人类，使人读完感慨时代进步，感受国家发展强烈的自豪感。基于如此可触摸的"微"选材"公交车"，才能写出如此真实可信、可圈可点的作品，情感丰富，引人入胜。

选材"微"不等于篇幅"微"、主旨"微"。微选材同样可以写出大文章。"麻雀虽小，五脏俱全""螺蛳壳里做道场"，均有小中见大之意。许多文学大师都是此中圣手。鲁迅的《从百草园到三味书屋》、周作人的《乌篷船》、汪曾祺笔下关于人间草木与传统美食的系列散文等，何尝不是一篇篇言近旨远、风华绝代的历史小品文。总之，细致入"微"是中学生进行"非虚构历史"写作的一把金钥匙。

例如，"兰山杯"中学生历史写作活动中陈佳瑜同学在《母亲的回忆》中写道：

据母亲的回忆，那时的人们物质生活十分匮乏：

在娱乐方面，娱乐方式十分单一，除了极少放映的红色电影及样板戏，就是白天做一些滚铁环、跳绳之类的小游戏。到了晚上，照明几乎靠煤油灯，所以为了节省煤油，天黑了就睡觉。或许除了睡前聊天外，并不存在任何属于夜晚的娱乐方式。即使是后来渐渐有了电灯，也不敢多用。彼时的农村，最主要的大众传媒方式就是报刊。

在饮食方面，用母亲的话来说就是："没有油水，做饭几乎不放油，肉几乎不吃，一家用油全村都闻得到香味。"大部分时候人们都仅仅补充生存必需的碳水化合物，没有其他微量元素可供补充，所以刚刚出生的孩子总是因为营养不良而发育不足，甚至早夭。母亲曾有一个弟弟，就是因此早夭。

在服饰方面，由于棉花减产，棉布定量减少，人们对服装的要求多为"耐磨、耐脏"。加上特殊时期格外敏感，穿布拉吉被认为是修正主义，穿西装被认为是资产阶级，穿旗袍被认为是封建余孽，即便是穿稍微花哨的衣服也会被批斗。所以，不论男女老少都穿灰、蓝、绿单色衣服，没有其他的色彩。尽管这些服饰在当时十分流行，但这些服饰在流行的同时也压制着中国人的爱美之情与创造、想象力。

小作者从娱乐、饮食、服饰三个方面入手，通过"滚铁环、煤油灯、不放油的饭、耐磨耐脏的衣服"这些勾起独属于一代人回忆的细节，真实反映了那个时代的特征。

三、历史写作的第三个要求是"文"

如果说"非虚构"强调的是叙事主体和客体的真实性，那么"叙事"则要讲求一定的文学性。放眼"二十四史"，既是史学著作也是文学著作，尤其是《史记》被鲁迅先生赞誉为"史家之绝唱，无韵之离骚"。"文史不分家"也从一定程度上说明了文学性是历史写作的应有之义。《诗经》是我国第一部诗歌总集，但它又不仅是一部韵味悠长的诗集，还可以看成是一部记载先民政治社会生活的史书。只是，这部史书因为有了文学性而显得更加动人。例如《卫风·氓》，它是奴隶社会妇女不幸婚姻的缩影，反映了那个时代的婚恋状况，具有"史"的性质。但它写人叙事、抒情说理运用了文学手段，开头四句就用白描手法，刻画了一个貌似忠厚实则颇有心计的"氓"，又运用细节和对比手法，描写了女子处于热恋中的状态，此外还运用比兴手法告诫女子不要沉迷于爱情。凡此种种，都增强了作品的可读性，让客观冷静的历史有了温度，有了感情，使人常读常新。

例如，"兰山杯"中学生历史写作活动中一位同学的作品《兵戟喑哑，相思如花》文笔斐然，读来爱不释手。摘录如下：

题序：

本文记叙的是我们家代代口耳相传的故事；是在抗日战争年代，我太爷爷太奶奶的爱情故事；是一个从医世家弃医从戎的故事，在大国小家之间做出抉择的故事。烽烟四起，栋梁顶立；兵戟喑哑，相思如花。

正文：

爷爷经常提起福建的旧宅，翻开记忆泛黄的扉页，让我们走进太爷爷太奶奶的故事，回顾那段全民族抗日卫国的历史。

1935年，泉州江南，烟雨朦胧。

锈红色的飞檐，垂吊着古铜色的风铃。看来有些呆板笨重，待风一掠，那声音却生动脆耳，富有生机。微风习习，风铃和鸣。风铃又名护花铃，为了防止燕雀檐下栖居，以护廊中花草。

衬着黛瓦白墙，小巷又弯又长。石阶墙角，生着青苔。

望一眼匾额，行楷端正书着"南宫府"。在这旧宅中，承继香火数代人的，是一个古老的世家——南宫氏。这儿，是承载爷爷童年的地方，也是见证历史的地方。而南宫，起源于上古姬姓，是一个古老的中国汉族复姓，幸甚，我可以继承一个如此美丽的姓氏。

再如，"兰山杯"中学生历史写作活动中徐明钰同学的《致敬乡村教育的守望者——追忆爷爷的教育人生》一文中关于爷爷的书写也很有感染力。摘录部分如下：

爷爷像一本书，放在雕花书案的角落。花梨书案上常斑驳着一层疏凉的午后阳光，照不到的角落却总是昏暗，那土黄色的破旧封面下泛黄的纸张隐匿着爷爷一生的教育坚守。当我无意间拂去上面的尘土，翻开，是鲜红的扉页，恰如他黄土一般的人生底色上一抹坚定的红色信仰。我忽然看到那些在光阴里停滞不前的回忆如豆荚般迸裂，热腾腾地在他身上流淌开去，那么鲜活有力，真挚温暖，感人肺腑……

一直以来，爷爷在我脑海中的形象就是一位普通的老教师、老农民，就像一株黄土里长出的高粱，经过了风吹雨打后，仍能在秋后捧出一穗红艳艳的果实。他太平凡，太普通，是万千普通人中的一个，然而就像《平凡的世界》中所说的："其实我们每个人的生活都是一个世界，即使最平凡的人也要为他生活的那个世界而奋斗。"时光在寒来暑往中掠过，冷然无情地走去，我断断续续地听了他的很多故事。我开始好奇他的人生，踏着历史的足迹，追寻他逝去的岁月。走着他走过的路，步步忆旧；寻访他到过的地方，从不厌倦。现在我亲身在那些地方徘徊，就像梦中他常在那儿徘徊一样。

许多历史写作固然离不开文学性，但文学性是为史料的真实性服务的，如果仅仅是为文学而文学，那么这样的非虚构叙事就不是历史写作，而是文学创作了。还是古人说得好："质胜文则野，文胜质则史，文质彬彬，然后君子。"

还是前面徐明钰同学的《致敬乡村教育的守望者——追忆爷爷的教育人生》这篇作品中的内容：

当时罗店古镇，也被称为"血肉磨坊"。指挥部在此处，仗打得异常辛苦，如今耳畔似还有那视死如归的军歌"中国不会亡！中国不会亡！你看八百壮士孤军奋守东战场……"太爷爷也参与了罗店保卫战。当时中国多的是宁可牺牲自己，也要挽救国家危亡的人！虽刀锯在前、鼎镬在后，有无有一步之改易。长辈每每回忆起那在四行仓库坚守四天四夜的战士们，都潸然泪下："那是白白送命的战争啊！他们在用命为大部队争取时间。"他们头可断、血可流、命可休，但中国不会亡。一寸山河一寸血。听，那兵戟喑哑。

在八字桥战役中，血流漂杵。太爷爷炸伤了眼睛，倒在血泊之中，仍不忘用那方白色丝帕，盖在脸上。而身为军医的太奶奶和战友，迎着枪林弹雨，冲上桥去救人。将太爷爷和为数不多的战友拖回来。看见那是她心心念念的夫君，寸断肝肠。太爷爷从怀中取出那灵芝簪子，颤颤巍巍地放进太奶奶手里，拜托她将这信物送回泉州。太奶奶看见那簪子，泣不成声。在满天的硝烟战火中，在一地的血泊泥泞中，太奶奶找到了太爷爷。她紧攥着太爷爷那只握住簪子的手，紧紧攥着，死死攥着。绽，相思如花。

幸甚，他们，活了下来。

小作者既保证了历史书写的真实性，又兼顾了历史叙述的文学性，细细读来，丰满的人物形象跃然纸上。

有学生在历史写作的过程中将历史作文写成以抒情为主的散文类，如《家乡的大柳树》《金城赋》《敦煌莫高情》《致敬改革开放四十周年》《致敬我的爷爷奶奶》《家乡的中山桥》《回想我的初中生活》等，用了大量的形容词来赞美或攻击所写的人或事，这样的文章不符合历史写作的特点与要求。

我们来看"兰山杯"中学生历史写作活动中一位同学的作品《泪忆》中的这一段文字，就完全以抒情为主。

快乐会使人流泪，伤心会使人落泪，泪犹如夜晚的辰星，把人带进记忆的心扉。在这个世上，每个人都会流泪，每个人的泪水中都包含着不同的情感：有伤心的泪，有心酸的泪，也有幸福的泪。每当我的奶奶回想自己过去艰苦岁月，泪水就会从她沧桑的面庞流过，我知道，奶奶的泪水中有她过去岁月的回忆，她的泪水是苦涩的，也是幸福的。

四、历史写作的第四个要求是"趣"

罗素在谈到历史写作的时候，特意把"有趣"这个词放进了他所赞赏的历史写作观之中。"有趣"一词可能会让板正严肃的历史学家嗤之以鼻，但史书面对的读者大多数还是非历史专业的普通人。在这种情况下，对于历史爱好者，"有趣"就是一本史书中非常重要的要素了。我们受到20世纪以来科学主义盛行的影响，力图把历史也当作科学来研究，而导致的最直接的结果就是削减了历史写作中的趣味性。因为趣味性具有某种模糊性，它带着强烈的主观色彩，而科学的精确不允许模糊的存在。科学性和趣味性的冲突在"科学日渐嚣张"的气焰下有了分晓：历史写作中的趣味性几乎消失殆尽。我们看到的历史几乎是千篇一律的面孔，差别微乎其微，让人觉得索然无味。所以，在中学生历史写作中，我们把"趣"作为一个非常重要的要求专门提出来。

　　例如，"兰山杯"中学生历史写作活动中一位同学的作品《回忆里的爆米花》中写年少时光里孩子们等待爆米花的场景：

　　围绕的小孩子总是会急不可待，心里默念着，快点，再快点，火焰再大点，大概有五六分钟，大叔把爆米花"炮弹"支起来，立在一旁时，孩子们就突然激动起来，因为大家都知道，这个时候，就可以开始爆米花，一颗颗晶莹剔透的大米灌入爆米花机中，大叔盖好盖子，开始匀速转动手中的爆米花机，小朋友们眼睛就一直盯着爆米花机，总感觉时间是那么的漫长。

　　随着火焰的不断升起、温度的不断提高，小孩子们的心也跟着跳动起来，大叔有时候也会故意营造"紧张"的气氛，突然起身，周围的小伙伴们一哄而散，嘴里喊着"要爆了"，生怕跑得不够快，会被爆米花在蛇皮袋释放的一瞬间给炸到，一边跑，一边回头看，两只手紧紧地捂着小耳朵。就在这个时候，大叔又静静地坐下了，嘴里喊着："跑什么，坐得腿麻了。"惹得旁边的大人哄笑，孩子们这才反应过来是大叔在逗他们玩，又急忙跑回火炉旁，守候着爆米花机，生怕一走开，爆米花就不见了。

　　时间的流逝下，爆米花机里的压力不断增加，等到大叔坐着喊一声："快跑呀！"小孩子们急忙捂着耳朵尖叫着奔向四面八方，大叔站起身，将炉口套进蛇皮袋中，用铁棍套住铁锅的保险栓，用力一踩，"嘭"的一声，硝烟四起，一股香甜的爆米花味道四下散开，小孩子们一拥而上，会将一些蹦到袋子外面的米花哄抢一光……

　　小作者通过细腻的笔触把孩子们等待爆米花的"急切"和害怕爆米花蹦出来时的"紧张"，以及爆米花大叔的幽默风趣书写得栩栩如生，让人读来忍俊不禁。

文章千古事，得失寸心知。"真""微""文""趣"作为历史写作的四个要求，也是我们进行非虚构叙事的基本原则。在今后的写作实践中，我相信会有越来越多的优秀作品和写作心得涌现出来，去不断丰富"历史写作"这个百花园，让它更加姹紫嫣红，五彩缤纷。

第五节　中学生历史写作的类型

　　历史写作指的是学生根据所学知识，创作历史剧本、书写历史故事、撰写历史论文等。在中学生历史写作的过程中，教师应着重培养学生对历史资料的收集与处理能力、历史学科的思维能力和历史知识的书面表达的能力。

　　历史是一门人文性学科，学习历史知识的方式多种多样，历史写作应该是一种常见的学习方式，但长期没有受到师生的重视。提升学生的历史写作能力，对于丰富学生历史知识、提升学生历史学科能力和培养学生历史思维方法都具有极大的作用。

　　在具体的历史教学过程中，教师可以通过以下几种方式来培养学生的历史写作能力。

一、指导学生书写历史小故事

　　相对于刻板的历史史实，历史故事更容易吸引学生的注意力，也更能激起学生学习历史学科的热情与兴趣。而结合教学内容，通过书写历史小故事，在潜移默化中必然能提升学生的历史写作能力。

　　比如，在学习八年级上册《鸦片战争》这一节内容时，学生对教材中出现的一些较为专业的词难以准确理解，如"治外法权""领事裁判权""片面最惠国待遇""半殖民地半封建社会"等。笔者给学生布置了一个作业：创作一个符合近代中国实际的历史小故事，要合理地运用以上概念中的至少两个。一个孩子的作业里写道：在1844年，有一位英国的商人到访中国，在通过海关时谎报带来香烟（商品）的数量企图偷税漏税被查获，但是按照条约规定他不受中国法律的约束，海关工作人员只能将他交给英国政府当局，由英国驻中国的领事来审判其是否有罪并决定进行怎样的处罚。这便是西方列强强迫中国签署的不平等条约中获得的"治外法权"，也叫作"领事裁判权"，这是对中国司法主权的严重破坏。而对中国国家主权的破坏和经济的侵略使中国被卷入资本主义世界市场，使得中国社会性质发生变化，逐步沦为"半殖民地半封建社会"。学生通过故事的形式很好地诠释了这些概念，在写故事的过程中，学生也能很好地理解并运用这些难懂的历史概念。

再如，学习七年级上册《北魏政治和北方民族大交融》这一节内容时，学生对"士族"与"寒门"之间的关系不甚明白。笔者布置了一个书写历史小故事的作业：我眼中的梁山伯与祝英台。有学生书写二者的爱情故事来解释：祝英台为上虞祝家庄人氏，是当时有名的士族，而梁山伯却是寒门出身……表面看二人的爱情悲剧是因马文才的出现导致，而透过现象从本质上来看则是当时阶级观念浓厚、士族与寒门不能通婚的现实所致。学生通过这个故事，便可准确理解"寒门"与"士族"的区别以及由其产生的社会影响。

通过书写历史小故事，很好地调动了学生学习历史的积极性，使学生对于所学习的历史知识会有更为清晰的理解和比较深刻的印象。由此，在历史学习的过程中，教师可以引导学生根据所学知识来书写小故事，帮助学生理解历史概念、丰富历史知识的同时，更好地提升学生的历史写作能力。

例如，"兰山杯"中学生历史写作活动中李亚婷同学的作品《咱家"老李"》，小作者以戏谑的口吻、细腻的笔触、丰富的故事情节，给我们呈现了一个丰满的人物形象。摘录如下：

咱家"老李"，1973年出生于兰州市一个贫困的山庄。所以呢，家里并不富裕，相比现在，实在谈不上"富裕"。为什么叫"老李"呢，可能也是因为现在我们在家里叫习惯罢了。那我就正式介绍一下"老李"，他就是我的爸爸，一位小时调皮、成家稳重的男子。

在"老李"年幼时，不知干了多少"坏事"。听"老李"说，有一次，他刚放学就去学校附近的涝坝（小池子）里玩耍，当时他的胆子真大，几个人一起在那里面打着玩，都敢"胡来"，也不怕出啥事。每次在我不好好学习的时候，"老李"就会对我说："你现在成长在这么好的环境里，每天饭有你妈做，钱有我挣，你什么都不用管，只需要学习就行。这样都不学，想当年我上学的时候，想上都没钱，那时的学费就两毛钱我都得向别人借，但我借到了钱也没好好学……"

听到这里，我不禁就乐了，就对"老李"说："你那时穷都不好好学，还说我！"当然，我知道这样顶嘴是不对的，我和"老李"就开始以自我为中心来争论这个问题。

现在仔细想想，"老李"的童年可谓是可悲又可乐啊！

二、指导学生撰写历史小论文

撰写历史小论文是高中阶段学生必须具备的学科能力。中学阶段需要撰写的历史小论文多为评述历史人物、评价历史事件或历史现象等。教师在教学过程中，可以根据教学内容给学生布置相关题目，让学生根据所学知识，进行历史小论文的撰写。

比如，学习"中国古代的中央集权制度"这一章内容时，笔者让学生根据教学内容，选取其中一个他们感兴趣的皇帝，结合相关史实，写一篇小论文来评述该帝王。

有学生写出了这样一篇评述秦始皇的小论文：

秦始皇的功绩：他重用人才、统一六国、南征越族、北击匈奴，结束了长期诸侯割据的分裂局面，建立了我国历史上第一个统一的多民族的封建国家，顺应了历史的潮流，符合各族人民的共同愿望。他采取的一系列加强中央集权的政策措施，维护了封建国家的统一，有利于封建经济文化的进一步发展，对后世产生了深远的影响。

但是秦始皇刚愎自用、拒谏饰非。他修建豪华的宫殿、陵墓和万里长城，耗费了巨大的财力和物力，加深了人民的苦难。他以刑杀为威，极其残暴。

……

即使他身上依然有各种缺点，但是仍旧不能否认他是一位伟大的帝王，在中国历史上留下了浓墨重彩的一笔。

又如，"兰山杯"中学生历史写作活动中杨琰同学的作品《"文艺复兴，百花齐放"——论改革前后人民娱乐生活的变化》，作者以一个旁观者的身份通过改革开放之后百姓娱乐生活的新变化理性陈述，反映了时代的巨变。摘录如下：

时间不断推移，人们的娱乐生活逐渐丰富。七八十年代，一股属于那个时代的时尚之风兴起——录音机开始流行，马路上常见留着长头发、穿着喇叭裤的"潮"青年。在省会公园、广场、街头等公共场所到处都能看见露天舞会，围观者成百上千。大家用口琴、笛子、吉他、二胡等这些简单乐器演奏一首又一首婉转动听的乐曲为舞蹈伴奏。只要有广场的地方，不管坑洼与否，都有跳舞的人。此时，华语歌坛也开始呈现一片欣欣向荣的景象，那个时候明星便已是层出不穷了，"追星一族"也因时而生。刘德华、张国荣、张学友等人的海报贴满了墙壁，成为那个时代人民娱乐生活的标志。

千千万万个"第一次"在历史的浩瀚长河中闪耀：1978年1月1日，中央电视台《新闻联播》正式开播；1978年11月，广西厂正式定名广西电影制片厂，其代表作有《一个和八个》《黄土地》《大阅兵》《周恩来》等；1979年1月4日《天津日报》刊登蓝天牙膏广告，这是改革开放后的第一条报纸广告，开创了我国商业广告的先河；1982年《少林寺》在中国乃至世界掀起一股新风格——武术电影热潮，并使李连杰一举成为国际级影星；1981年，新中国第一部电视连续剧《敌营十八年》在中央电视台播出，它是中国大陆第一部电视连续剧，上映后产生了轰动效应；1983年中央电视台举办春节联欢晚会；1987年霹雳舞掀起街舞流行潮；1988年《红高粱》火红耀影坛。

四十年可以让一壶酒变得醇香，四十年可以让一棵小树苗变成参天大树，四十年可以让一个人衰老。在小作者的笔下，我们看到了我国用这四十年的时间缔造了一个高度现代化的娱乐体系、一个焕然一新的时代。人们的生活丰富多彩，日趋先进开放。我国的文艺事业蒸蒸日上，仿佛是迎来了第二次"百花齐放"，正如满园春花一样争奇斗艳。

三、指导学生撰写历史剧

历史剧就是以戏剧为载体，以剧本创作和展演为导出，以史育人、以文化人，切实引导中学生在历史主题书写中传承和弘扬优秀中华传统文化，在艺术文化体验中提升中学生以历史素养为核心的综合素养，使中学生形成正确的历史观，树立正确的世界观、人生观、价值观，为实现中华民族伟大复兴储备人才力量。对于高中学生来说，剧本创作和戏剧展演的过程本身远比取得奖项更重要。创作历史剧为中学生的历史学习提供了最生动的实践机会。中学生的剧本写作首先要开阔视野，主题不要过于集中。其次，要学会用自然、平实的语言创作能"演出来"的历史剧。我们所期待看到的剧本，是在斗争、联合与实践中书写"人间正道"，以艺术手法表现历史的真实，时刻注意世界眼光与中国道路的互相联系。历史剧将艺术与历史教育相结合，这是一个教育创新之举。由华东师范大学发起的"青史杯"全国历史剧剧本征集大赛，对于高中生来说，是一个学史、懂史、拓展思路的机会；对历史教师们来说，则是一次全国大型教研活动，其中的育人价值远远超出了比赛本身。

例如，"兰山杯"中学生历史写作活动中陈昱臣同学写的《西安事变》就是一篇很优秀的历史剧本。

剧本名：西安事变

主题思想：中国人民一致对外的爱国情怀

主要人物：张学良（东北军总司令、西北剿匪副总司令并代行总司令之职，西安事变发动者）

杨虎城（国民党第17路军总指挥，西安事变发动者）

宋美龄（蒋介石夫人）

周恩来（中共中央代表）

端纳（记者，蒋介石好友）

其他人物：蒋介石秘书、士兵若干

场景：第一幕：1936年12月蒋介石到达西安威逼张学良执行"剿共"计划。

第二幕：张学良与杨虎城密谋兵谏。

第三幕：发动兵变，活捉蒋介石。

第四幕：宋美龄一行人到达西安劝蒋介石抗日。

第五幕：蒋介石接受协议联共抗日，西安事变和平解决。

道具：办公桌、四把椅子、枪支若干、梅干菜盒一个。

舞台布置：两个办公室，两把椅子分别对放。

第一幕：

蒋（疑问，愤怒）：学良啊，你身为西北剿匪副总司令，怎么在这里没有行动呢？

张（犹豫）：委员长，不是我不去剿共，这几天学生闹得厉害，我也没有办法，总不能向他们开枪吧？（摇头）

蒋（怒）：剿共是你的事情，有障碍就清除阻拦。如果说你不想干了，那你这个副总司令也没必要存在了（瞪着张学良）。

张（站起来，忧心忡忡地看着蒋）：蒋委员长，我觉得你清楚我的意思。

蒋（怒）：我想你也知道答案了。

张（来回踱步）：我觉得我们应该一致对外才行，凭什么做事要看日本人眼色。

蒋（语重心长）：汉卿啊，你知道攘外必先安内的道理吗？现在就是这么个情况。共产党一天不除，我一天不能睡好觉啊。

张（激动，无奈）：可是……共产党是抗日的队伍啊，他们愿意和我们合作统一抗日，蒋委员长，你得考虑考虑啊。（期待地望着蒋）

蒋（坚定）：剿共计划必须尽快开始，攘外必先安内，我这里不用考虑了。

张：那好吧，只能这样了。（低着头走了出去）

第一幕结束。

第二幕……

第二章

历史写作立意

　　历史学科，旨在使学生学会从不同角度认识历史发展中全局与局部、历史与现实、中国与世界的内在联系；培养学生从不同视角发现、分析和解决问题的能力，提高人文素养，形成正确的世界观、人生观和价值观。而历史学科核心素养的提出，则为我们指明了历史学科应当培养具有什么样的学科核心素养的人以及怎样进行历史学科教学的根本方向。

　　历史课程标准认为，历史学科核心素养是历史学科育人价值的集中体现，是学生通过历史学科的学习而逐步形成的正确价值观念、必备品格和关键能力，通过诸要素的培育，达到立德树人的要求。历史学科核心素养包括唯物史观、时空观念、史料实证、历史解释、家国情怀五个方面。

　　唯物史观是诸素养形成的理论基础。唯物史观是马克思主义的重要组成部分，揭示了人类社会发展的客观规律，指明了以生产工具变革为标志的生产力和生产关系、经济基础和上层建筑之间的内在联系，是看待历史现象背后纷繁复杂的实质的理论根据。

　　时空观念是历史学科的基本思维。任何历史现象都是在特定的、具体的时空条件下发生的，只有在特定的时空框架下，才能对史实有准确的把握。脱离了特定的历史时空去看待史实，如同缘木求鱼。时空观念作为学科核心素养，是打开历史天空的一把钥匙，是增强古今联系，知古明今、古为今用的历史思维的基本要求。

　　史料实证是认识历史的必备方法。历史过程是不可逆的，认识历史只能通过现存的史料。要形成历史的正确、客观的认识，必须重视史料的收集、整理和辨析，可谓"一分材料说一分话"、论从史出。

　　历史解释是历史思维和表达外现的能力素养。历史解释是指以史料为依据，对历史事物进行理性分析和客观评判的态度、能力与方法，不仅要将史实描述出来，还要揭示其表象背后的深层因果关系。

　　家国情怀是历史学科的价值追求。"家国情怀是学习和探究历史应具有的人文追求，体现了对国家富强、人民幸福的情感，以及对国家的高度认同感、归属感、责任感和使命感。"

　　在中学生历史写作中，紧紧抓住核心素养这五根弦，纲举目张，培育具有正确世界观、人生观、价值观和方法论的现代化公民是我们的责任和义务。

第一节　贯彻唯物史观

历史是已经过去的现实，现实是历史的延续，历史与现实有着密不可分的联系。

历史写作特别强调文章的立意，所谓立意，就是确立文章的主题。一篇文章从材料的取舍、结构的安排，到语言的斟酌、标题的拟制，都要服从主题的需要，主题是统帅，所以立意就是下笔之前必须解决的问题。

唐朝诗人白居易在《与元九书》中说："自登朝来，年齿渐长，阅事渐多，每与人言，多询时务，每读书史，多求理道。始知文章合为时而著，歌诗合为事而作。"表达了中国古代知识分子对时代的一种关注，对现实社会的一种关切，对改造社会、促进社会进步的一种责任和使命。

一、历史写作必须坚持正确的思想导向和价值判断

中学生历史写作取材丰富，内容包罗万象，不论写什么，怎么写，都要以立德树人为根本任务，关心国家命运，关注世界发展。坚持正确的思想导向和价值判断，以社会主义核心价值观为指针，以"五个认同"（对伟大祖国的认同、对中华民族的认同、对中华文化的认同、对中国共产党的认同、对中国特色社会主义的认同）、"四个自信"（道路自信、理论自信、制度自信、文化自信）为核心导向和价值引领，落实历史学科五大核心素养（唯物史观、时空观念、史料实证、历史解释和家国情怀）。

历史学是在一定历史观指导下叙述和阐释人类历史进程及其规律的学科，在某种意义上可以说，有什么样的史观就有什么样的史料，就有什么样的史学。《普通高中历史课程标准（2017年版2020年修订）》中对唯物史观这样解释：

　　唯物史观是揭示人类社会历史客观基础及发展规律的科学的历史观和方法论。

　　人类对历史的认识是由表及里、逐渐深化的，要透过历史的纷杂表象认识历史的本质，科学的历史观和方法论是非常重要的。唯物史观使历史学成为一门科学，只有运用唯物史观的立场、观点和方法，才能对历史有全面、客观的认识。

　　唯物史观是马克思主义辩证唯物主义的最伟大的运用成果。唯物史观是发展史观，是科学评价历史的金钥匙；唯物史观是"矛盾"史观，讲求新陈代谢、否定之否定，是找准改革着力点的显微镜；唯物史观是人民史观，深化改革必须把群众路线作为力量之源；唯物史观是联系史观，改革既要利用外部资源，也要排除外部干扰和破坏。

　　唯物史观是一个博大精深的理论体系。它科学地揭示了社会基本结构是由生产力、生产关系（经济基础）和上层建筑三个基本层次构成的，阐明了三者之间的辩证关系，既重视生产力对生产关系的决定性作用，也承认上层建筑对经济基础、生产关系和生产力的反作用。

　　科学史观只有一个，那就是唯物史观。所谓文明史观、现代化史观、整体史观、社会史观等实际上只是提供了认识问题的角度。

二、唯物史观的基本观点

（一）社会存在决定社会意识为人类认识自身社会的历史演进确立了科学的理论基石

　　社会存在是人类物质生活要素与条件的总和。它包括物质资料的生产方式、地理环境、人口因素以及交往实践等。

　　社会意识是指人类社会生活的精神方面，是人类精神生活要素的总和。它包括政治、法律、道德、艺术、宗教、哲学、科学等思想、观点以及风俗习惯等社会心理现象。

　　社会存在决定社会意识，社会意识是社会存在的反映；社会意识适应社会存在的要求而产生，随着社会存在的变化发展而变化发展；社会意识对社会存在具有能动的反作用。

（二）生产力决定生产关系

生产力是人类利用和改造自然的能力，包括劳动资料、劳动对象、劳动者三大实体要素以及科学技术、管理等要素。

生产关系是指人类在物质资料生产过程中结成的各种社会关系，包括生产资料的所有制形式、人们在生产中的相互地位与关系、产品的分配形式等。

生产力决定生产关系，生产关系一定要适合生产力状况的规律；生产关系对生产力具有反作用。

科学技术是第一生产力，但科学不是直接的、现实的生产力。

生产力是最活跃、最革命的因素，是推动社会发展的最终决定力量。

我们看看"兰山杯"中学生历史写作活动中钱海龙同学的作品《家族接力薪火相传》（第五届"燕园杯"中学生历史写作大赛省级二等奖）的节选：

动荡的时代过去后，我们的生活逐渐趋于平稳。1978年的家庭联产承包责任制改革，农民包产到户，自负盈亏。"黄面馍"被"白面馍"代替，那种收获成为源源不断的动力，我们获得了土地使用权和自主经营权。自此田地也像活过来了似的，家里的条件也越来越好。随着改革开放的推进，电灯代替了煤油灯，小电视、自行车等走进我们的生活，茅草顶的屋子也被结实的砖块代替……这仿佛是一个奇迹了。曾祖父他们那一代人脸上终于有了笑容，只有他们自己太苦了，我想曾祖父向自己的子孙讲述这些的时候，眼里应该也噙满了泪水。

每一条皱纹都有它自己的故事，曾祖父的命运来自两种变动：一靠国家的发展走向，二靠自己的不断努力以及对未来美好生活的向往。如今，我们生活在这个喧嚣又繁荣的社会中，以前国家的曲折发展随着时间的演变成为历史，让后人铭记于心。以祖父一辈为鉴，历史给予我们如何追求美好生活的答案：一则是国家，如今国家的繁荣随处可见；二则是自己的心态，多元化的社会给我们很多选择，不像旧社会只能务农，但性质都是一样的。

这段文字描述了1978年党的十一届三中全会以后，农村开始实行经济体制改革，西北农村的老百姓同样享受到了改革带来的实惠，人们的生活环境明显改善，生活水平大幅提升，蕴含的唯物史观基本原理是，生产力决定生产关系，生产关系反作用于生产力。实行包产到户，自负盈亏，农民获得了土地使用权和自主经营权，生产积极性空前高涨；农民的生活在衣食住行等方面有了质的飞跃，说明中国改革的根本目的是解放和发展社会主义社会生产力，改革为了人民，改革依靠人民，改革的成果让人民共享。

（三）经济基础决定上层建筑

经济基础是和物质生产力相适应的生产关系的总和，是社会在一定发展阶段上的经济制度和经济关系。

上层建筑是社会的政治、法律、宗教、艺术、哲学的观点以及同这些观点相适应的政治、法律等制度。

经济基础决定上层建筑，经济决定政治，上层建筑对经济基础具有反作用。上层建筑必须适时调整，以适应经济的发展。

"兰山杯"中学生历史写作活动中张晓同学的作品《祖父一生的故事》节选：

爷爷经历的生活一波三折，早年生活中的遗憾与生活时代密切相关。上层建筑的探索失误对百姓的影响最大，受苦受难的总是生活在社会底层的老百姓。好在新中国的发展趋势是前进的、上升的，虽然有过探索失误，但最终蓬勃向上。这让爷爷看到了希望，让百姓找到了光明，社会中虽然仍有一些不公平、不合理的现象，但我坚信正义终会战胜邪恶，时代的巨轮总会驶向文明与正义。

正因为有着许多如爷爷这般不屈不挠、定要改变命运的人民群众，才有了社会的进步。爷爷通过他的一生告诉我不能安于现状，正所谓"艰难困苦，玉汝于成"。历史的巨轮有了人民群众的不懈奋斗，才能越转越快，越走越远。我会学习爷爷的优秀品质，为祖国的发展贡献我的一份绵薄之力。"星星之火，可以燎原"，中华儿女集结所有力量昂扬向上，在十四亿个"1"的不懈努力下，祖国的文明富强之路必然越走越稳，越走越远……

可见，作者经过初中历史课的培养，已经具备初步的历史学科素养，在写自己爷爷的文章中已经能熟练运用经济基础和上层建筑的原理。

（四）社会形态从低级阶段向高级阶段发展

社会发展的总趋势是前进的、上升的，发展的过程是曲折的。社会发展是在生产力和生产关系、经济基础和上层建筑的矛盾运动中，在社会基本矛盾的不断解决中实现的。

马克思主义根据人类社会生产力与生产关系基本矛盾的不同性质，把人类历史发展分为原始社会、奴隶社会、封建社会、资本主义社会和共产主义社会几种社会形态。它们构成了一个从低级阶段到高级阶段发展的序列。不是所有民族、国家的历史都完整地经历了这五个阶段，但是这个发展总趋势具有普遍性、规律性的意义。历史是不断发展前进的，过程中可能有曲折和反复。

（五）正确运用阶级分析法

阶级是一个经济范畴，只能用经济的标准，即对生产资料的占有关系来划分阶级。阶级反映了人们之间的经济关系，是一种基于经济基础的社会分层。

阶层是基于人们的社会地位、职业和收入等形成的社会群体。它有同一阶级中的阶层和不同阶级中从事相同活动的阶层两种情况，是一种基于社会文化和经济因素的社会分层。

阶级斗争是历史发展的直接动力；在阶级社会里，社会基本矛盾的解决主要通过阶级斗争来实现；社会主义社会通过自我发展、自我完善来解决。在阶级社会中，社会基本矛盾表现为阶级斗争，阶级斗争是阶级社会发展的直接动力，阶级斗争的最高形式是进行社会革命，夺取国家政权。

（六）人民群众是历史的创造者

人民群众是历史的创造者。究竟是普通的人民群众还是少数历史人物创造历史，对这个问题的回答是唯心史观和唯物史观的根本分水岭。人民群众是物质财富和精神财富的创造者、是实现社会变革的决定力量。

唯物史观在强调人民群众是历史的创造者的同时，也非常重视杰出历史人物和领袖人物在历史发展中的作用。杰出人物，指反映时代要求、代表进步阶级或阶层利益，对社会发展起显著促进作用的政治家、思想家、科学家、军事家、艺术家等。杰出人物是历史任务的发起者、组织者和指挥者，对历史进程有重大影响。

"兰山杯"中学生历史写作活动中王傅赟同学在《幸福从哪里来——探寻共和国劳动者奋斗的岁月》一文的节选：

小时候，我常常问自己：历史究竟是什么？是那些名留青史的帝王将相、才子佳人？是那些今天听起来仍旧惊心动魄、波澜起伏的历史事件？还是那些或开拓进取，或保守退缩的时代？曾经的我认为问题的答案不过以上几点。渐渐地，随着年岁的增加、积累的增多，我的观点逐渐发生了转变：创造历史的不是帝王将相，而是那些默默无闻的劳动者。他们是那么微小，小到他们的名字大多不会在史书中出现，小到他们的名字、生活、经历、理想、爱情……太多的东西湮没在了历史的车轮卷起的尘埃中；但是，他们又是那么伟大，大到左右着社会的走向，大到构成了历史。他们的事业至今还在这个世界上闪烁着熠熠光辉。人民，只有人民才是历史的创造者——这便是我今天的答案。

每一条皱纹都有它自己的故事，每一滴汗水都有它最终的回报，每一段记忆都有它难舍的情愫。这位同学的文章用朴实的文字、翔实的史料，给我们展示了大时代背景下小人物的命运，关注到小人物与大历史之间的内在联系；把国家的历史、家族的兴衰、个人的经历融为一体，阐明了唯物史观的一个基本原理：人民群众是历史的创造者。

"兰山杯"中学生历史写作活动中魏颖杰同学在《我们一起走过》一文的附录中这样写道：

与此同时，我在整个写作过程中也感受到了历史带给人的财富，它就像本厚重的书。在这本书中，我们既可以体会到它带给我们的沧桑感，又可以在一个个人物的悲欢离合、喜怒哀乐中体会它带给我们的欢笑与感慨。历史是人的历史，它是有温度的。它不仅是一个个英雄人物的历史，也不是帝王将相、才子佳人的历史，它更属于每一个平凡人。每个人的经历都是历史，或许他们永远不被人知道，又或许他们没有经历过惊天动地的事，抑或是他们的一生平平淡淡，没有风雨也没有彩虹，但是伟大常隐于平凡。每个人都有着不同的经历，正如世上没有两片相同的雪花，他们的经历同样可以作为我们前进路上的指引，这不正是千千万万个平凡的个人史才构成了整个国家、整个民族的历史吗？不忘过去，才能更好地展望未来，有了前人的足迹，我们才能更好地走向未来。

由此可知，唯物史观是历史学科核心素养的中心要素，是历史学科核心素养研究的理论起点，也是历史学科核心素养培养的实践重点。在历史教学中，唯物史观要求学生能正确认识经济基础与上层建筑之间的相互关系，并在厘清历史发展脉络的过程中，对中外历史发展有一个客观的认知与理解。中学生历史写作也应该始终贯穿唯物史观这一科学理论，以客观的叙述吸引人，以正确的思想引导人，以积极的主题鼓舞人。

第二节 构建时空观念

历史是客观、真实的存在，是对人类社会过去式的记录，所以具有很强的时空属性和真实性。历史写作是对过去发生的人物、事件的客观叙述，必须交代清楚这些人、这些事发生的具体时间和地点，所以说离不开时空观念的构建。

一、历史时空观念的内涵和价值

《普通高中历史课程标准（2017年版2020年修订）》对时空观念这样界定：

时空观念是在特定的时间联系和空间联系中对事物进行观察、分析的意识和思维方式。

任何历史事物都是在特定的、具体的时间和空间条件下发生的，只有在特定的时空框架当中，才可能对史事有准确的理解。

毫无疑问，任何历史都是在一定的时空下发生的，历史时间是学习一切历史的基础。时空观念是历史学科核心素养的基础，既是认识历史的观念，也是认识历史的方法。

由于历史事件是在特定的时空下发生的，所以在分析、解释历史事件和历史现象的时候需要了解当时的时空环境。历史学区别于其他学科最主要的一个特点，就是其突出的时空观念，在一定意义上可以说历史是一门有关时空性的科学。

历史是不断发展变化的，历史的时空因素也是在不断变化的。历史上出现的事件、人物和现象都是在特定的、具体的时间和空间范围内发生和发展的，这些活生生的，有血有肉的，不完全相同的事件、人物和现象，都具有时空的确定性。历史学研究的基础是建立在时间意识上的，人们沿着时间的长河可以追溯到人类的过去，缅怀先辈的丰功伟绩，感怀人类的精神风貌。地理空间则为历史的演进提供了特定的舞台。时间和空间的二维确定性让历史鲜活起来，也让历史研究成为可能。

"兰山杯"中学生历史写作活动中赵三顺同学的作品《艰辛的一代》节选：

首先，我在这儿对这位老人进行简单介绍。

他便是我父亲的父亲，即我的爷爷。他的名字叫赵年昌，生于1947年5月24日。

1957—1962年在家乡读小学。

1964—1968年在皋兰县第二中学就读初中。

1969—1972年在本地担任教师。

1972—1976年担任大队文书。

1976—1977年担任大队副主任。

1977—1981年再次担任教师。

……

1984—1998年担任村办企业塑料编织厂会计。

1999—2017年在家务农。

至今经历了73年的风雨，爷爷的身体依然十分硬朗。当我向他询问起往事时，他抿了一口清茶，一阵沉思过后，便开始娓娓道来。他的人生大体可用三部分进行讲述，分别是"兴修水利""起沙平地""职业生涯"。

文章用大事年表的形式交代了故事主人公七十多年丰富的人生经历，时间地点特别详细。开篇向读者交代了主人公的履历，然后，分三个部分展开叙述，将老一辈人公而忘私、淡泊名利、坚持不懈的优秀品质一一展现出来，值得借鉴。

二、历史时空的准确科学表述

时空观念要求我们知道特定的史事是与特定的时间和空间相联系的；知道划分历史时间与空间的多种方式，并能够运用这些方式叙述过去；能够按照时间顺序和空间要素，建构历史事件、历史人物、历史现象之间的相互关联；能够在不同的时空框架下对史事做出合理解释；在认识现实社会时，能够将认识的对象置于具体的时空条件下进行考察。

历史学产生以后，人们就把时间脉络认同为历史的基本特征。《淮南子》

中说："往古来今谓之宙，四方上下谓之宇。"意即宇宙是空间（上下四方）和时间（古往今来）的统一，这是中国古人的时空观念。

为了管理时间，人们制定了历法。历法是人们根据地球、太阳、月亮和星辰相互之间的运动规律，来判别季节、记载时日、确定计算时间标准的法则。中国古代历法除了年、月、日的配合，还包括朔望、节气的确定，以及日、月、星辰运行的推算等。现在通常使用的历法有三种，即阳历（公历或西历）、阴历、阴阳历。中学历史写作中采用家族长辈的口述史作为素材的篇幅较多，这些口述史中提到的时间大多采用的是阴历，建议学生整理素材的时候一定要注明公历对应时间，以方便读者理解作品。

历史上常用的纪年方法有四种：一是公元纪年法，这是西方基督教发明的，以耶稣的诞生为公元元年，以此划分为公元前、后，其中还包括世纪和年代两个概念；二是干支纪年法，这是我国古代历法的一大创造，运用十天干和十二地支依次组合为六十甲子来纪年，还可以纪月、纪日、纪时；三是帝王纪年法，这是使用帝王的谥号、庙号、年号来纪年的方法；四是民国纪年法，以1912年为民国元年来推算纪年，中华人民共和国成立后就不再使用。不过，对中学生历史写作而言，学生大多记录家族长辈的陈年往事，反而经常要用到这些纪年方法。以往历史写作出现频次较高的错误也恰恰是时间概念含混不清，时间用语杂乱无章。

除此之外，还有"近代""当代""民国时期""北洋军阀统治时期""抗日战争时期""解放战争时期""过渡时期""抗美援朝时期"等，在中学生历史写作过程中是绕不开的名词，准确区分和运用这些名词，将会给你的作品增色不少。

所谓空间概念，就是要指出人物活动、事件发生的地点、区域、范围。常用到的词语如"西北""华北""东北""江南""北方""南方"等，或者是精确到××省××市××县××乡××镇（××村）。时空观不仅包括能够在特定时空下解释历史事件、历史现象，还能够在不同的时空框架下，理解历史上的变化与延续、统一与多样、局部与整体，并据此对史事做出合理解释。

"兰山杯"中学生历史写作活动中张艺楠同学的作品《记舅公公的一生》节选：

1999年，我的父母喜结连理。那个年代我的父母囊中羞涩，远在台湾省的舅公公听闻后，二话没说，立即寄回一万元的大红包作为贺礼。

2000年，父亲还在部队服役。舅公公看父亲回家探亲住宿不方便，又出钱为家中盖了一栋二层楼房。

2001年，舅公公回大陆探亲，又给了爷爷奶奶和姑姑们一些美金，更有各种各样的礼品。后来因为礼品不够，舅公公竟然连自己手上戴的手表都要摘下来送人……众人极力阻止，这才没有摘下。

2002年，我来到了这个世上。舅公公对刚降生的我抱有极高的期望，亲笔为我写了一封信寄了过来，希望我长大懂事后，能够看到他的一片苦心。

2003年，舅公公带着许多自己年轻时的旧物，搭乘飞机回大陆探亲。舅公公那些旧物，包括自己新婚时所穿的西装，一并送与了我的父亲。

2004年，舅公公回大陆探亲，又给了爷爷奶奶些金银首饰及美金，给姑姑一万元的"创业金"，还笑言让父亲回家和姑姑一起做生意……

2004年6月18日，舅公公在大陆去世，享年七十六岁。

这段文字采用公元纪年的方法，遵循时间顺序，将作者难以忘怀的一些事，逐一概述，角度小、眼界宽、思考深。语言朴实无华，叙事井然有序，一行行、一段段读来，一个小人物的命运随时代的推进而沉浮，凭借个人努力先利己后利人，济困扶弱的传统美德如春雨润物，滋养人心。一个国民党老兵，两岸无法阻隔的亲情，四代人心灵的对话和精神的传承，因为记得而存在，因为回看而珍贵，由于作者的写作而鲜活难忘。

"兰山杯"中学生历史写作活动罗书镕同学的作品《浅议明代分封诸王对地区发展的影响》一文节选：

洪武元年（1368）正月，朱元璋即皇帝位，定都顺天府（南京），国号大明，建元洪武，是为明太祖。天下初定，政局很不稳定。元朝统治虽已结束，可残余势力退居北方，手握重兵，对明朝统治造成了极大的威胁。一方面，明太祖朱元璋只好将他信得过的人，也就是同姓宗族分封到边疆重地，镇守边疆。另一方面，朱元璋认为元朝灭亡是因为没有血缘关系的藩王拱卫皇室，且周行分封之制绵延800年，可见分封之制对统治的作用。而且朱元璋出身贫苦，坐上皇帝之位后，想的便是如何使朱家的统治长久，如何让朱家子弟富贵贤达。明分封也有一定的私人感情在里面。肃王府于建文元年（1399）迁至兰州，在政治、军事等方面受到中央的管辖，未能大有作为，但优越的物质条件让历代肃王对兰州的经济文化产生过重大影响，其中文化方面影响更甚。

......

朱楧生于洪武九年（1376），明太祖十四子。洪武十一年（1378），朱楧受命赴封国甘州（今甘肃张掖）。建文帝元年（1399），朱楧请求迁至临洮府兰县（今甘肃兰州）。自此，历代肃王坐镇兰州200余年。

这段文字在记述中最大的特点是时空概念清晰，采用帝王纪年法的同时，为了方便读者理解，在括号中注明对应的公元纪年。对古今地名的沿革变更，作者也在括号中注明今天的名称，突出历史写作的特色，符合历史写作的基本要求，值得广大中学生借鉴。

三、历史写作反对"戏说"和"穿越"

历史写作应忠实记录时代变革，突出阶段特征，客观地叙述历史变迁，借助时空观念深化写作主题，在写作中建构历史思维模式。

我们看看下面这个同学写的历史剧：

四位曾在后宫中同为风云人物的女子如今在一张桌子上开起了茶话会，所谈之事虽无关朝政，却事关天下动态，一个人代表整整一个朝代的兴衰，诸位看客莫要太认真对待。你听她们这会儿的闲聊，能知道多少当朝变局？画面就这样展开……

慈禧（皱眉）：我听闻这"茶话会"原先是那洋女人中兴盛的东西，今日一聚，看看究竟有什么名堂，能比我大中国的茶馆还新鲜？说到这儿我就生气了，为了点儿茶叶、生丝就大动干戈，实在是小家子气极了。

杨贵妃（提起一个荔枝）：别为了这点东西就生气，你瞧这荔枝多新鲜哪，昨夜刚送来的，水分还足着呢。为博我一笑就动用上好的马匹，这可真是……（浅笑）

慈禧：这不就是"一骑红尘妃子笑"嘛。唉，博美人一笑是君主改不了的本性。

王昭君（吃一口荔枝）：确实新鲜啊，妹妹快告诉我一些保持水果新鲜的秘诀。

杨贵妃：哪有秘诀，不过是驿站四通八达，骏马飞快而已。……

中学生历史写作要将史事定位在特定的历史时间和空间框架下加以叙述

和概括，不论写家族往事还是乡村变迁，都要按照历史时间顺序和地理要素，构建历史事件、历史人物、历史现象之间的相互关联，理解历史上的变迁、延续、发展、进步等的意义，并对史实做出合理的解释、正确的评价。

尽管这个同学写的是历史剧本，但是，这样写明显偏离了历史写作的本意，违背了历史的真实，也违背了历史学科的时空观念这一核心素养，把历史"戏说"，搞成了"穿越"剧，极不严肃，这在当下貌似很时髦，却是当前中学生历史写作亟须纠正的问题。

我们看看"兰山杯"中学生历史写作活动中傅子怡同学的作品《我的姥爷》（第五届"燕园杯"中学生历史写作大赛省级二等奖）节选：

我的姥爷在1940年出生，姥爷的父母是夏河县拉卜楞镇河南村的农民，……1949年，我的姥爷在夏河县拉卜楞小学读书，那个时候的小学是六年制，毕业后，进入夏河县初级师范学校读初中，于1959年7月20日毕业，被分配到甘南藏族自治州碌曲县玛艾小学工作。

1962年，姥爷被调往夏河县拉卜楞小学。1965年，姥爷还被评为甘南藏族自治州优秀少先队辅导员，参加了州青年社会主义建设积极分子代表大会。

1977年5月，姥爷被调往夏河县合作三中负责后勤工作并担任体育老师。

1985年10月，姥爷又被调往甘南师范学校，在总务处负责学生的伙食，那个时候学校实行承包责任制，学生的生活得到了很大的改善。

1989年，姥爷担任合作市第一小学副校长。1995年，55岁的姥爷退休，结束了忙碌了大半辈子的教育生涯……

作者在文章中记述了故事主人公出生、上学、参加工作、数次调动工作，直到退休的全过程，文章最大的特点就是对每件事发生的时间、地点有详细的交代，有一条清晰可见的时间轴，把主人公36年献身教育事业的大事勾勒出来，对人物生活的环境也有详细的描述：学校师资缺乏，2个老师教全校110名学生。没有教室，他们就在牛毛帐篷中上课；没有宿舍，晚上就住在蒙古包里。为改善办学条件，主人公上山砍树，动员群众给孩子们盖了教室并就地取材，自制桌凳。主人公提倡勤工俭学，上午教书，下午带着孩子们去山上捡柴，用卖柴的钱给孩子们买本子和铅笔。在最困难的日子里，依旧带着孩子们上午上课，下午去挖蕨麻等。由此可见，历史写作必须落实学科核心素养，特别是时空观念不能缺位。

第三节 强化史料实证

史料是研究历史的根据，是研究和编纂历史所用的资料。能够记录或反映过去发生、存在过的事情的文字记载和一切物品都是史料。或者说，过去遗留下来的所有文字记载和物品都可以作为了解、认识历史的资料。

《普通高中历史课程标准（2017年版2020年修订）》中指出：

史料实证是指对获取的史料进行辨析，并运用可信的史料努力重现历史真实的态度与方法。

历史过程是不可逆的，认识历史只能通过现存的史料。要形成对历史的正确、客观的认识，必须重视史料的收集、整理和辨析，去伪存真。

一、历史课程在史料实证方面的培养目标

历史课程在史料实证方面的培养目标为：知道史料是通向历史认识的桥梁，了解史料的多种类型，掌握收集史料的途径与方法。能够通过对史料的辨析和对史料作者意图的认知，判断史料的真伪和价值，并在此过程中增强实证意识。能够从史料中提取有效信息，作为历史叙述的可靠证据，并据此提出自己的历史认识。能够以实证精神对待历史与现实问题。

二、史料的分类

按表现形式，史料主要分为文献史料、实物史料、口述史料和图像史料等。

文献史料是最主要的史料载体，一切以文字形式记载的资料都可以称为文献史料。官私史书、文书档案、地方史乘、传记谱牒、文集日记、野史笔记以及各方面的书籍和近代以来出现的报纸、杂志等，都是文献史料。如学生作品中出现的《任氏族谱》《白银市平川区谱》《靖远县志》等都属于文献史料。

实物史料是历史上人类活动遗留下来的各种物件，也是非常重要的历史证据。它包括古代建筑、家具、衣物、器物、饰品、钱币、墓葬、绘画、雕塑等，如我们身边的中山铁桥、白塔山的象皮鼓、五泉山的泰和铁钟、羊皮筏子等，也可去甘肃省博物馆、兰州历史博物馆查阅实物史料。一般来说，实物史料比文字史料可信度更高。

例如，"兰山杯"中学生历史写作活动中王隆懿同学的作品《勤俭兴家，打造幸福生活——我姥爷奋斗的口述史》里的崔氏祠堂就是实物史料的一种，具有很高的可信度。摘录如下：

祠堂是连接一个氏族的重要体现之一，崔氏也不例外。崔氏祠堂位于崔家大滩居住区旁，现在更名为"土主庙"。在中国古代不少祠堂中供奉的神像大都是自己的始祖，崔氏祠堂中供奉的便是崔季子的神像了。在2018年的农历二月二十九日，崔氏祠堂隆重举行了"第二届崔家大滩神像开光复位"的仪式。当时有许多外地的崔姓族人都来了，场面非常壮观。

祠堂既然是以寺庙的形式存在，那必定少不了香火不断的场景。每月初一、十五，都会有不少人前来烧香。庙会的时候就更加热闹了，许多平时不太出门的老人都会来参加，不上学的孩童也来凑热闹，还会有太平鼓、秧歌队来助兴。大家会在院中支起灶台，炊烟与殿前的香火交错着，构成一幅祥和繁荣的画面。

现在，土主庙成了另一个颇为重要的场所——大滩社区老年活动中心，老人们在院中下下棋、品品茶，抑或是唠唠家常，看着夕阳西下，仿佛时间回到从前：大家做完一天的农活，男人们坐在一起吹吹牛，侃侃大山；女人们为了省点灯油，拿起毛线，聚在月光下织织毛衣；小孩们跑跑跳跳做做游戏……生活很是惬意。

口述史料是指人们口头讲述并被记录下来的资料，其记录的方式有笔录、录音、录像等多种。这些资料包括神话、传说、故事、史诗、俗谚、遗训以及回忆录、对话录、采访记、座谈录音等。

王隆懿同学的作品《勤俭兴家，打造幸福生活——我姥爷奋斗的口述史》标题就用了"口述史"，在脚注里也多次说明访谈对象和访谈时间，教师推荐意见中也明确说明了这一点，证明作品里的部分史料来自受访人的口述。摘录如下：

近年来，作为史学研究的方法之一，口述史得到了较快发展。它主要依靠录音、录像等现代科技手段的使用，以访谈、访问的方式记录历史事件的当事人或目击者的回忆而保存的口述凭证，并将口述资料进行整理编辑，加以一定的理论诠释，最终形成口述史的研究成果。从这个层面看，高中学生很难达到最后的理论诠释，从而形成相对专业的研究成果。此文是作者利用课余时间，通过对家中多位长辈进行的多次访问，写成一篇记述作者姥爷一生平凡但充实温暖的文章。作者用平实质朴的语言，将崔氏家族的发展和姥爷的一生经历进行了简单记述。姥爷的一生既是不幸的，也是幸运的。他经历了年少时的环境恶劣、时局动荡，也见证了新中国的发展、改革和强大，并通过自己和家人的辛勤劳动创造了今天幸福安定的生活。

图像史料是指适用于历史教学与研究的视觉图像，如绘画、雕刻、照片、古地图等。图像史料的获得不仅需要历史学的方法，也需要借助艺术史等不同学科的方法。在我们指导中学生历史写作的过程中，很多同学都找到了作为史料的一些老照片来印证书写的内容，真实地还原了历史，又成为书写内容的有力佐证。此外，图像史料还有现代音像史料，包括录音、录像、纪实性影视作品等。

按学术价值，史料分为第一手史料和第二手史料。

第一手史料是指原始资料，即历史人物、事件、现象发生的那个时代留下来的材料，特别是当事人和目击者提供的史料，直接反映了所研究对象的情况，比较客观、真实，学术价值比较高。比如，研究明朝洪武年间的历史，《明太祖实录》《皇明祖训》《大诰》等文书档案以及当时人的文集、笔记等，都是第一手史料。

第二手史料是指由非当事人提供或者距离那个时代较远的记录、转述，或者后人的研究成果，间接反映了研究对象的情况。比如，清朝修撰的《明史》属于第二手史料，也具有较高的史料价值。与第一手史料相比，第二手史料的主观色彩较强，学术价值偏低，但也不能绝对化。

三、史料的辨析和运用

从史料价值来看，一般实物史料高于文献和口述史料，一手史料高于二手史料。实物史料一般都是第一手史料，是最好的历史证据。文献史料有一手、二手之分，其中第二手史料居多，口述史料辗转相传，要注意甄别。文献资料高于文学作品和神话。当然，衡量一手史料和二手史料的价值高低不能绝对化。有时一手史料也许是例外的，而有时二手史料反而是前人精心考证、精密归纳直接史料而获得的，所以不能一概而论，要具体问题具体分析。

此外，研究者的立场不同，研究的方法、角度不同，史料的选取和运用上的差别，时代的局限性等都会影响到史料的选择和运用。

我们在把史料作为我们历史写作的证据使用时，要重视史料来源的真实性，尽量选取第一手史料，选取客观、公正、正确的史料。做到史论结合、论从史出。做到孤证不立（单个证据不成立），秉持开放的史料观，坚持多种类型史料互证（史料没争议），特别是一手实物史料与文献史料是否相互印证。要用辩证的（多角度）、历史的（时代性）、发展的（对后世的影响）眼光看待历史。要摆事实、讲道理，不仅要通过史料讲述"是什么"，还要在此基础上讲述"为什么"。不仅要增长知识，还要给予启示，涵养历史智慧。要提高全面运用史料的能力，全力发掘史料中蕴含或隐藏的各种信息和意义。要注意挖掘史料背后的社会背景含义和特定的微观情境，既要关注长时段、全球化视域下宏大叙事的融会贯通，又要着眼于历史的细节和个体生活的微观世界。

我们来看"兰山杯"中学生历史写作活动中江俊哲同学的作品《我的爷爷》中的一段书写。

后来我又问爷爷，当时流行什么服装。爷爷说是中山装，而且谁要是能拥有一身中山装是一件十分值得美慕的事情。爷爷还跟我说，现在我们的衣服要是哪里破了，就直接扔了再买一套了，但是在当时的环境下，几乎所有人身上的衣服都有补丁，而且补丁有很多，有大有小。我吃惊地看向爷爷，爷爷似乎看出了我的难以置信，便从柜子里找出了一条裤子。当我看见这条裤子，我惊呆了！这条裤子上的补丁大大小小交错在一起，小的在大补丁里穿插着。爷爷笑着对我说："这是我的'百家裤'。想当年天天干活，这条裤子基本是天天会破，天天要补。有时候家里的布料都不够用了，就去街坊邻居家借。'百家裤'这个名字就是这样来的。你还可以问问你爸爸妈妈，问问他们小时候的衣服上有没有补丁，有没有见过衣服上没有补丁的人，我打赌他们没见过的。"

秉持着求真精神的我，当时去问了我的爸爸妈妈，得到的回答竟然和爷爷的一模一样。至此，我的疑惑已经全部烟消云散，留下来的，唯有震惊，我没想过那个时期竟然是这样的艰苦，对比一下现在的自己，我感觉我是真的很幸福，我们这一代很幸福！

爷爷说收养他的家庭并不是什么大富大贵的人家，只是一家很普通的老百姓，所以爷爷他们经常吃的主食便是黑馍馍。

"黑馍馍？我还第一次听说呢，那个黑馍馍好吃吗？为什么不是白馍馍？……"一大堆问题从我的口中说了出来，爷爷也在耐心地给我解答。

什么是黑馍馍呢？其实就是由五谷杂粮做成的馍馍，要问味道的话，一口咬下去，粗糙的外表让人难以入嘴，吃进去，就像捧了一堆沙子吃在嘴里，有的时候黑馍馍里还会有石头、杂草，甚至虫子，但可以填饱肚子。

我又问："为什么不吃白馍馍呢？"爷爷说："太贵了，买不起。"没错，就是这么简单，在当时白馍馍是很稀有的东西。

在这里，我们看到了小作者通过对爷爷和爸爸妈妈的访谈，对爷爷那个时代的生活做了翔实的描述：流行中山装、爷爷穿的"百家裤"、只能吃到黑馍馍，让我们真实地触摸到了中华人民共和国成立之初的那个物资匮乏的时代。

第四节　落实历史解释

历史解释是以时空观念为前提，以史料证据为支撑，以历史理解为基础，有意识地对过去提出理性而系统的具有因果关系的叙述。所以，一切历史叙述都是对过去的历史解释。所有的历史叙述都包含史实和解释两部分；历史事实是客观的，但对历史的认识、记录、叙述和解释带有主观性。对同一历史事物的叙述会有不同的解释。我们要正确看待不同的历史解释，深入分析原因，客观做出评价。

《普通高中历史课程标准（2017年版2020年修订）》中指出：

历史解释是指以史料为依据，对历史事物进行理性分析和客观评判的态度、能力与方法。

所有历史叙述在本质上都是对历史的解释，即便是对基本事实的陈述也包含了陈述者的主观认识。人们通过多种不同的方式描述和解释过去，通过对史料的收集、整理和辨析，辩证、客观地理解历史事物，不仅要将其描述出来，还要揭示其表象背后的深层因果关系。通过对历史的解释，不断接近历史真实。

一、历史课程在历史解释方面的培养目标

历史课程在历史解释方面的培养目标为：区分历史叙述中的史实与解释，知道对同一历史事物会有不同解释，并能对各种历史解释加以辨析和价值判断。能够客观论述历史事件、历史人物和历史现象，有理有据地表达自己的看法。能够认识历史解释的重要性，学会从历史表象中发现问题，对历史事物之间的因果关系做出解释。能够客观评判现实社会生活中的问题，具体包含：学生能够运用多种方法理解历史，对所学重要史事的基本情况做出有条理的、清晰的描述，能够准确阐释史事发生的前因后果；能够区分历史叙述中的史实与

解释，并能对各种历史解释进行评析与价值判断；能够从不同的视角观察历史、运用多种方式表述历史，运用历史术语对重要历史事件和历史人物进行阐释与评价；能够选择、组织和运用相关材料和信息，运用历史术语来建构自己对历史的解释，面对现实社会与生活中的问题，能够以全面、客观、辩证、发展的眼光加以看待和评判。

二、同一历史事物会有不同解释的原因

历史本身的复杂性。历史是客观存在的，但历史本身是复杂的。放至人类历史长河特定的时代背景下，历史更有了其独特的存在意义。正如王家范在《中国历史通论》中写道："历史的复杂性，非常像具有无限棱角的多面立体模型，由于观察者所站的方位不同，选择的角度和光线明暗程度的反差，观察所得的印象也就各不相同。所谓客观、整体的历史，只能存在于无数次扫描的总和之中。"

史料的复杂性和局限性。一方面是关于某一历史现象留下了各种形式、各种内容、相互矛盾的史料，从不同的史料会得出不同的解释；另一方面史料本身具有某种不明确性，导致多种解释的产生。

历史认识的主观性。认识历史的主体具有不同的认知能力和价值观念，阶级、民族、政治立场的不同，从不同的角度和立场，出于不同的目的，掌握多寡不同的史料，采用不同的研究角度和方法，从而得出不同的历史认识，形成不同的结论。

三、历史解释的要素

史料是"历史解释"之基。既然是"历史解释"，不是其他解释，那么基于史料就是最为根本的要求，凡离开史料进行"历史解释"就是耍流氓。当然，这些"史料"，应当是经过考证的、可信的。

时空是"历史解释"之境。"任何历史事物都是在特定的、具体的时间和空间条件下发生的，只有在特定的时空框架当中，才可能对史事有准确的理解。"解释历史现象必须考虑时代背景，依据时代背景做出正确解释。如果原因不符合时代背景，就必定是错误的。

逻辑是"历史解释"之器。"一分证据说一分话"，但如果缺少逻辑严

密、论证充分的分析过程，即使堆积再多的史料，结论也不会成立。

理论是"历史解释"之魂。比如，运用不同的史观解释历史，如果缺乏相关理论修养，只是在别人提供的史料或他们做出的各种解释中选出一种，是不可能的。同样，没有理论修养，单独提出某种"历史解释"也是不可能的。

规律是"历史解释"之源。社会历史规律是指社会历史诸现象之间必然、本质、稳定和反复出现的关系。历史现象之间的因果联系正是历史规律的体现。由于人是历史的主体，所以历史规律也就是人的行动规律。通过历史学习，掌握历史规律，再运用历史规律理解历史和现实是学习历史的重要目标。比如，在解释历史人物的行为动机时，可以运用西方经济学的人性心理理论（人是理性自利的动物，行为的动机在于追求效用的最大化，对于效用是什么，每个人都有自己独特的价值偏好，故表现不同，千差万别）来进行解读。统治者的行动往往是维护自身的统治，爱国者的目的在于维护国家利益，科学家的目的在于认识世界，企业家的目的在于追求利润，道德家的目的在于追求美德，等等。

四、使历史解释有效"落地"的途径

李剑鸣在《历史学家的修养和技艺》中认为："将零散而混乱的过去信息整理成有条理的历史知识是历史解释的基本任务，探讨因果是历史解释的重要形式。"

首先，充分利用史料，形成"有依据有逻辑"的解释能力。历史学科最大的特点是"论从史出"。我们通过大量史料研读和分析，能够深入了解历史事件的背景和文化、提升自身内涵。但需要注意的是，只有客观、真实的史料才能帮助我们了解真实、准确的史实。为此，我们在历史写作中必须选用"有依据、有逻辑"的史料。

其次，厘清历史概念，深刻理解历史现象的基础。统编教材启用至今，通过实践，我们会发现：教材的难度较过往有很大提升。以中国近代史八年级上册第一课《鸦片战争》为例，5页教学内容共涉及以下8个晦涩难懂的历史概念："自然经济""出超""入超""关税协定""领事裁判权""片面最惠国待遇""新旧民主主义革命""半殖民地半封建社会"。作为教师，若不能在基础概念上多下功夫，不能让学生真正懂得其中的含义，未来将会限制学生对历史概念的理解与解释。为此，面对历史概念繁杂的课程时，教师应加大教学力度，降低讲解难度，帮助学生做到真正的概念厘清，为以后的"历史解释"打下基础。

最后，坚持因果分析，做"历史背景下的理解"。必须坚持两条基本原则：以时间的先后顺序为前提，与时俱进。尊重材料本意，以互相制约的内在联系为依据。两者缺一不可，其中尤以彼此的内在联系更为重要。

例如，"兰山杯"中学生历史写作活动中董林林同学的作品《一位共产党员的初心和使命》中这样写道：

将时间的指针拨回到1994年7月。甘肃省陇南市宕昌县沙湾镇，发生了一次移民事件。事件的具体起因是为新疆生产建设兵团补充屯垦戍边力量，新疆生产建设兵团与甘肃省委省政府达成移民帮扶协议，移民任务落实到陇南宕昌县。宕昌县是甘肃省特困县之一，地理环境恶劣。那里人口众多、人均耕地少，粮食生产不能自给自足。宕昌县接到此次移民任务后，县政府向所在的沙湾镇下达了380户的移民指标。

尽管驻村干部两个多月辛苦工作，但收效甚微，几乎无人响应。村民们舍不得居住的几间土坯房和存放的粮食，他们也担心政府的移民政策不可靠，一旦移民，他们无法再次回到自己的家乡。当时在个别行政村还发生了围攻辱骂、殴打工作人员的情况。移民工作陷入僵局。

几天后，大伯移民的消息传遍了全村并引起了极大轰动，许多村民都感到不可思议。大伯陪同镇政府的工作人员一起到各个村民家进行现场说教，说服村民跟他一起响应政府号召，移民到新疆，重新干一番事业。

1995年农历二月初八，沙湾镇380户村民1000多人在沙湾镇大院集结启程，离开家乡，开赴新疆，顺利完成移民搬迁工作。

大伯就是一位忠实的奋斗者，作为一名中国共产党员，他忠实地履行了移民之初的初心和使命。在他的带领下，和他一起移民的村民们现在都过上了幸福生活。大片戈壁荒滩被开垦出来，变成了机械化操作的良田，昔日的荒漠变成了绿洲。不忘初心，方得始终。大伯以拳拳赤子心，践行着一位共产党员的初心和使命。

作者通过对父亲和大伯的访谈，了解到了关于大伯移民新疆的事情。为了确保历史叙述的真实性，又查阅了当地官方网站当年的报道，走访了其他经历了当年移民事件的人，为我们展现出一位忠于党、服从组织、吃苦耐劳的大伯形象。文章中的故事真实可信，作者语言质朴平实。同时通过访谈，收集资料，组织成文，作者的写作能力和思想境界也有了很大的提高，这是难能可贵的。正如作者在附录中所写：

我将访谈的内容进行整理，完成了此次历史写作。在这次写作过程中，我深深感悟到，历史不仅是我们在教科书中看到的那些人、那些事，真正的历史就发生在我们身边。我们父辈们经历过的风风雨雨，都是一段段不平凡的历史。我了解到了大伯更多的故事，我为他的朴实、刚毅而感动，我更加敬佩大伯。大伯是千千万万共产党员中的一员，他们用自己的行动践行着一个共产党员的初心和使命。通过这次访谈和写作，我也爱上了历史写作，我要用自己的笔书写更多可爱的人，记述更多可敬的事，传承他们优良的品格和伟大精神，激励我砥砺前行。

作为历史写作者来说，我们在保证史料真实的基础上，还要讲求自己内心判断的"真"，不要人云亦云，要"我手写我心"。这样，历史就会因多面透视而熠熠生辉，分外迷人。但尊重自己内心的想法，不代表可以信马由缰，随意瞎想。比如，有片面夸大中华人民共和国成立后探索建设社会主义道路过程中的一些曲折，有对特殊历史时期个人不幸遭遇的原因分析中的不客观，有对历史解释的观点偏离了社会主义核心价值观，有不去挖掘历史中阳光、健康的东西，而是调侃历史、宣扬负面的观点，甚至有封建迷信的东西。这些都是对历史进行随意解释、偏离历史真实的行为。

第五节　厚植家国情怀

"家国情怀是几千年来扎根在中华民族内心深处的精神支柱，古人讲'修身、齐家、治国、平天下'，现在我们讲社会主义核心价值观的国家、社会和个人三个层面，都是家国情怀的不同时代表征。"[1]

现代中国人的家国情怀应该是："作为个体的人在中国传统文化影响下，对价值共同体持有的一种高度认同，并促使认知共同体朝着积极正面、良性的方向发展的一种思想和理念，家国情怀与传统文化中的一些内涵是一致的，如民族精神、爱国主义、天下为公、乡土观念、行孝尽忠等。"[2]

我们作为历史教师，培养学生史学素养，增强学生公民意识和爱国爱家乡的情怀，是落实立德树人义不容辞的根本任务与责任。

指导中学生历史写作是一项很好的提升学生历史核心素养的方法，不仅对于提升中学生学习历史的兴趣，发掘学生历史潜力具有非常重要的意义，最重要的一点是让学生养成攻坚克难的习惯，让他们明确学习意义，养成敢于挑战的品质，养成愿意将自己的价值与国家社会的命运结合起来的家国情怀和意识。

《普通高中历史课程标准（2017年版2020年修订）》关于家国情怀是这样表述的：

家国情怀是学习和探究历史应具有的人文追求，体现了对国家富强、人民幸福的情感，以及对国家的高度认同感、归属感、责任感和使命感。

[1] 严科. 润物细无声，真史出真情——家国情怀在"四大发明"历史教学中渗透 [J]. 课程教育研究：学法教法研究，2019（19）：130–131.
[2] 杨清虎."家国情怀"的内涵与现代价值 [J]. 知行铜仁，2016（5）：43–49.

学习和探究历史应具有价值关怀，要充满人文情怀并关注现实问题，以服务于国家强盛、民族自强和人类社会的进步为使命。

一、历史课程在家国情怀方面的培养目标

历史课程在家国情怀方面的培养目标：在树立正确历史观的基础上，从历史的角度认识中国的国情，形成对祖国的认同感和正确的国家观；能够认识中华民族多元一体的历史发展趋势，形成对中华民族的认同感和正确的民族观，具有民族自信心和自豪感；了解并认同中华优秀传统文化、革命文化、社会主义先进文化，认识中华文明的历史价值和现实意义；了解世界历史发展的多样性，理解和尊重世界各国、各民族的文化传统，具有开阔的国际视野，树立正确的文化观；认同社会主义核心价值观，认同走中国特色社会主义道路是历史的必然，树立中国特色社会主义道路自信、理论自信、制度自信和文化自信；能够确立积极进取的人生态度，塑造健全的人格，树立正确的世界观、人生观和价值观。

二、中学生历史写作家国情怀的体现

培养人格健全的新时代公民是学校教育的目的，而历史学科对此具有得天独厚的优势。近年来，我国社会史研究大行其道，普通人的生活进入历史研究的范畴，而中学生历史写作大赛又把中学生带入历史研究的行列，"旨在激发学生主动关注并追寻自我生命源头。在历史研究及写作实践中逐步掌握历史研究和记录方法，培养推己及人的思维习惯，增进代际沟通与融合，塑造独立自主且富有社会责任感的现代公民"。这一活动的主旨与新课标的目标有高度的一致性。在指导学生参加历史写作活动后，笔者深感我们的学生只要认真参加过书写活动，无论是否获奖，他们都在不同程度上经历了情感的体验、认知的提高以及家国情怀的萌生。

（一）家国的理解

在我国的传统文化中，家为国，国亦为家，中学生如何真切地触摸到家与国，发现它们之间的密切联系，历史写作提供了有效的途径。"发现身边的历史"是全国中学生历史写作征文大赛的基本命题，但每届比赛都会选一个更为具体的年度主题：我与我家、走过历史（大时代中的个人命运）、大历史的失踪者、寻根等。学生写作的对象也多为家人、祖辈的奋斗史，以及生存求学

创业史等，记录命运在时代的潮流中跌宕起伏，如管同学写的《两代人的筑梦史》记录曾外祖父和外祖父从事建筑工程设计的历史；赵同学写的《一条坎坷的书香路》记录的是出身书香世家的祖父在乱世求学的历史；肖同学写的《大山深处的幸运女孩》记录的是生在穷乡僻壤的祖母，争取读书权利而改变命运的故事；郭同学写的《担起命运的女人》记录的是外曾祖母被卖作童养媳后与命运抗争的故事；廖同学写的《外公和他的两个父亲》记录的是从抗战时期再到改革开放普通人在战争和政治运动中命运的沉浮。国家民族的命运与家庭个人的命运究竟有着怎样的关联，学生从最熟悉的身边的人物去亲近历史，通过他们的经历去认识国家民族的发展历程，并感悟人生：个人的命运与国家民族的命运紧密相连，个人不仅要对自己的人生负责，也要有国家民族意识和社会责任感。

比如，"兰山杯"中学生历史写作活动中颜瑄同学的作品《爷爷讲起的那些事——探寻个人价值在家族精神传承中的实现》（第三届"燕园杯"中学生历史写作大赛全国特等奖）中写道：

爷爷这一辈人，没有出什么杰出的伟大名人，都是在祖国的角落勤勤恳恳工作的平凡人。但他们都在时代的号召下努力工作，为祖国贡献出属于他们的一份力量。而这无数的普通人汇聚成了建设祖国的强大动力。

我想这就是颜氏家族几百年来代代相传的家族传统——祖国需要我们去哪里，我们就义不容辞地走向哪里。这是一种家族精神，更是一种对于祖国崇高的责任感。代代相传的故事，深入每一个颜氏子孙的灵魂，祖国是我们心中永远的热爱。先有国，才有家，是我们不变的信仰。正是这种家族精神的传承，才培育出了一代代颜氏子孙，在时代的潮流中充分展现个人的价值，为祖国作出力所能及的贡献。

（二）亲情的呈现

写作增强了与家人的沟通，增进了对家人的了解，加深了学生对亲情与家风的理解。非虚构的写作要求作者要深刻理解写作对象所处的时代及其真实的经历，以故事的形式还原历史。学生写作对象大多是祖父母、外祖父母或是其他长者。有的平时并不生活在一起，即使生活在一起也基本上是日常生活的交流，鲜有情感思想的沟通。采访家中长辈打开了一扇心灵与思想交流的窗口，学生由此看到了祖辈的过去，亲情从本能升华为一种自觉。历史写作还能促进作者自我的认识：我是谁，我从哪里来，我将到何处去；祖辈长辈从哪里来，经历过什么，对自己有什么影响。不少学生通过写作不仅看到祖辈和长辈所历经的磨难、人生命运的无常，更看到了他们的人生态度：在乱世中的顽强求生，在国难中的匹夫担当，在逆境中的坚韧不拔，在顺境中的知足常乐……特别值得一提的是，几个写女性祖辈的学生都从写作中认识到了社会存在的性别歧视，男尊女卑的宗法观念对女性的不公。而他们的祖辈亲人能够自强、自立，与命运抗争，才有了后来的幸福人生。这些对于十几岁的中学生尤其是女生来说就是一种情怀的教育。写作的过程让他们意识到自己家庭潜移默化的那些品质，并逐步产生出传承家风的责任感来。

比如，"兰山杯"中学生历史写作活动中李沛阳同学的作品《家便是国，国亦是家》中写道：

随着时间推移，战争结束了。我们赢得了胜利，每一个战士都是"最可爱的人"。但属于我大爷爷的最后战斗中……由于攻点的失利，他不小心中了子弹。经过抢救后，人虽然保了下来，但子弹却永远留在了他的体内。从战场上退下来后，他转到了天水的兵工厂，一直默默地为国家贡献着属于自己的一点微薄之力……

我的大爷爷因为那颗"荣耀"的子弹倒在了病床上。我妈考上了大学，身处异地，第一次体会到了离家之远的感觉。孤独、寂寞，有许多话却不知道跟谁去说。那时候坐火车也得好长时间，妈妈上学离洛阳较近，就在这时，她收到了来自大爷爷的消息。大爷爷说想看看妈妈。妈妈当时想着，这个大伯我也从来没见过，我想立刻回家，见我的爸爸妈妈，因为马上过年了，等过完年开学后再去看大伯，所以我妈当时拒绝了。可是就在那年的正月初五接到电话，大伯去世了。妈妈哭得很伤心，她永远都再见不到大伯了……直到今天，这也成了她一生的遗憾。她很后悔自己年轻时候自私的决定，如果有可能，她一定去洛阳看大伯，因为，大伯很想家人，由于已经出家并且一直忙于保家卫国的他就没有子嗣……

通过小作者的书写，在革命战争年代，在时代的洪流中，个人命运的浮沉、家庭矛盾的冲突跃然纸上。

（三）乡愁的表达

学生写作乡愁题材很少，生长在城市的中学生对家乡的情感都十分淡漠，何来的乡愁。农村来的学生却仍有着与乡土难以割舍的情感。来自叶同学的作品《那个人，那个村，那条路》记录的是家乡的发展史。由于创作过程中没有家长的协助，从收集资料的环节就困难重重，家乡的老人对往事的记忆、叙述散乱而模糊，在老师的指导下做了多次录音采访，再查找族谱、家谱、地方志，把乡人的叙述与相应的历史背景对照，反复修改，渐渐整理出较为清晰的线索。文中记录数百年前迁徙到江西省赣南某村庄的叶姓家族历经中华人民共和国成立以来的一次又一次政治运动，民风依旧传统，乡邻之间的感情依然淳朴，也让我们看到了曾经年少的他们，看到了时代生活在他们身上留下的印记。对于很多农村"90后"来说，父母在家乡的印象淡却了。

比如，"兰山杯"中学生历史写作活动中马晓娟同学在其作品《记东乡族女性——由"我"所见》中写道：

我五岁的时候，父母亲第一次离开我，他们去了福建的一个鞋厂打工，离别中难过是必然的，当他们坐上那辆小面包车，车子在发动的时候，奶奶他们都紧紧抓着我，我只能大声地哭，根本挣脱不开，直到车子驶出去，到我追不上的距离，他们才松开我，我追着小面包车拼命地跑，边哭边跑，然后摔在了地上。父母亲离开之前给了我十二块五毛钱，十二块五毛钱对那时的我们而言，算是个大数字了，可无济于事，它只是在一遍遍地提醒我，我往后起来吃不到母亲做的热腾腾的饭，也再没有父亲严厉地督促我认真写字，耐心地教我加减法。我花了很长一段时间去习惯它。学校是个解忧的好地方，可一出校门，像往常一样开开心心地回到家，咧着嘴大喊："妈妈，我回来啦！"回应我的只有耳边吹过的风夹杂着奶奶的声音，我眼睛突然很酸，就跑出门外，坐在地上，拿手捂着脸，背靠着高高的草堆，越想眼泪越止不住，直到哭得没力气，就拿衣袖把眼泪一擦，拍掉衣服上的土，才又回到家。父母亲后来又到了内蒙古打工，日子更为艰难："我们住在一个几近废墟的地方，周围就那一个屋子，四处通风，夜晚是很难熬过去的。我们蜷缩着身体，互相依偎着取暖，还有很多虫子到处爬。你父亲早上三四点就要起来，他去帮别人背菜，背好几大袋菜啊，可以赚一点钱，菜贩那里有一些快烂了的菜，你父亲就把它要过来，那是我们的菜。"

家乡有一条通往村外的道路，这是父母外出打工的通道。孩子们在路边年复一年，日复一日地盼望着父母的身影出现。

资料的贫乏使作品难以取得史诗般的效果，但透过文字可以深刻地感受到外出打工人的艰辛和留守儿童的无奈与希望。乡愁是如此真实地从一个十几岁的少女笔下流出，不禁令人唏嘘。

中学生参与历史写作，可以仔细品味家庭的陈年往事、家乡的风土人情，学会关注历史，探究历史真相，以旁观者的视角、局内人的体验来感悟和还原身边的历史，追溯自己的血缘、学缘和乡土发展谱系，明晰自己在历史长河中的角色与使命，能主动承担起家庭、学校、社区乃至国家赋予的社会责任。我们相信历史写作大赛对于青少年传承传统文化、培养家国情怀更会起到越来越持久深远的作用。

第三章

历史写作准备

　　中学生进行历史写作，在锻炼写作能力的同时，形成史学思维方式应是更深层次的追求。从具体操作流程上讲，应该包含以下五个步骤：

　　确定主题，以小见大。在指导学生历史写作的时候，建议学生把写作的主题确定得尽量小一些。通过身边的小事情、小变化反映社会的大时代、大背景。因为中学生现在的能力和掌握、接触到的资料有限，太大的题目驾驭不了，研究起来也很难有收获。

　　收集资料，去伪存真。我们学生所处地区的实际是这里没有大量的考古发现，也没有很多的古典文献和相关的史学论文可以参考。最直接的资料有两种：一种是口述史的相关资料，学生们可以通过走访老人和相关的人士得到最直接的资料；另一种是查地方志和相关单位的年鉴、文字记录。

　　行文成稿，去粗取精。在拟定好题目开始写文章的时候，大家难免会想要将尽可能多的材料都用进去。但是有些内容是与主题无关的，这样就得把这些内容舍弃掉。有些材料是不准确的，也要舍弃掉。这个过程对学生来讲是一个非常好的受教育的过程。史学研究的原则就是"板凳需坐十年冷，文章不写一句空"。

　　形成感悟，由表及里。我们要引导学生透过历史的现象发现历史内在的规律。透过一个小现象看到社会大的背景。同时这个过程也是培养学生能力和品质的机会，也是学科核心素养落到实处的过程。

　　回归生活，由此及彼。我们引导学生进行历史写作，不是从培养历史学者的目标出发，重要的是引导学生在写作的过程中对生活、对生命有更深层次的认识和理解：首先让学生发现原来他们习以为常的事物，有那么不寻常的背景，任何的存在都有其价值和意义；其次让学生明白学习研究的过程是辛苦的也是快乐的，只有付出辛苦才能有所收获；最后引导学生在历史写作的过程中感受思想的洗礼和精神的升华。

第一节 选择题材

提出一个问题往往比解决一个问题更重要，因为解决问题也许仅是一个数学上或实验上的技能而已。而提出新的问题、新的可能性，从新的角度去看旧的问题，却需要有创造性的想象力，而且标志着科学的真正进步。

——爱因斯坦

选题是写作的第一步，是决定文章是否成功的关键。在进行写作时，首先面临的问题就是该写什么？中学生历史写作中存在的普遍问题之一就是学生不知道写什么，而这就涉及历史写作的选题问题。选题不仅是确定文章的题目和写作的范围，更重要的是选题的过程也是一个创造性思维的过程。

选题源于问题，先有问题，后有选题。选题的关键就是要有强烈的问题意识，能够发现问题。题材的选择涉及写作者的经验能力与写作的时限。因此，历史写作的第一个步骤，就是挑选一个作者有兴趣、愿意并且值得花时间去研究的题材。选择题材关系着文章的成败，必须经过审慎的考虑后选择，俗语云："题好一半文。"亚里士多德也曾说过"良好的开端是成功的一半"。所以"慎始"最为重要。

中学生接触到的历史相对有限，所以历史写作的选题就非常关键。我们建议学生应尽可能贴近生活、贴近实际、贴近学生的认知水平。老师们要充分了解学生的文学功底、历史知识储备，指导学生结合学生的家乡或者身边熟知的人物、建筑等进行有针对性的选题。这样，学生初次进行历史写作的时候才不会感觉到畏惧，并且使学生发现自己的写作潜质。

中学生完成历史写作的过程就是将历史读厚和读薄的一个过程，所以写作的前提是要进行广泛的阅读。阅读同时也是为了更好地完成历史写作而进行的材料查阅和收集利用过程。中学生只有通过全面掌握材料，才能够对历史事件、历史人物等有一个全面的认识；才能够形成自身对于历史事件发生的客观认识和评价，不断增长自身的历史知识储备，提高思维能力，更好地完成历史写作；在将来的发展过程中，才能够不断积累知识，推动历史的发展进步。

一、选题的资源类型

（一）实物类家族史资源

遗存类家族史资源是通过实物的形式呈现出来的，主要有家庙、家族祠堂、寻根博物馆和根亲文化园等，具有直观性、生动性和地区差异大等特点。比如，甘肃省兰州市皋兰县什川镇的魏园，兰州市榆中县青城镇的高氏祠堂、罗家大院等。

（二）文献类家族史资源

文献类家族史资源是指以文本、图片等为载体呈现家族历史的资源，即用文字记录的资源，有地方志、专家学者的著作、家谱、族谱等。例如，文史研究专家沈飞德的传记作品《细说孙中山家族》、张求会著的《陈寅恪家史》等。

比如，"兰山杯"中学生历史写作活动中张景怡同学的作品《家族姓史，文化传承——姓氏的历史与传承》中关于"族谱"就有详细的书写。摘录如下：

作为张氏族人，我们家族也是非常庞大的，那么，在这么庞大的家族体系中，我们是如何记清自己辈分的呢？曾几何时，我以为是按照出生的前后来论资排辈的，直到有一天，我查询了自己的家族谱，才知道辈分是按照族谱中的字辈来排的，而并非年龄。那时，我才深刻地认识到了先辈们无穷尽的智慧，以及丰富的人生阅历。

张氏族谱记载了张氏家族的内部资料，一般由族长或者族中事业有成的小辈发起，内部族人只有齐心协力地编写，才能编成。听我爷爷说，张氏族谱总共有六册，分别来源于湖南、湖北、上海、广东、广西、四川。我们家的这本，就是由四川的族谱所誊抄而来的。

族谱中，相关于辈分的记载中说，每一辈人中，都有一个属于这一辈的字。就拿我们家来说，我的爷爷那一辈是"天"字辈，所以但凡用"天"字取名的，我都应该称呼他为爷爷，不论年龄的大小。我的爸爸那一辈是

"开"字辈，于是，他和我姑姑都是用"开"这个字来取名字的。到了我这一辈，是"景"字辈，同样也是我和我的弟弟取名的依据。之后的辈分为"和""安""泰""祥"等辈。这样用族谱的辈分来给小辈取名字，光是听名字就能知道对方的辈分，不会因为年龄的差异而出笑话，还能省去初次见面时，不知道应该如何称呼对方而论错辈分的尴尬场面。

（三）口述类家族史资源

口述类家族史资源是指通过历史见证人对家族事迹的回忆或记录而获得的能反映出家族历史的资源，如口述回忆等。此类家族史资源可以通过学生自己询问、走访家族中的老人获得，具有趣味性、亲近性等特点。

比如，"兰山杯"中学生历史写作活动中杨玉娇同学的作品《刺绣那些事儿》的附录部分以"祖孙二人与刺绣不可磨灭的往事"为题，真实再现了围绕"刺绣"采访奶奶的过程。

【采访记录】

第一部分　第一次踏足：何为刺绣

采访时间：2019年10月1日

采访地点：家

采访对象：姥姥

采访者：杨玉娇

采访过程：

我：姥姥，在您那个年代是怎么谋生的？

姥姥：在我的那个年代啊，生活并不富裕，兄弟姐妹又特别多，吃饭都成了问题，所以在很小的时候，我们就学会了自己照顾自己。记得那会儿，几个哥哥姐姐都会帮着父亲去田里干活儿，我最小，所以留在母亲身边帮她。母亲在刺绣上有一手好活儿，我就跟她学，越学越痴迷……

我：（看着姥姥回忆儿时的事情，脸上流露出无法控制的笑）姥姥您怎么会这么痴迷呢？

姥姥：刺绣呢，是用针和线把人的设计和制作添加在任何存在的织物上的一种艺术。就像画画一样，用彩笔描绘出一个画上的世界。在我心里，母亲就像一个大师一样，别人都是用笔描绘出色彩斑斓的世界，而她却是用针和线缝出一个与众不同的世界。我就想着，用针和线缝出一个属于我的世界。

我：谢谢您！光听着就很有意思呢！

第二部分　第一回尝试：探索刺绣

我：姥姥，为什么我总是绣不好呢？

姥姥：（笑着）心急吃不了热豆腐，凡事都要脚踏实地，一步一步慢慢地来。好的作品，更需要细心钻研，你得把心沉下来，赋予作品一个全新的生命，用你自己的热情去对待它。

我：原来是这样！

中华民族历史悠久，积累了很多丰富的家族史资源，这为中学生历史写作提供了可以利用的丰富资源，也为历史增添了神秘色彩和韵味。但是和文献类家族史资源相比起来，口述类家族史资源的真实性有待提高。因此，在历史写作过程中更需要注意材料的选取，不可随意堆砌，要选能辅助历史写作目标实现的家族史资源。

（四）信息类家族史资源

信息类家族史资源是指以现代网络技术为载体展示出来的能反映家族历史的资源。其中包含大量涉及家族历史的影视、网站和音乐。这些内容具有较强的直观性、立体性和更新快的特点。将这种听视融为一体的动态家族史资源合理地应用于中学历史写作中，不仅丰富了历史写作的方式和历史知识的趣味性，而且能够让学生在这动态的过程中更好地认识和理解历史问题。例如，高氏宗亲网就是可以获得家族史资源的网站。

二、选题的一般原则

（一）合理性原则：选题重在兴趣，不赶热门

怎样发现或选择历史写作题目呢？首先是作者必须对所选择的题目有浓厚的兴趣，乐于做更深入的探讨。当然，此处的兴趣一定是基于比较高的格调。兴趣是一切行为的动力，所谓"好之者不如乐之者"，乐之才能努力不懈，忠实而深入。有了兴趣才能发挥潜能并提供贡献。陶孟和先生在论科学研究时曾说："一个人的实际生活，常包含多方面的兴趣，而历史上许多的发现与发明，也由研究以外的兴趣所引起。专一的兴趣，仅属于少数人的特质，并且也不见得是一种健全现象。但是在研究工作上，则必须具有这个为研究而研究，为了解而努力的态度。"这种探讨宇宙事物兴趣与科学求真的精神，是历史写作必不可少也最需重视的条件，从看书、找资料，到分析撰写，如果没有兴趣，必定事倍功半。

比如，"兰山杯"中学生历史写作活动中李清旖同学的作品《站在历史的角度微笑——汉服归来》以"汉服"作为选题，可能更多是因为学生感兴趣，具体写作的内容主要是关于"汉服"演变的一种史料的堆积，读者的第一观感是关于汉服知识的普及，而作者通过写作的收获和自己的理解、体验似乎就很少了。像这样的选题并不合适。

而热门的题目，因为选择研究的人多，也不容易有新成果或新见解。尤其若是自己不感兴趣，更是枯竭了思维，又为难了自己，绝不是理想的选择。

（二）科学性原则：题目宜切实，不宜空泛

一般情况下，选择题目时切忌空泛而不切实，也可称之为"题域要窄，立足要实"。题目若太空泛，概念容易混淆，不容易得到明确的结论，也找不出重心所在，其结果必然言之无物，漫无目标，一无是处。历史写作不同于现代科学中所说的论文写作，不能说得如何天花乱坠，对于研究本身却无多大价值。而且作者一定要有充裕的时间，来得及于限期内完稿。有些人做文章常喜爱选择大题目，他们以为题目范围大，材料必多，殊不知题目越大，材料越多，反而难以细细品读，难以组织成章，难以形成系统。如果勉强凑合成篇，不过是概括笼统的陈说，难免囫囵吞枣或者百病俱呈，甚至前后矛盾。

反之，题目范围小，材料容易收集整理，观点亦容易集中，往往可以从详细的研究而达到超越前人研究领域的佳境。小题目的优点是可以"小题大做"，或者叫作"小切口深分析"，即通过小题目引出大道理。但题目也不能太小，必须能找到足够的资料，以免言之无物。此外，有些题目往往不值得花时间去研究。我们这里所说的"小题大做"，不包括若干细枝末节的小题目，尤其是妇孺皆知之事，无须小题大做；但遇到要推翻一般妇孺皆知的公理时，不但需要小题大做，而且值得大做特做。

在历史写作过程中，中学生需要讲究选题的精准科学，要结合中学历史教材相关的话题或者在中学生历史写作大赛所提供的选题范围内进行选择，这样学生可以通过将自己感兴趣的人物和事件加以联系，很好地完成写作过程，这样才能不断提升自己的历史写作水平。教师也需要对学生的选题做到心中有数，科学开展指导工作。比如，"兰山杯"中学生历史写作活动中黄彤彤同学的选题《榆中四中——那些曾经的芳华岁月》以自己的母校作为写作对象，就是很好的选择。

其实说到底，题目大小的选择主要靠资料做决定。古谚说得好："巧妇难为无米之炊。"没有好材料一定做不出好文章。历史写作也是一样，固然需要作者独到的见解，但最重要的仍是必须有充分的资料作为佐证。而资料之有无或多少，又常随时间与空间而定，由于我们对材料的整理及观念的变化，题目的范围也会随之而发生变化。

（三）创新性原则：题目宜新颖致用，非脱离实际

学术研究的目的有继往开来的意义和价值，而我们的历史写作也应以致用为目的。所以选择题目必须新颖实际，能与实际生活有关者为佳。在老题与新题之间：选新不排老，老题新作，新题深作。选新题的优点是易出成果，选老题容易"撞车"，且过于陈旧的选题读者也不感兴趣，但"老题新作"也未尝不可，如题目虽老，但容易有新观点，或者新材料，或者新方法，或者新角度。

学术研究或历史写作如果单纯依据个人兴趣而完全不顾时代的需要，必定会成为玄谈空论，与人类生活毫不相干。不过，我们也可以用新的方法研究老问题。研究老问题时必须首先反问，这个问题是否有再研究的价值？资料是否已有增加？前人研究这个问题的方法是否仍然可行？譬如说，八股文的写作现在早已废止，如果某人现在从事研究"如何写好八股文？"或"八股文的做法"，即使能把"八股文的做法"都研究透彻，毕竟对现代学术毫无裨益。此外，历史写作的选题还要注意不宜选太新的题目，因为题目太新，资料往往不足，无法深入讨论，很可能迫使作者半途而废。同时选择的题目必须有事实依据，需要参考许多不同的资料，不能凭空杜撰。比如，"兰山杯"中学生历史写作活动中薛佳仪同学的选题为《说诸葛孔明》，以大家耳熟能详的历史人物诸葛亮作为写作对象；魏宏欣同学的《那首心中的歌》以《义勇军进行曲》作为写作对象，都是属于选题因资料收集不足，缺乏有力的事实依据，故而不是理想的选择。

（四）可行性原则：避免高度技术性的题目

学术研究固然在探讨新的知识，开辟新的学术领域。但是，我们必须量力而为。否则，选题超出了自己的研究能力，必定"眼高手低"，一定无法完成或无所成就。我们的历史写作也是同样的道理。选题时宜避免高度技术性的题目，而且题目难易适中为好。题目太难，主观上与写作者本人的知识结构、研究能力、写作水平与选题不匹配，也是为难自己，充其量只是拾人牙慧，或是一些肤浅的心得罢了。客观上材料的可获取性较低，也不利于写作活动的开展。对于中学生，尤其是初学历史写作者，选择技术性过高的题目不是恰当的选择。

（五）切实性原则：避免选择直接概括的传记类题目

在历史写作中，如果选择直接叙述式的传记，容易造成像百科全书式的文章，或者变成试图以很短的时间，为某人做盖棺定论的叙说，吃力不讨好。通常以选择某人生平的某一段时间，或是作品的某一方面，或者是影响此人一生的某些事件，作为写作的内容，则比较实际。为人写传，不是件容易的事情。真正要写好一部传记更是不易，更不是一个中学生在较短的时间内所能完成的事情。例如，"兰山杯"中学生历史写作活动中王艺宁同学的《一个乡，一个人——姥爷的生平事迹》就属于这种情况，应避免。

（六）无争议原则：避免具有争议性的话题

学术研究首重客观，历史写作亦如此，一切玄谈空论或是由来已久、僵持不下的问题，常会受到主观感情的左右，而无法以客观科学的事实加以佐证。譬如讨论"男女之间有无真正友谊存在"时，全要看当事者双方所持态度而论，纸上谈兵，往往是隔靴搔痒，毫不相关。

因此，我们应该避免主观或白热化的题目，如研究者已有强烈的主观意识；如选择"从厕所文学的演变反观中学生生活"为题，则在执笔之初，其态度就很难客观，因为在厕所涂鸦的学生，只是中学生中少数中的少数，从少数中的少数反映整个中学生，难免以偏概全，除非能从另一个角度研究此问题，譬如"从厕所文学的演变反观偏激学生（或无聊学生）的生活变化"，唯是否偏激学生，就一定会在厕所涂鸦乱画，则又是一个需要求证的问题。因此，诸如此类的题目应该避免。此外，在历史写作中，中学生要尽量避免不切实际的个人意见，也不要仅陈述问题的一面，而使文章失去客观性。

三、选题的一般方法

（一）浏览捕捉法

浏览捕捉法就是通过对占有的文献资料快速的、大量的阅读，在比较中来确定题目的方法。浏览一般是在资料占有达到一定数量时集中一段时间进行，这样便于对资料做集中的比较和鉴别。浏览的目的是在咀嚼消化已有资料的过程中提出问题，寻找自己的研究课题。这就需要对收集到的材料做全面的阅读研究，主要的、次要的、不同角度的、不同观点的都应了解，不能看了一些资料，有了一点看法，就到此为止，急于动笔；也不能"先入为主"，以自己头脑中原有的观点或看了第一篇资料后得到的看法去决定取舍；而应冷静地、客观地对所有资料做认真的分析思考。中学生在浩如烟海、内容丰富的资料中汲取营养，反复思考琢磨许久之后，必然会有所发现。

浏览捕捉法一般可按以下步骤进行：

第一步，广泛浏览资料。这一步是把能够获取的资料进行广泛浏览，在浏览中要注意勤做笔录，随时记下资料的纲目，记下资料中对自己影响最深刻的观点、论据、论证方法等，记下脑海中涌现的点滴体会。当然，手抄笔录并不等于有言必录、有文必录，而是要做细心的选择，有目的、有重点地摘录，当详则详，当略则略，一些相同的或类似的观点和材料则不必重复摘录，只需记下页码就行，以避免浪费时间和精力。

第二步，寻找发现问题。这一步是将阅读所得到的方方面面的内容，进行分类、排列、组合，从中寻找问题，发现问题。材料可按纲目分类，如分成：系统介绍有关问题研究发展概况的资料；对某一个问题研究情况的资料；对同一问题几种不同观点的资料；对某一问题研究的最新资料和成果；等等。

第三步，确定写作选题。这一步是将自己在研究中的体会与资料分别加以比较，找出哪些体会在资料中没有或部分没有；哪些体会虽然资料已有，但自己对此有不同看法；哪些体会和资料是基本一致的；哪些体会是在资料基础上的深化和发挥；等等。中学生经过几番深思熟虑的思考过程，就容易萌生自己的想法。把这种想法及时捕捉住，再做进一步的思考，选题的目标也就会渐渐明确起来。

（二）追溯验证法

追溯验证法是一种先有拟想，然后通过阅读资料加以验证来确定选题的方法。这种选题方法必须先有一定的想法，即根据自己平素的积累，初步确定准备研究的方向、题目或选题范围。但这种想法是否真正可行，心中没有太大的把握，故还需要按着拟想的研究方向，跟踪追溯。追溯可从以下几方面考虑：

看自己的"拟想"是否对别人的观点有补充作用，自己的"拟想"别人没有论及或者论及得较少。如果得到肯定的答复，再具体分析一下主客观条件，只要通过努力，能够对这一题目做出比较圆满的回答，则可以把"拟想"确定下来，作为论文的题目。

如果自己的"拟想"虽然别人还没有谈到，但自己尚缺乏足够的理由来加以论证，考虑到写作时间的限制，那就应该中止再做的想法。但这种主观的"拟想"绝不是"凭空想象"，必须以客观事实、客观需要等作为依据。

（三）关注现实，引出题目

我们在关注现实、体验生活、关注新闻的过程中出现新的灵感，联想到相关的历史，引出新的题目也是选题的一种方法。

（四）触类旁通，联想题目

选题还有一种情况，就是我们受他人选题的启发，联想题目。在选题立项上，我们除了要体现历史性之外，还要尽可能地展现区域特色，这会大大减少撞题的概率，成为少数或是唯一能不可替代，这样才会在众多的作品中脱颖而出。

在组织学生进行历史写作活动时，我们会为学生选题提供一些参考性的建议。一部分同学的家乡历史文化比较典型，我们建议他们通过广泛查阅资料，来书写家乡历史文化；一部分同学耳濡目染长辈的传奇故事，我们推荐其通过采访长辈获得第一手资料，整理出家庭长辈的往事；部分同学假期跟随家长外出旅游，我们建议他们选择旅游文化作为主题；有的同学对其父母祖辈所在的"老家"感情很深，有较多的写作素材，我们建议他们以家乡作为主题；有同学对当地的美食颇有研究，我们建议他们以当地美食作为写作的切入点。

四、历史写作的参考主题

（一）家族家庭

1. 爱情婚姻

家庭是人类文明最基础的单元，婚姻则是家庭的核心议题。自文明诞生至今，不论是思想观念，还是交往场景，抑或是婚俗礼仪，婚姻的形式与内容一直都在随着时代的变化而变化。学生托着下巴，坐在摇椅旁，听长辈们回忆从相逢到相恋，再到相约一生的点点滴滴，重温我们家庭的温暖，憧憬我们未来幸福的生活。

2. 家风家训

"谁言寸草心，报得三春晖"，针线上绵延不断的是中国人浓厚的家庭情结。家庭是社会的基本细胞，是人一生中最重要的学校。勤奋、俭朴、求学、务实，"千古第一完人"曾国藩这样教育子孙后代。由此可见，家风和家训是家庭对孩子最凝练的教育，短短几个字或者几句话，却能串联起孩子一生的行为轨迹。家风和家训的核心精神就是教导孩子立事必先立人，况且人不立，何以立事？

3. 家族兴衰

近代以来，中国历经战争和天灾的风云变幻，革命与改革的跌宕起伏，你的家族或许就如一叶扁舟，在历史的长河中随浪潮起起伏伏。昔日辉煌，中途凋零，家族兴衰就是一部史诗。祖辈们的荣光、父辈们的拼搏不仅是家族辉煌的根基，更是后辈奋进的榜样。我们可以从家族的辉煌历史、凋零缘由、再兴故事等过程中，品味家风的厚重朴实。让我们承载家族荣耀，从心出发，再续辉煌。

4. 战争经历

中国的近现代史，战争与革命是核心议题。不论是抵御外敌，还是国内战争，血与火是很多家族记忆无法回避的主题。在这样政治力量风起云涌、社会格局动荡起伏的岁月，先辈们的选择与坚持不懈符合历史潮流、民族大义，但我们仍要穿越历史的迷雾，走进史实的现场，以"同情之了解"的心态理解祖辈父辈们的人生际遇、心路历程。那些辉煌与荣耀、坎坷与悲愤，并不会随风而逝，而是会化为我们家族记忆中浓墨重彩的片段，启迪我们沿着正确的道路前行。

5. 服饰变迁

不论是家人手织的毛衣，还是街角裁缝的大西装，抑或是在供销社购买的"的确良"，长辈们的服饰或许只是在逢年过节时才能添置，远不如现在的琳琅满目、任君挑选。但正是因为匮乏，才很珍惜，所以长辈们每次穿新衣或许都有着温暖的记忆。从箱底翻出那一件件保留至今的旧衣裳，仔细聆听长辈们叙说这里的温情与喜悦，让美好的记忆流传下来。

6. 饮食

有人说，中国人天生就是厨师。其实，我们一直都是吃货。不论是祖辈们，还是父辈们，他们心底里都有一道自己钟爱的"妈妈的拿手菜"。听长辈们描绘那些让他们咽口水的佳肴，发现每个人童心未泯的另一面，可以品尝饮食在中华文化、家族记忆中的味道。让我们以爱的名义，从菜肴出发，解开家族温馨往事的密码。具体主题可以围绕"妈妈的拿手菜""家庭的年夜饭""饥饿年代吃什么"等。

7. 住所

茅草屋、小瓦房、筒子楼、大杂院，是现在电视剧里演绎的旧时住所，或许也是你的长辈们曾经的栖息之地、成长之所。那样艰苦简陋的居住环境，在诠释昔日经济落后的同时，也会承载着狭窄生活空间里街坊邻居之间的趣闻往事。沿着时间长河溯流而上，我们还能听祖辈们讲述宗族群居、家族聚居的伦理纲常、妯娌琐事。我们就在这样的物理空间里，吹开掩盖家居内外往事的尘土，还原一幅幅生活场景。

8. 出行

很久以前，这里只有乌篷船、毛驴车；后来，能坐轮船，有了自行车；再后来，可以骑摩托车，乘绿皮车；到现在，满地小轿车，出门不是高铁就是飞机。长辈们会这样描述半个多世纪里代步工具和出行方式的日新月异。每一次出行，其实都有别样的记忆；每一次变化，或许都会有新的感悟。听他们述说沧海桑田，我们或许便能理解时过境迁。

9. 娱乐生活

"黑板上老师的粉笔，还在拼命叽叽喳喳写个不停，等待着下课，等待着放学，等待游戏的童年。"一曲《童年》，唱出了一代人的心声。那个时候，一块皮皮卷、一根橡皮绳、一个小沙包，就能串起一个快乐的童年。那个时代，没有微信，捣蛋鬼们成群结队，穿梭在大街小巷；没有绚丽的舞台，大家哼唱着流行的小曲，做着自己的歌手。时代不同，但是人都有一颗爱玩的心，听听长辈们的童年趣事，寻觅几代人共同的情感共鸣。

10. 迁徙

"天行健，君子以自强不息。"为了更广阔的人生舞台，更为了让家人吃饱穿暖，许多人如没有伞的孩子，在艰难的雨夜世界中努力奔跑。中华人民共和国成立前，他们面临的是战争、灾害和贫穷；中华人民共和国成立后，他们面临的是参军、上大学和务工。他们努力融入新的环境，构建温暖自己的社会网络。这里的悲欢离合、人情冷暖都值得我们细细聆听，用心体味。

11. 创业

不论是中华人民共和国成立前的"做买卖""实业救国"，还是改革开放后的"个体户""下海"，其实都属于时下热议的"创业"范畴。你的祖辈或许是在农村或城市小街僻巷流动贩卖日用杂货的商贩，或许是志在发展近代中国民族工业的开拓者，抑或是响应以经济建设为中心的民营经济中坚力量。尽管商业上的成就有高有低，但他们应该都有过"筚路蓝缕，以启山林"的故事。听他们述说创业维艰的点点滴滴，感受祖辈们成就事业的自豪，对于我们自己以及当今社会都是颇有裨益的。

（二）城市村落

1. 民风民俗

"千门万户曈曈日，总把新桃换旧符。"在爆竹声中，人们开始了新的一年。中国历史上下五千年，拥有浓重礼节和家族情怀的人们总希望能够找机会怀念旧人，联络新人，历数过去，畅想未来，各种风俗节日应运而生。但在当今社会，我们常常会沉浸在网络的世界当中，忘记了风俗当中的浓浓情味，也开始淡忘节日当中的丝丝情怀。请你去记录那些知道或者不知道的民风民俗，在忙碌的节奏中，细细品味民风民俗中的人情味。

兰州民俗文化推荐：兰州太平鼓、兰州鼓子、苦水高高跷、兰州民间剪纸。

2. 传统美食

一方水土养一方人，一方人有一方食。在吃的世界之中，特色高于一切。中国各地的人运用自己的辛劳和智慧，在自然馈赠的食材中，不断追求极致的味蕾体验，一些地方美食能够称霸食界几百年乃至几千年。随着时代的发展，一些美食能够不断发展，历久弥新；一些美食因为种种原因，不得不退出历史的舞台。请你寻找那些美食的历史，我们等着你的"舌尖上的中国"。

兰州传统美食推荐：牛肉面、浆水面、酿皮子、灰豆子、甜醅。

3. 传统手艺

手艺是人类与自然不断对话的唯美结果，人类赋予了材料灵性，材料回馈给人类美感。工业时代以来，人工逐渐被大机器代替，但是人工造物过程中，匠人的精雕细琢和兢兢业业，却是大机器所永远都无法替代的。阴阳相济，才有生命；天地相合，才有和谐。匠人们偶然的哲学心得，会让传统手艺愈加熠熠生辉。请你和那些老艺人说话，请你向那些传承千年文化的老艺人们致敬。

兰州传统手艺推荐：剪纸、刺绣、雕漆、刻葫芦。

4. 特色场馆

过去的时光，稍纵即逝，我们知道的时光，被我们知道的历史所切割幻化。我们知道恢宏的紫禁城、滔滔的长江、连绵的长城，但是对于我们身边的一草一木、一砖一瓦、一寺一庙、一城一池，我们到底了解多少？它们生长的历史，它们见证的悲欢，它们承载的记忆，我们到底能够说出多少？请你探访那些身边的老地方，不要让他们被湮没在历史的长河之中。

兰州特色场馆：甘肃省博物馆、金城关民俗博览园、兰州碑林、水车园、城市规划馆、甘肃省地质博物馆、八路军兰州办事处纪念馆。

5. 地方掌故

地方是一个戏剧舞台，它有许多隐藏的戏折子。历史上，有许多名人墨客和笔记学者，他们不记录宫闱秘事和英雄事迹，他们踏遍青山绿水，访遍当代奇人，记录下了所走土地的每一件趣闻、每一位奇人、每一栋建筑。或许，你只了解过"在天愿作比翼鸟，在地愿为连理枝"的佳话，但是你了解一对爱人所筑成的爱情天梯吗？你只了解过我愿沉东海、心沉志不改的忠心之语，但是你了解过你身边那些曾经为保家卫国浴血奋战的人吗？请你寻觅那些身边的掌故，回到一幕幕历史现场。比如兰州的傩面舞、京城鼓子等。

6. 地方沿革

每个地方都有一段跌宕起伏的历史，每个地方都有独特的气质和秉性。在过去的几十年之中，每个地方就像孩子般沿着历史的道路一步一步走成了今天这个样子。它，从一片片小农田变成了一条条马路，一座座瓦房变成一幢幢城市高楼，马路上和高楼里的人们，不再是过去的日出而作日落而息，而是争分夺秒来去匆匆，几十年的变化就足以让人感叹"年年岁岁花相似，岁岁年年人不同"。

7. 行业变迁

如今，许多当年能营生的活儿，由于技术的落伍或者消费者不再需要，消失或者正在消失。暖气代替了打蜂窝煤的人，美发技术代替了剃头匠，经过系统学习和专业培训的医师代替了赤脚医生……此类例子不胜枚举。其实，一个职业是一个时代的缩影，若无这些职业，当时的人们如何能够舒适地生活？

请你去寻找那些消失或者正在消失的职业，向那些曾经为人们造福的职业者致敬。

8. 历史故事

历史是过去本身，过去的每时每刻，每个地方都有故事在发生。或许是火车站里恋人们的一回生离死别，或许是法庭里律师们的一场唇枪舌剑，又或许是战壕里将士们的一次冲锋陷阵。"一花一世界，一叶一菩提。"时间虽短，人物虽小，但它浓缩了人生的酸甜苦辣，或悲壮，或快乐，或深刻，或痛心。历史总在不断地重演悲欢离合，一代代人都在不断重复地上演和观看。请你寻找那些被遗忘的故事，体验人生里那些有过或者没有过的五味杂陈。

（三）中学往事

1. 校友故事

学校是校友永远的精神家园，那里曾经发生的故事，是他们人生中真切而又深刻的回忆。这些回忆或许是一场冬雪过后的欢声笑语，或许是一堂公开课上的酣畅淋漓，甚至是花前月下的呢喃细语……所有的回忆构成了一部影片。而每个时代的校友生活都定格成了一段镜头，时光荏苒，岁月如梭，或许这些镜头已经泛黄，当年的蓬头稚子已变成今天的皓首老翁，却不会模糊，它只是在那里静静地等着你去翻看，去细细品味，去翻开一段尘封已久的回忆。

2. 校址变迁

近代以来，或遭战乱，或因合并，或建新校之故，学校地址不断变迁。学校的事业起起落落，主体分分合合。然而不管校址如何变迁，学校教书育人的宗旨不会改变，学校的根不会改变：它植根于这所学校里每个人的心中，不管何时想起，都会有一种亲近的感觉，这或许就是为什么当两个不同年龄的校友碰到一块，仍能相视一笑："啊！我也是那个学校毕业的！"可以通过调查走访、采访校友，梳理校名更替、校址变迁，阐述校风校训的内涵。

3. 我的老师

"师者，所以传道受业解惑也。"不管是刚毕业的年轻学子，还是享誉海外的著名人物，在回忆起自己的老师时都毕恭毕敬，心存感激。老师的风格是不一样的，或如严父，或似慈母，或循循善诱，或慷慨激昂。他们是捧着一颗心来，不带一根草去的人。季羡林曾深情回忆自己的老师陈寅恪："我对先生的回忆，我认为是异常珍贵的，超乎寻常的神圣的。我希望自己的文章不要玷污了这一点神圣性，故而迟迟不敢下笔。"这又何尝不是每个心存感激的人对影响自己一生的老师的一种感念和崇敬呢？

4. 上学经历

自幼儿始，人就要开始十几年的求学生涯。中华人民共和国成立前，上学或许是私塾里老先生们阵阵的领读古书声；改革开放后，上学是学好数理化走遍天下都不怕的题海战术；如今，上学是德智体美中外兼通的代名词。每个时代的需求和环境不同，让每代人的上学经历完全不同。我们都在求学的路上，上一代人背上小书包，抄烂硬笔头，比起我们抱着小电脑，打着小键盘，是不是别有一番情趣呢？

第二节　拟定题目

选题与标题是一回事吗？当然不是！选题是研究的大致范围、方向、对象，而标题是选题确定后，在研究过程中经过不断斟酌、修改而最后形成的文章题目。

文章标题一般要揭示研究的主题、主旨，体现问题意识。总体来讲，文章标题要求概括性强，言简意赅，力争富有创意，能够引人入胜。同时，文章标题要能概括反映文章所要讨论和解决的主要问题及观点。

例如，北宋司马光的《资治通鉴》标题直接反映作品的性质和作者的旨趣，陈智超的《元西域人华化考》标题说明了时间、地点、人物、主题和体裁诸多方面。

"兰山杯"中学生历史写作活动中，刘偌冰同学的《重温红色记忆——英雄的55师165团炮三营七连腾格里之行》题目点明主题、角色、内容，拟得很好。

中学生历史写作确定题目通常有以下几个特点。

一、内容：以历史写作的主要内容作为题目的中心词

人物，以作者家里的长辈（爷爷奶奶、外公外婆、父亲母亲）或者作者身边的长辈的历史或者活动作为书写内容，并且将其身份作为文章的题目。这也是中学生历史写作中使用最普遍的。比如，"兰山杯"中学生历史写作活动中，薛盈乐同学的《记忆中的老红军》、朱颜美晨同学的《革命先锋——听爷爷讲一位革命战友》都是以人物作为书写对象的作品。

物品，以大家熟悉的某种物品或者作者家里长辈使用过的某个有纪念意义的物品作为写作内容，以物品名称作为文章的题目。比如，"兰山杯"中学生历史写作活动中，豆心怡同学的《牛肉面——横贯黄土高原的羁绊》、王婉云同学的《舌尖上的金城面食——老兰州的味觉回忆》，第三届全国中学生历史

写作大赛获奖作品、东莞中学松山湖学校朱韵瑶同学的《巨轮的小零件》，这些文章都是以物品名称来命名的成功案例。

例如，"兰山杯"历史写作活动中刘志远同学的作品《历史中的风箱》把风箱作为写作对象，以小见大，反映时代变迁。摘录如下：

风箱，曾是家家户户离不开的生活用品，是劳动人民智慧的结晶。它虽难登大雅之堂，却备受人们青睐。现在风箱已经渐渐淡出人们的生活，加之它是纯手工制作，制作风箱的手艺需要师傅手把手教给徒弟，因而这门独特的制作手艺也面临着失传的危险。

我的爷爷曾经做过一个风箱，一直保留至今。现在，就让我们走进风箱的历史长河吧。

风箱，我的家乡人叫它风龛。从前，风箱安卧各家各户的灶台边，在每个清晨、中午或傍晚的村头巷尾，总能发出"吧嗒吧嗒"清晰而有节奏的声音，和着鸡鸣狗叫、孩童笑闹的喧哗，以及大人们的脚步声、说话声，成为一首极其动听的乡村交响曲。

事件，以作者家里长辈或亲戚曾经经历过的某个事件作为写作内容并且以事件本身作为文章的题目。比如，"兰山杯"中学生历史写作活动中颜瑄同学的作品《爷爷讲起的那些事——探寻个人价值在家族精神传承中的实现》（第三届"燕园杯"中学生历史写作大赛全国特等奖）题目就非常好。作者以事件作为题目的关键词，以"爷爷讲起的"作为限定词，明确事件相关的人物是爷爷，并且通过副标题升华文章立意。

地方，以作者身边的历史遗存作为写作内容和文章的题目。比如，"兰山杯"中学生历史写作活动中强靖喜同学的《奶奶的家乡——青城古镇》、李晓倩同学的《金城兰州——一座璀璨之城》就是明确以地方作为标题。

二、特点：题目适当、新颖、富有哲理和时代特色

历史写作题目设计时题目与内容务必相符；题目大小适当、逻辑自洽；题目只确定研究对象、主旨，不表达观点；题目力求明确、简短、有吸引力；题目应避免使用不常见的缩略词、首字母缩写词、字符和代号等；可以选择一些名言警句、歌词、诗句或者时代口号来作为题目。比如，《新时代的愚公——我的太爷爷》《春天的故事——改革开放中我家的历史巨变》。

三、形式：题目采用单独醒目的一个题目或者采用主副标题

中学生历史写作拟定题目时建议一定要醒目，主题集中、特色鲜明，避免空泛宏大不好掌握的题目。比如，"兰山杯"中学生历史写作活动中赵启帆同学的《太爷爷口述史》标题就过于空泛和宏大，没有集中的主题，没有确定具体的对象和内容，从题目的选择上来讲就是失败的，可以考虑修改为太爷爷生活的某一个方面、某个特点或者某一个阶段，这样就更好书写。

外国学者喜欢主、副标题的形式，主标题以简练的词汇点出主旨，或者用略带文学化的词句以示生动；副标题用较多的文字界定文章内容、主题、范围等。比如，《都市里的农家女：性别、流动与社会变迁》《危险的愉悦：20世纪上海的娼妓问题与现代性》《流产的革命：1927—1937年国民党统治下的中国》。

再如，"兰山杯"中学生历史写作活动中魏域绪同学的《大山里的开垦者——我的爷爷奶奶》选用的标题就非常好。主标题用略带文学化的表述点出作者要书写的人物的角色（开垦者）和活动范围（大山里），副标题说明要书写的人物与作者的关系（我的爷爷奶奶）是自己的家人。从选题的范围和题目的锤炼上都是比较成功的。

又如，"兰山杯"中学生历史写作活动中冯嘉琪同学的《河州风云——纪念我的高祖父》也是上面这种情况。第三届全国中学生历史写作大赛获奖作品，江苏省锡山高级中学陈龙玄同学的《七六记忆——姥爷唐山大抗震回忆》采用主、副标题，以小见大，以个人的命运反映时代的大事件，集中体现了写作的主题和核心内容。例如，"兰山杯"中学生历史写作活动中杨浩桐的作品《"骆驼王"的一生》中的标题就非常好，非常有吸引力，只可惜书写过程中并没有明确突出"骆驼王"的含义，深感遗憾。

在指导学生进行历史写作和评审学生写作作品的过程中发现有些学生的题目确实存在问题。比如，《太爷的曲折一生》《金城兰州传统手艺变化历程》都属于传记类的选题，题目时间跨度过大，是中学生很难驾驭的题目。再如，"历史的变迁""煤矿的历史""家族的变迁""民风民俗"等过于笼统的题目，内容只能泛泛而谈，无法聚焦于某一方面。也有围绕某个面的选题，如"中华饮食文化史""中国货币史""中国服装史"等，但涉及面太大，无法聚焦于某一点，很难写成出彩的作品。

第三节　人物访谈

史学家钱穆认为，历史是人事的记录，必是先有了人才有历史的。历史最重要的是人物，历史要靠人物，人物可以将这个地区黑暗的历史变为光明，也可以将这个地区光明的历史变为黑暗。人物是构成历史最鲜活的要素，正因为一个个形象不同、个性迥异的人物的存在，历史才有了生命的活力与温度。而书写身边的或健在或已逝的人物，访谈是非常必要的途径。人物访谈一般包含四个步骤。

一、选人：盘点一下可以访谈的人有哪些

建议大家向父母或家人请教，盘点一下访谈的对象有哪些人。重点考虑三个原则：第一，是信任你的人，这样他才愿意说。这就意味着，你找的人得是亲友师长等身边熟悉的人。第二，尽量是有故事的人，这样他才有内容讲出来，你书写的故事才会精彩。第三，得记性好。因为即使他信任你，也有故事，但年事已高，很多事都记不起来，那也访谈不到足够的信息。

二、粗聊：听听他们讲的故事，选择你可能写出彩的内容

粗聊的任务是弄清楚"受访者"他们有什么故事，这些故事是否还有其他人证物证，以及你对这个主题是否有过一些了解或是能够初步理解。这样才能在有限的时间内获取尽可能多的资料。粗聊一般有四个方面的参考标准：一是故事精彩，主要看是否呈现集中的矛盾冲突，访谈的对象是否因为问题而挣扎，访谈的话题是否能以小见大或者是永恒话题，从情感上能否引起共鸣、启迪后人；二是证据充分，可以采访作为人证的其他当事人，可以寻找作为物证的照片、书信等实物；三是时间可控，要看自己能投入多少时间和访谈问题需

投入多少时间的预算，这一点要考虑到采访地点的选择：除了常见的自己家、老家、当事人家里，还有多元化的采访地点，如祠堂、活动场所、聚会地点等现场；四是话题可驾驭，访谈的话题一般不能超出自己的认知，如果是陌生的话题，需要提前通过阅读文献或实地考察做一些准备工作。

三、文案：围绕这个人物和他的故事，提前做好案头工作

案头工作通过文献研究、周边访谈来完成，主要目的是熟悉时代背景、了解访谈对象生平等。首先，通过收集和阅读大量的背景资料来了解时代背景。其次，通过身边的人了解被访者的基本情况（出生日期、籍贯、阅历、事迹、功勋、社会关系等）。最后，可以设计一些方向性的问题，也可以设计一些类似于"是什么、为什么、怎么样"的问题，形成能够让访谈者自由发挥的访谈提纲，以保证访谈有意义、有针对性、有实效。此处问题的设计需要下些功夫仔细斟酌，如果问题过于宽泛，被访谈者通常不知道从哪儿说起；如果问题过于具体，又会限制被访谈者的思路，容易遗漏一些信息。建议在访谈之前将访谈提纲交予被访谈者，方便其提前思考和梳理。以长辈们的爱情婚姻为例，访谈提纲可以这样设计：

· 你们是怎么认识的？是经人介绍，还是同学、邻居、同事等直接关系？

· 你们是认识多长时间后确立男女朋友关系的？相处中谁更主动？

· 您还记得第一次约会是什么时候？平时约会的地方是哪里？有哪些值得回忆的细节？

· 你们有过异地恋经历吗？如何互诉衷肠？写信，还是打电话，抑或是其他？

· 你们恋爱后多长时间决定结婚？结婚前有什么特别的仪式吗？双方有彩礼的讲究吗？

· 您多少岁结婚的？您和您的丈夫/妻子有年龄差吗？如果有，会不会影响你们的相处？

· 你们的结婚仪式是怎样的？有什么习俗？有哪些人参加？这里面有值得细说的故事吗？

· 你们的婚房是怎么布置的？你们是单独生活，还是和长辈住在一起？

· 你们结婚后遇到过哪些问题？是怎么解决的？

·你们愿意分享的婚姻经验有哪些？

再如，"兰山杯"中学生历史写作活动中薛子悦同学的《从前慢——记奶奶的芳华岁月》中的访谈提纲用表格形式呈现，也值得推荐。

访谈提纲		
1	访谈时间	2020.2.4—2020.2.6
2	访谈地点	家中
3	访谈对象	爷爷、奶奶
4	访谈内容	（1）爷爷奶奶是何时相识的？在哪里相识？怎么相识的？ （2）奶奶是如何接触到秦腔的？在加入宣传队后有哪些活动？ （3）当时的社会背景如何？
5	访谈过程中遇到的困难	（1）由于年代久远，奶奶的记忆已较模糊，需要爷爷补充。 （2）家中所留存的照片、纸质资料较少，需要通过网上搜索引擎来查找相关资料。

四、访谈：获得更多详细资料，收集写作所需要的细节

从原则上来讲，在访谈的过程中，被访谈者围绕提前拿到手的提纲讲述，采访人中间不应问过多问题，防止引导或打断被访谈者的思路，这里特别要注意的是访谈不是对谈，应让被访谈者多谈，甚至倾诉。一次成功的口述历史访谈，一定要留给被访谈者充足的时间使其回忆和表达，通常会有一段较长的独白。但以下情况可以适当地简单提问：

涉及蕴含准确历史信息或有助于还原历史场景的信息。比如，口述者提到的消失或者少见的历史物件，如粮票、大字报、中山装、毛泽东画像、四大件等，这些问题所获取的资料越翔实，越会让后续的故事写作更加生动，人物形象更加丰满。

需要唤起被访谈者的记忆。在资料寻找中，采访者有可能会收集到一些与被访谈者相关的实物材料，如照片、日记或相关物件，这些可以启发和帮助被访谈者回忆起更多的细节。

被访谈者文化程度比较低，对于提纲中的问题理解不到位，或在陈述中已经明显偏离主题，需要通过提问或引导将其拉回正题。

另外，访谈氛围的情境创设也很重要。一是慎选访谈地点，一般选择安

静、不受外界干扰、让被访谈者心理上感觉熟悉而没有压力的地方，使被访谈者轻松自然地敞开心怀回忆和陈述。一般安排在被访谈者家中比较好。二是设计一个良好的开场白，这一点很关键，采访者一定要深思熟虑，尽量给对方一个愉快而亲切的"第一印象"，使被访谈者愿意倾诉。

访谈时在做好笔头记录的同时，还有一个细节，即要带着录音笔，放在不显眼的位置，方便回来整理、补充资料。

比如，"兰山杯"中学生历史写作活动中石楠菲同学的作品《长情的告白》中的访谈记录如下：

问：你们是什么时候认识的？

答：是我从部队当兵回来认识的。

问：你们是怎么认识的？

答：我们是通过媒人介绍认识的。

问：你们是怎么决定要在一起的？

答：有一次我感冒，因为那个时候家里比较拮据，感冒什么的也不会去医院，但是那次真的太严重了，整个人发烧没力气，脸也烧得通红，但是没办法，还是要去队里干活。这时候你奶奶看到我不对劲，就跑过来问我怎么回事。我也说不上怎么回事，就说感冒了。你奶奶觉得很严重，就回家取了妈妈箱子里的钱，带我去了医院。后来听说因为那件事，她还挨骂了。我那时候啊，就决定要跟你奶奶在一起了。

问：您还记得第一次约会的时间地点吗？

答：那会儿在队里干活的时候，男女是分开干活的，谁都不敢偷懒，就只有休息的时候才可以见上一会儿。那是在一个河边竹林里，那里很凉快，我给她说好了休息的时候就到这里来，这里凉快。这是我们两个人第一次独处，应该算是那个年代的约会吧。

问：你们有经历过异地恋吗？

答：没有，我们村子连着，离得不远，当时属于一个大队，去食堂吃饭的时候天天可以见面。

问：你们在一起多久以后就决定结婚了？

答：在一起一年多吧，那时候的爱情更多的是考虑在一起互相帮持，我们在一起一年多就决定结婚了，感情也挺好，我俩都觉得适合在一起过日子。

问：你们结婚前有仪式吗？有彩礼吗？

答：结婚的时候因为家里穷，没什么彩礼，就给了一床被子、一副碗筷就算是彩礼了。

礼仪的话就是拜了天地给双方父母磕了头。因为我是部队退役回来的，认识的朋友多，接新娘那天喊了一个战友开着大卡车接的，那是我觉得结婚过程中很自豪的一件事了。

问：请问结婚后有遇到过什么事情吗？

答：结婚后最大的困难就是贫困，我家里兄弟4个，我最小，父母年纪都大，我们不仅要管好自己的生活，还要照顾父母，平时很辛苦，不过都是为了以后更好、更幸福地生活。两个人也是互相鼓励、互相支持，也算是苦中作乐了，困难也不算困难了。

问：还有什么别的故事吗？

答：当时我们村的人都说你奶奶在这里待不过多久，因为我家实在太穷了，你奶奶就不服气，说就要做给他们看。家里没油、没米，都要你奶奶去娘家拿。后来啊，你奶奶去队里面干活，攒工分换米，我在副业队干。晚上我们再去很远的地方弄菜园子卖菜。

再如，"兰山杯"中学生历史写作活动中杨鲲鹏同学的作品《风雨四十载，伉俪传芳泽》中的第一篇章"风雨同行四十载"整体以访谈的形式书写，也是别具一格。摘录如下：

采访者：杨鲲鹏（以下简称"杨"）

受访人：王娴芳（以下简称"王"）

采访时间：2020年3月29日

杨：请问您和齐继顺先生是何时认识的？是因为工作原因吗？

王：是的。我和你姥爷是在1967年认识的，我在1960年和你太姥姥从山东逃难到兰州，投奔504厂的亲戚。1964年我18岁，被推荐到504医院护士培训班进行培训。当时你姥爷正好做培训班的教员。当时我因为学习刻苦，每次考试都是第一名，很快就正式成了一名护士。我到耳鼻喉科工作后，被你姥爷正式追求了，相处3年后，我俩就在1970年结了婚。

杨：请问你们的孩子是什么时候出生的？

王：在结婚两年后，我生下了你舅舅，后来响应国家"人多力量大"的号召，在1977年又生下了你母亲。

杨：请问在改革开放的四十多年里，你们的生活有什么变化？

王：变化太多了。首先是你舅舅和你母亲被我俩拉扯大了，那可真是不容易。当时物资少，买什么都得用票证，我为了确保孩子有奶，不得不到处求些红糖票、鸡蛋票，又要挺着大肚子挤到人头攒动的供销社去抢红糖和鸡蛋。十一届三中全会后，全国形势大好……

杨：姥爷在2020年去世了，对于近50年的陪伴您还有什么想说的吗？

王：几十年来，你姥爷一直陪伴着我，现在他虽然不在了，可是我感觉他好像一直在我身边。

当然，如果因一些偶然的机会在没有提前设计好问题的情况下突然访谈，通过一些问题引导被访谈者还原当时的真实历史也不失为一种补救措施。比如，"兰山杯"中学生历史写作活动中夏晓敏同学的作品《那些埋藏在云烟里的往事》中的访谈就是这种情况。

对话一（关于经济）

我："奶奶，您给我讲讲您那时候的故事吧。"

奶奶："那会儿连饭都吃不饱，哪来的故事。"

我："那会儿是怎么种地的呢？"

奶奶："用牛拉着犁，一个人扶着犁，另一个人在后面跟着撒种子，还有一个人跟在撒种子的后面撒肥料，三个人一天只能种一亩地。"

我："那会儿是家庭联产承包责任制吗？"

奶奶："是不是家庭联产承包责任制我不知道，但是包产到户，一个人三亩地，那会儿这三亩地就是我们的命根子，吃的用的全都来自这三亩地，家家就是靠着三亩地才供得起儿女上学。"

我："那地是国家的吗？"

奶奶："地是国家的，我们只是承包着种。"

对话二（关于生活）

我："那会儿生活过得好吗？"

奶奶："包产到户以后生活就过得好了。"

我："那以前呢？"

奶奶："大概1958年的时候，那会儿我只有六岁，虽然很小但清楚地记得每天都没有饭吃，饿着等不到天黑，吃饭也只有一些野菜和水混下的一些面汤汤。"

我："那能吃饱吗？"

奶奶："吃不饱啊，吃不饱能怎么办，吃不饱只能挨饿，那会儿公家还供应粮食，一口人一天供应三两。"

奶奶忍不住感叹："那会儿还是公家好啊，毛爷爷说有饭大家吃，有衣大家穿，后面的生活就越来越好了。"

我："那吃不饱的话会有饿死的人吗？"

奶奶："掌柜的行不公就有饿死的。那会儿会派一个人到生产队食堂去领饭，拿一个大木桶把一家几口人的饭打到家里，一人挖一勺分好才能吃，但有些去领饭的人会在路上偷吃，等到家里就只剩下半桶了，家里就会有饿死的人。"

我："那饿死的不都是自己家的人吗？"

奶奶："是啊，那会儿饿死的都是媳妇。"

对话三（关于爱情）

我："奶奶，给我讲讲您那时候的爱情故事可以吗？"

奶奶："那时候哪有爱情。"

我："那您和爷爷是怎么认识的？"

奶奶："要一个媒人介绍，父母同意就成了。"

我："那你们互相不喜欢呢？"

奶奶："大人答应了就算数，哪管自己喜欢不喜欢。吃的紧张的时候，一篮子粮食就能换一个媳妇。家里人看着男方家里生活过得去，就把姑娘嫁给他了。"

我："都没有自由恋爱的吗？"

奶奶："没有。最好的就是结婚前还能见一面的，我的上一辈都是包办婚姻。"

第四节 实地考察

历史承载着过去，也展望着未来。"暗淡了刀光剑影，远去了鼓角铮鸣"，曾经那些鲜活的面容，都湮没在历史的黄沙古道中。我们只能从历史的书卷中去寻找，在历史的长河中去漫溯。"纸上得来终觉浅，绝知此事要躬行。"历史写作是对生活的再现，确定了主题后，还要做一些考证和考察。

一、实地考察的前期准备

（1）准备采访用具：一般来说，录音笔、照相机是必备的。你要在采访的时候录音，便于整理文稿的时候予以订正。对于那些不便带回或者来不及抄录的史料，可以拍照留存，当作资料备用。考察过程中看到的实物、遗迹都要拍照，还有一些发黄的老照片也需翻拍下来，有些照片直接作为佐证材料插入文章中将会起到画龙点睛的作用。还有一些表演的节目、制作的过程等关键片段，最好是录成视频。

（2）列出考察提纲，确定提问清单：包括你此行将要考察的顺序，以及采访的人物、关联的地方、设计的问题、达成的目标等，将重点问题放在采访开头，这样能更好地获取所需资料，如果有遗忘还可以在后续采访中提出。

（3）筛选考察对象，运用访谈技巧：如果学生需要采访长辈，就要协商应该事先准备什么物品、要采访的问题有哪些、围绕主人公的故事要采访哪些人以及如何做记录等。访谈一般从受访者感兴趣的话题开始，在访谈进行中适时调整谈话方向，确保最大限度地获取有效信息；访谈中要给受访者充足的时间，不能喧宾夺主；对一些重要细节反复确认，多方求证。

（4）确定考察地点：不论去哪里，安全是第一要务，应该研判交通方式、制定乘车路线、注明往返时间、列出食宿等计划。

　　杨静静同学为了写有关羊皮筏子的文章，在实地探究前，通过采访老师、家长以及从互联网和书籍中收集等途径对羊皮筏子有了一定了解，准备了采访工具，列出考察提纲，计划用国庆假期的时间实地考察，地点在兰州水车博览园。事先通过家长联系了兰州羊皮筏子制作工艺传承人马师傅，出发前对小组同学的任务进行了明确分工并提出要求。

　　请看"兰山杯"中学生历史写作活动中杨静静同学的作品《生于此岸心无岸》节选：

　　一路脚踏摩拜单车来到目的地——水车博览园，我同伙伴一起体验了这远近闻名的羊皮筏子。走到河岸边，河水奔腾而下，三三两两的羊皮筏子停留在岸，被胳膊粗的麻绳绑在柱子上，后面还有工作人员将顺流到终点的羊皮筏子用推车拉回来，再供人们游玩。在几轮排队等待后，我们三人一组，在工作人员的细致讲解与指导下，穿上救生衣并找到合适的姿势坐在这羊皮筏子上，随着筏工小哥的一声"坐好喽"，"纵一苇之所如，凌万顷之茫然"的感觉油然而生。河水的湍急和凉气使得感官心理更加刺激，遇到波浪心里的起伏也略有胆战心惊的意味。不过，筏工小哥娴熟地抻筏与镇定自若的神态让人感到心安，燥热的天气也似乎在这一刻清凉起来，而我们想对羊皮筏子进一步探究的心却更加灼热起来……

　　由于准备工作细致周到，经过3天的学习探究，他们帮马师傅加工皮胎，搬运柳木，制作木架，体验了羊皮筏子的制作流程，拍摄了大量照片和视频，为后期工作打下坚实基础。

二、实地考察地点推荐

（一）历史博物馆

　　博物馆是为社会发展服务的公开机构。它把收集、保存、研究有关人类及其环境见证物当作自己的基本职责，以便展出，公之于众，为人们提供学习、教育、欣赏的机会。博物馆是学校的第二课堂，而且是家庭教育和社会教育第N个课堂。博物馆面向整个社会，它的展览和开展的教育活动与社会历史、社会环境、自然环境、社会政治、经济、科学、文化以及人们的生产、生活、娱乐等有着密切的联系，被誉为没有围墙的社会大学。

　　如果你要写乡村变化、地方掌故，去博物馆就可以找到灵感，受到启发。

博物馆以形象化的文物、标本反映出科学的内容和事物的面貌，利用文物、标本以及其他辅助展品组成的展览为观众创造从直观上、感性上认识事物的条件。

甘肃省博物馆就有一件珍贵的文物——中共六大党章。

这是一册薄光纸张印刷的油印本，纵12厘米，宽10厘米。封面是用一张废旧纸张翻印的。扉页图案由三部分组成：上部为光芒四射的五角星和镰刀斧头；中部为地球图案，并书"中国共产党党章"；下部书"第三十军政治部翻印"，时间为"1934.4.5"。正文内容计有15章53条。据记载，该本党章征集于张掖市临泽县。

1928年，中国国内政治形势严峻，严重的白色恐怖使中国共产党召开大型会议变得极为困难。在共产国际的帮助下，中国共产党第六次全国代表大会被安排在苏联莫斯科近郊一栋三层别墅里召开。

出席大会的代表从国内分批秘密抵达莫斯科，他们大多是国民党政府通缉的对象，在出国途中历经了千辛万苦，用时一个多月，于6月中旬分批到达莫斯科。从代表到达会场报到之日起就不再使用自己的名字，一律使用编号。这也是中国共产党全国代表大会历史上唯一一次与会者使用编号的代表大会。

1928年6月18日至7月11日，中共六大在莫斯科召开，历时24天，会议选举了第六届中央委员会，由23名中央委员和14名候补中央委员组成了大会新一届中央委员会。毛泽东没有参加这届大会，他领导的工农武装正在国内坚持斗争，受到大会高度重视，因此，尽管没亲临现场，他仍被选为中央委员。

中共六大是中国共产党历史上唯一一次在国外召开的全国代表大会。据考证，共有142人参加了这次代表大会，但无论是正式代表还是非正式代表，都没有甘肃籍共产党员参加。那么，这本史上唯一在国外通过的中共六大党章，为什么留在了甘肃呢？

这就和发生在1936年到1937年的西路军历史有关。在中国的西北版图上，有一条狭长的走廊，它南倚祁连山，北临戈壁沙漠，这就是位于甘肃境内的河西走廊。

1936年冬到1937年春，中国工农红军的一支精锐部队，在这条走廊中间穿行，这就是由徐向前、陈昌浩率领的西路军。在短短5个月的时间里，他们与强悍的反动军阀马家军浴血奋战，这支2万多人的西路军，经历了80多次激战，共歼敌2.5万余人，在战略上支援了河东红军主力的斗争。英雄的鲜血染红了这条长长的走廊，祁连山下流传着无数可歌可泣的英雄故事。

1937年1月，西路军攻占临泽、高台，敌军集结了包括骑兵、步兵、炮兵在内的6万余人的优势兵力，将西路军分割包围，企图全部消灭。敌强我弱，战斗异常惨烈，坚守高台的红五军将士，经9天8夜的激战，寡不敌众，高台陷落。军长董振堂、政治部主任杨克明及以下官兵2000多人壮烈牺牲。"青山埋忠骨，热血照千秋。"为了信仰、为了人民的解放，西路军将士抱定牺牲的决心顽强战斗，直到流尽最后一滴血。西路军的征战史是一部英勇悲壮的历史，是中国革命史上惊天地、泣鬼神的伟大篇章！

在这场英勇而悲壮的征战中，西路军在甘肃境内付出了极其惨重的代价，但红军战士仍然将这本翻印的中共六大党章携带在身并最终留在了甘肃，体现了中国共产党党员坚定的共产主义信念和对党的事业的无比忠诚。驻足于六大党章前，阅读党章，我们犹如走进了灿烂的星空，其一字一句，一章一条，像天空的繁星闪烁着耀眼的光芒。

除了甘肃省博物馆，也有专门的历史博物馆可以提供专题写作的素材，如果你要写甘肃历史，建议去永靖，去和政，感受亿万年前陇原大地的生机勃勃。

永靖刘家峡恐龙博物馆，是甘肃省唯一的一处由多种恐龙足印化石群构成的国家级恐龙地质公园，是亿万年前生活在甘肃的最大的陆生动物自己的新"家"。

临夏和政古动物化石博物馆是国家二级博物馆，馆藏的各类古动物化石30000多件，占据了六项世界之最，即世界上独一无二的和政羊、世界上最大的三趾马化石产地、世界上最丰富的铲齿象化石——铲齿象头骨个体发育系列、世界上最早的第四纪披毛犀头骨化石、世界上最大的真马——埃氏马和世界上最大的鬣狗——巨鬣狗。

如果要写彩陶文化，建议去临洮县。甘肃马家窑彩陶文化博物馆是经甘肃省文物局批准成立的甘肃首家民间马家窑文化彩陶博物馆。博物馆汇集展出彩陶精品600余件，数十件展品为国内外绝无仅有的珍品，藏品总量达1600多件。馆藏各类文物2500件，其中珍贵文物200件，以马家窑文化彩陶为馆藏特色。

如果要写抗震救灾史，建议去兰州市安宁区。兰州市地震博物馆是我国首家，也是唯一一家专业地震博物馆，1989年正式向社会开放。博物馆位于兰州安宁区人防山洞内，展馆门口是一条古地震断裂带，断层面清晰可见，十分壮观。博物馆馆藏内容丰富，实物资料珍贵，其中有很多收藏在全国独一无二，我国第一张烈度区划原始图；第一块地震破坏程度分布图石碑；因1920年宁夏海原地震而制造的全国唯一的地震货币；一万年前的地震生成物——固化沙柱及世界罕见的碳化断层泥珍品等。博物馆集知识性、科学性、趣味性于一体，将地震预报、防震减灾科普宣传、爱国主义教育有机结合起来，是宣传、研究、观测地震的综合性场所，在传播防震减灾文化、增强全民防震减灾意识、弘扬抗震救灾精神、维护社会稳定等方面发挥了积极作用。

如果你要写陇原文化，建议去金城关秦腔博物馆，这里会给你启迪。

秦腔博物馆坐落在甘肃省兰州市金城关风情区，分原汁原味的秦腔表演区，历代秦腔名人蜡像区，小型皮影戏。秦腔博物馆展示了征集到的珍贵秦腔实物资料；从最早的秦腔唱本、钢印本唱本、脸谱、老杂志、老戏票、演出说明书、人工手画戏服、整套的木偶戏箱、唐代戏俑，到戏曲题材的剪纸、邮票、工艺品，以及一张张记载着戏曲发展重要历史事件的老照片。秦腔博物馆的建立，不仅是对秦腔文物的保存保护，也是利用博物馆保护民族地域性文化；不仅是对后代子孙的遗赠，也是对秦腔艺术活态的保护；不仅有利于让广大群众从纵深层面认识秦腔，探讨研究秦腔，也能为全面、深入了解秦腔文化，建立了一个良好的场所。

你如果要写"黄河上的桥"，兰州黄河桥梁博物馆不能不去一看。

"铁桥古渡老斜阳，蟠龙雄姿映新月。"在兰州城区黄河风情线上，从西到东有银滩大桥、小西湖立交桥、中山桥等跨河大桥，这些风格各异、设计独特的大桥，为黄河百里风情线增添了不少迷人的景色。兰州黄河桥梁博物馆位于金城关文化风情区，主要向人们展示珍贵的实物、微缩景观模型、历史场景复原、高清动漫视频、图片资料等；介绍黄河桥梁的历史脉络，重点介绍兰州黄河铁桥的建造历史。从这些介绍中，我们可以看出在当年经济极度落后的西北，当时政府官员思维开放，在非常艰难的状况下建成了黄河上游第一座铁桥。博物馆里同时展出了从黄河上游一直到黄河入海口所有省份建造的各种黄河大桥的图片和模型，让大家对黄河桥梁有一个总体的了解。

（二）城市规划馆

城市规划馆是一个集规划展示、文化、教育、休闲等多功能于一体的综合性展览建筑，它实现了规划展示公示功能、科技展示与教育功能、图书资料阅览功能、城市观光与休闲娱乐功能、会议与办公功能的全方位复合。随着城市化进程的加快，城市规划越来越受到政府管理者、建设者、投资者、市民等社会各界的重视，为了诠释和展示城市规划的成果，全国各地出现了一种新型专业化场馆——城市建设规划展览馆。

如果你要写金城的沧桑巨变，兰州城市规划展览馆可一定要去看看。

兰州城市规划展览馆，位于黄河北岸人民路23号。总建筑面积16460平方米，地上4层，地下1层，建筑造型立意为黄河石，使建筑与黄河融为一体，呈现出兰州悠久深远的黄河文化，是一座室内布展、建筑理念与城市特色完美融合的"规划艺术馆"。布展内容也遵循建筑功能进行布局，以"南观景、北展示"为原则，按照"过去、现在、未来"的展示轴线，共分为大河之韵·城市印象篇、大河之源·历史人文篇、大河之舞·建设成就篇、大河之势·战略视野篇、大河之美·专项规划篇、大河之律·重点区域篇、大河之境·县区规划篇、大河之梦·未来城市篇八大主题展示空间。规划馆还采用了数字沙盘及4D影院等现代化科技手段，全面翔实地展现了兰州市城市历史风貌变迁、规划建设的历史沿革以及未来发展的宏伟蓝图。

（三）兰州市非物质文化遗产陈列馆

兰州市非物质文化遗产陈列馆位于兰州城关区北滨河路金城关风情区，非遗陈列项目有兰州太平鼓、黄河水车、兰州鼓子、永登苦水高高跷、微缩古建模型兰州四合院、兰州剪纸、兰州刻葫芦等实物、资料和代表作2000多件。古金城民俗一条街真实再现了明清时期古金城"茶马互市"兴盛一时的商业景象，"老字号"茶楼酒肆、商铺店面、牛肉面制作工艺等，展览形式生动活泼。相信这里的任意一个话题，都能让你浮想联翩，才思涌动。

文溯阁《四库全书》藏书楼：现存于甘肃省的文溯阁《四库全书》是举世闻名的伟大文化遗产。为了更好地保护国宝，甘肃省经过长时间的调研论证和地质勘探，在兰州市区北山九州台新建了文溯阁《四库全书》藏书楼。由于屡遭劫难，至今保存完整的《四库全书》仅有三部，其中文渊阁本现存台北故宫博物院，文津阁本现存国家图书馆，浙江省图书馆还保存因战乱而残留下来的部分文澜阁《四库全书》。文溯阁本《四库全书》原存于沈阳，后经国家批准，转存于甘肃省。关于这部国宝何时编纂而成，如何收藏，为什么要转运到甘肃保存，在甘肃先后有几次迁转？这背后的故事一定会吸引读者，如果你有条件，可否查证一下，撰写成文？

学习中国优秀传统文化，坚定文化自信，有条件的同学可以去永登县树屏镇龙王池藏书阁考察一下。兰州市永登县树屏镇龙王池藏书阁的文渊阁影印版《四库全书》，是国内20套影印版之一，由清华大学特聘教授、北京大学和谐社会研究中心副主任、甘肃省易经学会会长徐灵光收藏。龙王池四库书院坐落于兰州市永登县树屏镇龙王池村，该馆收藏的文渊阁影印版《四库全书》是目前世界上唯一一部向公众展出的《四库全书》。该馆共收书3461种，计36375册、79309卷，近8亿字，238万页，分经、史、子、集四部，按照传统线装书工艺装订，分别收于168组书柜中。

（四）甘肃爱国主义教育基地

重视党史学习教育、注重以史鉴今资政育人，是我们党的优良传统。2021年2月20日，在党史学习教育动员大会上，习近平总书记指出："全党同志要做到学史明理、学史增信、学史崇德、学史力行，学党史、悟思想、办实事、开新局。"甘肃是红军长征经过的最重要的省份，全省各地有许多爱国主义教育基地，如南梁革命纪念馆、高台县中国工农红军西路军纪念馆、通渭县榜罗镇会议纪念馆、腊子口战役纪念馆、山城堡战役遗址、中国工农红军西路军临泽烈士陵园、民勤防沙治沙展览馆等。这里是开展群众性爱国主义教育活动、弘扬民族和革命精神、激发爱国热情、培养传统美德、陶冶革命情操的主阵地，也是中学生历史写作选题的主阵地。

八路军兰州办事处纪念馆：八路军驻甘办事处的前身是1937年5月在兰州成立的红军联络处，当时是为营救红西路军流落人员而设立的。联络处成立之初，由于当时国共合作尚未正式形成，这个名字还不便公开。对外便称彭公馆。1937年8月，改称为"国民革命军第八路军驻甘办事处"，又称"兰州八办"，谢觉哉为中共中央驻甘党代表，彭加伦、伍修权先后任办事处处长。在营救失散在河西、青海一带红西路军将士方面发挥了作用。同时，八路军驻兰办事处利用国际交通线，接待和保护过境兰州的党的领导人和重要干部，保持与苏联的联系和物资转运等工作，出色地完成了党的各项任务。

八路军驻兰州办事处是抗日战争时期中国共产党设在兰州的公开办事机构，是领导甘肃抗日救亡、进行后方发动、实施援助的重要基地，也是西北国际交通线上的重要枢纽，被周恩来誉为"革命的接待站，战斗的指挥部"。

兰州空战纪念亭位于白塔山公园东侧山麓。纪念亭外观是典型兰州风格的重檐六角亭，地面由钢筋水泥铸成，四周的扶栏则由花岗岩砌成。纪念亭南北两侧各有台阶，但两边台阶级数不一样。纪念亭南面的55级台阶寓意着为纪念兰州空战中阵亡的55位中苏烈士，而南面的18级台阶寓意为1939年2月20日和23日两天击落18架敌机的辉煌战果。走上台阶，纪念亭正中矗立着一块高约3米、宽1米多的"兰州空战纪念碑"。

抗战时期，甘肃地处西北内陆，日本军队虽然没有直接进攻过甘肃，但由于当时的兰州是大后方为数不多的省会城市之一，也是西北国际交通线的必经之地，大批援华物资从苏联运到中国，同时大批抗战人士，或经兰州前往成都、重庆，或去苏联。

当时兰州不仅是苏联空军援华航空志愿队及国际援华物资的中转站，驻有以战斗机为主的各种飞机50余架，还是中国空军的重要战区和空军部队的训练中心，设有拱星墩机场、东古城机场、西固城机场、中川机场和临洮机场。在兰州先后驻有第8大队、第17中队、第25中队等空军作战部队。随着战略地位的提升，兰州也成为日军飞机空袭和轰炸的重点。

为了配合兰州防空作战，我军在白塔山、拱星墩等制高点设立了防空部队，配备了高射炮、高射机枪等防空武器，构成了严密的对空火力网。据统计，从1937年七七事变到1941年9月，侵华日军为切断苏联援华通道，摧毁中国空军训练基地，打击我后方抗日之士气，先后出动飞机670架，空袭兰州36次，投弹2738枚，造成215人死亡，191人重伤，损毁房屋21669间的惨绝人寰的侵略暴行。中国空军和苏联援华航空志愿队及我地面高射炮兵部队密切配合，在兰州上空共击落日军飞机47架。敌机残骸在甘肃、新疆等地的展览，观者如潮，极大地增强了中国人民抗战必胜的信心，给予日军以有力的打击，减少了公私财产的损失和人民群众的伤亡，为保卫甘肃、保卫兰州的空中安全，保卫国际交通线的畅通，作出了不可磨灭的贡献。

整个兰州空战，历时5年，无论日寇轰炸时间之长，还是兰州军民损失之惨、战争之烈，都如同淞沪、武汉、重庆等地的空战，是中国抗战空战史的重要组成部分。

（五）校史馆

校史馆第一是以陈列学校发展历史、展示学校办学过程和不同时代学校面貌的场馆；第二是学校传统与校园文化集中表现的舞台，即以一定的平台和形式，将学校的优良传统与校园文化精粹充分展示的场所；第三是学校博物馆，能把学校的文博全景陈列；第四是学校的荣誉室，是学校教育教学成果的荣誉展览室；第五是学生品德教育基地，即通过校史馆的陈列与展示，成为学生品德教育和人文教育的基地。校史馆的主要工作为校史展览、校史研究及校史文物的征集、保管和展出，既是宣传学校的窗口、联系校友的平台、校史研究的基地，也是学生历史写作的源泉。

（六）家乡的老宅、西北的窑洞

窑洞是中国北部黄土高原上居民的古老居住形式。在中国陕甘宁地区，黄土层非常厚，有的厚达几十米，中国人民创造性地利用高原有利的地形，凿洞而居，创造了被称为绿色建筑的窑洞建筑。窑洞冬暖夏凉，住着舒适、节能，同时传统的空间又渗透着与自然的和谐，朴素的外观在建筑美学上也是别具匠心。延安的窑洞是最革命的，延安的窑洞有马列主义，延安的窑洞能指挥全国抗日斗争。如果你家有这样的窑洞，那可是珍贵的文物啊。

被称为"黄河第一古镇"的兰州市榆中县青城镇，坐落于"背山、面水"的一块平坦谷地，犹如"塞上桃源"般如诗如画，以盛产优质绿水烟而闻名，历代文人墨客荟萃、商贾云集，创造了灿烂的青城文化，留下了许多文化遗产。特别值得一提的青城古民居，因为其历史跨度较大，建筑型制完整，装饰风格兼收并蓄，且保存相对较完好，基本保持了原有的建筑风貌，因此被称为"西北古民居建筑的活化石"。

青城民居建筑现存省、市、县三级古建筑文物共50余处。其中，属于省级文保单位的是建于清代的高氏祠堂，三个县级文物保护单位是青城城隍庙、青城书院、二龙山戏楼，都以其独特的古建筑风格、精美的木刻砖雕艺术记载着青城曾经的辉煌。此外，这里还有明、清、民国初期的民居院落建筑约60所，而且比较集中，形成古民居一条街。青城古民居院落规模不一，各具时代特色，具有较高的历史艺术及旅游观光价值。这些鲜为人知、极有价值的古建筑群落，在兰州市乃至省内都属少见。此外，青城文物古迹还有秦长城遗址、唐龙沟堡、景福寺等。这些可都是信手拈来的写作素材哦。

（七）城市地标建筑

中国十大城市地标性建筑指的是北京故宫、上海外滩、西藏拉萨、苏州园林、南京夫子庙、西安大雁塔、重庆人民大礼堂、香港中银大厦、深圳地王大厦、澳门大三巴牌坊。

经济增速让城市建设快速发展起来，越来越多体量巨大、形态奇特的建筑物矗立起来，成为新的城市标志性建筑。地标性建筑，它绝不是取决于建筑的高度、花费的额度以及刻意地追求新奇。它理应是城市文化和历史风貌的展现、一种时代精神的代言，抑或是一种建筑语言的创新。地标建筑是一个民族人文精神的空间体现，能使人们产生发自内心的认同和共鸣；也应是超越时空的空间载体，成为后来者沟通历史传承的符号。标志性建筑就像城市的眼睛，一个没有文化的城市是苍白的城市，同样，没有标志性建筑的城市则是缺乏文化底蕴的城市。标志性建筑是城市历史文化的积淀，是城市固有的个性风貌的体现，是标志城市独特存在价值的商标和载体。

兰州黄河楼，坐南滨河路，北与北滨河路兰州华夏人文始祖园隔河相望，东临银滩大桥，西望深安大桥。登临黄河楼，远眺黄河之滨也很美，你会有写作的冲动吗？

第五节　查阅资料

　　历史发展本身是一个客观的过程，是不可能再现和重演的。历史学科的过去性特点，与其他学科有着明显的不同，这也为人们的研究带来了一定的困难。要研究历史、揭示历史真相，我们不能像物理、化学那样在实验室中"重演"往事，只能借助历史遗迹、遗物和文字记载等相关史料。因此，研究历史需要尽可能多地收集资料和占有史料，对史料的解读及运用要尽可能客观公正，以接近客观实际。

　　历史写作的过程也是一个思考的过程，思考生活、思考生命、思考未来。鉴于历史知识的重要特质是其研究对象早已消失，也不可能再现，所以难以被直接观察，建立历史知识所需要的"证据"也都是间接来自过去所遗留下来的史料。历史是从史料所提供的"证据"中建构关于过去人和事的论述。史料运用的价值就在于为已得出的结论提供例证，传输历史事件的真实感，让读者深入历史，近距离感知历史，触摸到历史人物的脉搏。

　　历史写作的前提是掌握大量的素材，给读者一个理由，让他相信你讲的故事真实发生过，相信你说的观点有道理，因此，动笔之前，你要查阅资料，这是一个耗时又耗力的工程。

　　建议大家从以下几个方面开始。

一、查阅历史文献

　　查阅文献也有要求，距离要研究的时代较近的人所写的史书，是研究当时的重要史料，可信度较高。此外，古代史可以查《诗经》《史记》《资治通鉴》等史书。近代史可以查蒋廷黻的《中国近代史》、陈旭麓的《近代中国社会的新陈代谢》、胡绳的《从鸦片战争到五四运动》、茅海建的《天朝的崩溃》。当代史可以查《中国共产党简史》《习近平谈治国理政》等。如果写地方掌故，乡村变迁，也可以查阅《甘肃通史》《兰州通史》等。正史的史料可信度高，官方的史料权威性毋庸置疑，采用这些史料使你的文章更有说服力。

二、查阅专业报刊

报纸杂志是近现代史的重要史料，一般性报纸有助于了解一些事件的起因、发展和结果，能发现当时人从不同角度对此事的评价，娱乐性的报刊则可以观察当时人的文化和生活。

《人民日报》是中国共产党中央委员会机关报，毛泽东同志曾亲笔为《人民日报》题写报名。作为党和政府的喉舌，作为中国对外文化交流的重要窗口，作为展现新时代中国蓬勃发展的平台，《人民日报》积极宣传党和政府的政策主张，记录中国社会的变化，报道中国正在发生的变革。

《光明日报》创刊于1949年，是中共中央主办，以知识分子为主要读者对象的思想文化大报。《光明日报》现已发展成为拥有《光明日报》《文摘报》《中华读书报》报纸和《书摘》《博览群书》《新天地》《留学》《教育家》杂志，以及光明日报出版社、光明网、光明日报"两微一端"等全媒体的现代化报业集团。这些报刊能提供最权威的信息，是历史写作最可信的第一手史料来源。

《中学历史教学参考》是中华人民共和国教育部主管，陕西师范大学主办的教学刊物，为国家级期刊。它以广大中学师生为主要读者对象。其特点是新颖、活泼、实用。主要栏目有名人谈学历史、中学生论坛、课堂新操、教学参考、答疑专家、课本助读、历史知识、历史之谜等。此外，像《文史博览》杂志是以中国近现代史为主要内容的全国性文史月刊。《国家人文历史》是人民日报社主管主办的一本以真相、趣味、良知为核心价值的时政新闻类半月刊。《中国史研究》是国内仅有的中央级中国古代史研究的学术专刊。《史学集刊》是教育部主管、吉林大学主办的专业史学期刊。《历史档案》由中国第一历史档案馆主办，创刊于1981年，是全国首家以公布历史档案为主兼顾资料性、学术性、知识性的学术季刊。这些正规出版的期刊都可提供翔实的史料。

三、查阅地方志、年鉴、谱牒

常言道，国有史，地有志，家有谱。地方志是中国传统文化的瑰宝，它是全面、系统地记述本行政区域自然、政治、经济、文化、社会的历史与现状的资料性文献，有独特的写作体例和格式，有严格的选材要求，有各种研究参考价值，地方志一般二十年左右修订一次。

年鉴是系统汇辑上一年度重要文献资料，逐年编纂，连续出版的资料性工具书，年鉴是一种特殊形式的大众传播媒介，它具有科学性、资料性、全面性、权威性和时间性。

家谱是一种特殊的文献，就其内容而言，是中国五千年文明史中最具有平民特色的文献，记载的是同宗共祖血缘集团世系人物和事迹等方面情况的历史图籍。家谱属珍贵的人文资料，对于历史学、民俗学、人口学、社会学和经济学的深入研究，均有其不可替代的独特功能。它不仅记录着该家族的来源、迁徙的轨迹，还包罗了该家族生息、繁衍、婚姻、文化、族规、家约等历史文化的全过程，可以说是一个家族的生命史。写身边事、家乡人，这些资料能提供充分的例证。

"兰山杯"中学生历史写作活动中郁振国同学的作品《探寻我的家族历史》节选：

我在一份公元二〇一一年十一月十五日撰写的《郁氏家族议事说明》中找到了这样的记载："吾郁氏家族系南京朱氏巷人也，此后迁至连城浪牌安居为业。"从伯祖父口中得知，先祖的家乡地处偏僻，荒无人烟，处在鲁土司与喇嘛控制的交界地带。先祖们从鲁土司和喇嘛手中购得了大量土地，差不多有二十多亩。从此便开始了凿饮耕食，寒耕暑耘的农家生活。而在我记忆中的家乡已经是耕地集中连片，人民安居乐业，一派欣欣向荣的景象了。可见先祖们经历了怎样的艰辛，而今天我们只能从残缺不全的历史文献和老人们口口相传的故事中了解到历史的一鳞半爪。谱记的开头部分有四首小诗歌，上面这样写道：

寒族本非簪缨家，往来世世业桑麻。

有何功名光谱牒，未敢附会未敢夸。

俎豆馨香二月天，宝雅香腾一缕烟。

曾孙虔诚无他祝，世世唯愿后光前。

原籍相传在南京，未知寒贱与簪缨。

自今族谱昭然在，不信家室不分明。

昭穆分明列谱编，蘋蘩蕴藻膺年年。

绍闻衣德世无替，修谱犹望后有贤。

家族是渗透在每个人血液中无法抹去的记忆。每一个家族背后都有无数传奇的故事，就好比一块璞玉、一幅山水画，历经岁月的打磨与沉淀，才会显示出其价值。作者翻阅族谱，访问老人，实地调研，意在寻根问祖，追本溯源，通过历史写作活动，知道了"我是谁""我从哪里来"，提升了人文素养，培养了史料实证和历史解释的能力。历史在发展，社会在进步，只有铭记历史，借鉴历史，体悟历史，才能明白为人处世的道理。一个个家族的历史汇成了一个民族的历史，一个个民族的历史构成了一个国家的历史。

四、查阅档案文书

查阅档案文书尤其对政治史及社会史研究颇有帮助。假如你要写家族往事，发现老人入学、参军、转正、提干、立功的具体时间记不清楚了，查阅本人履历表便一目了然。如果你要写校史，查阅档案文书就能获得权威资料。不过，有些档案资料需要获得授权才能查阅，有些只能摘抄，不能复印，所以，中学生历史写作要因人而异，量力而行。

五、查阅当事人的回忆录、自传、日记、书信

回忆录是当事人或者知情者对有关历史事实的记忆。它不是事发时留下来的直接凭据，所以，回忆录不是第一手资料。它属于间接史料，其缺陷和局限性也十分突出。日记因记于当时，且是留着自己查阅的，故有一定的参考价值；但有的日记，作者是准备出版或有意留给后人阅读的，其价值就另当别论了。私人书信的史料价值和作者的地位、信中涉及事件的重要性有直接关系。

人非草木，孰能无情。不可否认的是，无论回忆自己的经历，还是回忆他人的往事，当事人心理上的爱慕、感恩、自恋、怀旧、荣誉感、崇拜感等情绪肯定会渗透进去，有一点过头的肯定或者赞美不算什么。但是，这和历史研究不是一回事，因为历史研究需要坚持真实、客观和公平的原则。真实就是不虚假，客观就是不加入自己的好恶，公平就是一碗水端平，按照统一的标准论人论事。历史写作力求还原过去发生过的真人真事，在查阅这类资料的时候，不可偏听偏信。

六、查阅网络资料

总体上看，网络资料不是历史资料的全部，某种意义上也不是最重要的历史资料，不能说网络上的资料都是可信的，但其作为史料的价值是不可否定的。网络资料几乎能为所有的重要事实增添史料，丰富我们对各种史实的认识。网上参差不一的文字，为我们提供了一些真实的资料，使我们在档案公开前就能知道许多有关的事实，而且有的材料根本不会出现在档案里。如果我们没有认识到互联网资料的史料价值，我们的历史写作将是不完美的。

网上资料有一个特点，它可以随时被修改。一些组织或个人的资料会随着时代或年龄的变化不断被修正或删减，所以，这个时候最重要的是要搞清楚自己所看到的网络资料的产生时间。中学生历史写作应多采用权威网站的材料，或用他们的材料来互相印证，确认无误后方可采信。我国的新华网、人民网、光明网上材料的可信度应该超过一般的网站，建议同学们谨慎使用。

七、查阅影视、新闻纪录片资料以及录音带、唱片等资料

音像史料是属于现代社会的，因为它们是在录音、录像技术出现之后才存在的，它们是眼睛和耳朵的延伸，强化了纸笔和摄影、摄像的功能，并且在记忆及其储存方面比后者要强大得多。需要指出的是，在相当程度上，录音、录像只是技术手段，口述史料、图像史料也可以通过录音、录像被记录下来。这取决于是否保存着口述或者图像的原始形态，如果是"原汁原味"的音像制品，其可信度就高，如果经过了一定的编辑处理或者剪辑加工，即注入了拍摄者的某些主观故意，则该史料的价值就低。

如果要写中国共产党的历史，建议去"共产党员网""央视听"等官方网站，查阅有关党史、新中国史，改革开放史和社会主义发展史的相关内容。例如《博物馆里的党史》，党史纪录片《征程》《领航》，微纪录片《百炼成钢》，文献专题片《敢教日月换新天》，纪录片《人民的选择》，百集文献纪录片《山河岁月》等。

新闻史料是指曾经刊登在公众传播媒介上、遗存至今的文字资料、图片资料以及其他形式的资料。新闻史料也是史料学的一种，与其他类型的史料如档案资料、官方文献、私人日记等可以相互补充。但是，相对于新闻纪录片而

言，影视资料以及唱片、录音带等资料的史学价值大打折扣，影视作品源于生活而高于生活，是在生活原型基础上经过艺术加工的产物，内容虽有虚构之处，但也可反映当时人的生活、想法以及观念等，对于文化史、思想史、社会生活史的研究有所助益，但是，要提防造假或有意歪曲篡改。

八、查阅日常生活中的文字遗留

查阅日常生活中的文字遗留包括如古代的历书、商店的账簿、土地房产买卖契约书以及私人来往的书信等。由于这些大多不是刻意留传下来的东西，常能更真实地反映当时的实际生活及想法。

我们在查阅资料的同时，别忘了记好笔记，注明材料的出处。

"兰山杯"中学生历史写作活动中郁振国同学的作品《探寻我的家族历史》节选：

小时候我对于"分家"这一名词模糊不清，伴随着成长愈发好奇。当我查阅家族谱记的时候，翻阅到了一张1817年的分家合同，由此我对"分家"有了进一步了解。合同写在一张和现在A3纸差不多大的纸上，工整的小楷从左往右，从上到下详细记载此次分家的前因后果。开头部分介绍合同签订的契约人，老大房×××、老二房×××，还有直系后裔（长子长孙）。然后介绍分家的原因，但基本是一笔带过，大致内容是此次分家全凭自愿，双方共同见证。之后，在场的每一个人都要签字。我发现大部分姓名后面都有一个"十"字形符号，我百思不得其解，询问了家中长辈。原来对于当时一个世代农耕的家族来说，识字的都是"文化人"，而这样的"文化人"又都是稀有人才，其他没文化的族人在需要签字的场合就请别人代笔，如果代笔人不是本家人，还要付出一笔不菲的报酬。但自己也得动手，苦于不会写字只能在自己名字后面画个"十"字形符号，表示自己认可合同内容。

1817年的家族分家合同到今天也有二百多年的历史了，这份保存在家谱中的资料，成为那个时代的缩影，给今天的中学生带来的不仅是震惊，还有反思。当时正处于嘉庆年间，百姓普遍贫困，甚至遭受到饥饿的威胁，而人口还处于持续增长之中。甘肃地处西北地区，地理位置偏远，没有经济发展支柱，农业在恶劣的自然环境制约下发展缓慢，百姓的生活也只勉强自足。分家这个关于家族生计的问题，自然是要考虑得"事无巨细，面面俱到"。

　　我们来看看"兰山杯"中学生历史写作活动中安娜同学为完成自己的历史写作是如何查阅资料的：

　　在了解家族记忆的过程中，我去采访了我的大伯。由于我爷爷这辈人已经早早地离开了我们，所以大伯不仅是家族父辈中年龄最大的，也是比较有威望的，并且大伯曾经也是一位老师。这让我在采访他的过程中，始终存有一颗敬畏之心，以一名家族小辈的身份去聆听、记录他所了解的记忆中的家族往事、家族历史。大伯向我讲述了他从家谱和家族多位已逝长者口中听到的关于家族的历史以及他自己曾经的亲身经历。拜访过大伯后，我试图从各种渠道查阅资料，目的是佐证大伯所说的有关历史、人物、事件的真实性。例如，关于我的祖先从江南迁徙而来，并在羊寨牧马以及我安氏祖坟和江南寻根这几件事，都在《安氏家谱》序言中有所记载，可谓有根有据，以致安氏子孙后代口耳相传，直至今日。所述相关家族事件，除了大伯所讲之外，我还翻阅了《榆中纪事》《榆中县志》《榆中史话》《兰州历史文化——革命星火》《中国共产党榆中历史简编》《中国救荒史》等书籍。使我感到幸运和自豪的是，这几本书中有关家族人物的记载，为我核证大伯所述提供了历史史料。我想将祖辈们当时的经历与那种坚韧不拔、爱家爱国的精神记录下来，作为家族发展的一份责任与动力。

　　在之前的很长一段时间里，我自认为对我家族的了解在同辈人中比较全面。然而，在此次了解家族的过程中，我才发觉我的认识只停留在表面，而未真正体会到家族发展中的那份艰辛和推动家族发展的那种家族责任与家族精神。

　　可见，作者为完成写作任务，在收集资料方面做了大量的工作：采访当事人、查阅家谱、地方志、专著，并厘清各个史料内在的逻辑关联，且积极运用史学研究方法，注重史料的真实性。在历史写作中明白一个家族的兴衰在一定程度上受到时代变化影响，家族长辈的勤奋俭朴、爱家爱国的精神，会激励年青一代不断接续奋斗，砥砺前行。历史写作锻炼了作者史料实证的能力，培养了家国情怀等历史学科核心素养，查阅史料的这些方法值得借鉴。

第六节　筛选资料

　　任何一部好的作品都不应该是一堆材料的零散堆砌，要有鲜明的主题和主线，围绕这条线讲述的故事，才让人有读下去的欲望。当你确定了要写的人和事，经过访谈和实地考察，收集了大量的音频、视频和文字史料，先别忙着动笔；要知道，仅仅有事实本身还不能说明问题，必须有考证和取舍。接下来，面对海量的史料，你要做的是整理和筛选收集到的史料，通过你的思考，运用你的方式，依据你的爱好，把它组合成一篇雅俗共赏的故事。

一、筛选的原则

　　北京大学中国古代史研究中心兼职研究员李开元教授提出的"3+N的历史学世界"理论认为，已发生过的历史事实为第一历史，简称史实；第一历史的信息通过口述传承、文字记录及遗物留存等形式残存下的东西为第二历史，称为史料；史家根据史料编撰的历史著作为历史学的第三世界，称为史书。以此不断延伸，随着层次的增高，其与历史真相的距离渐远，信用度逐步降低。按照这一理论，同学们收集到的大多是史料层级的东西，难免泥沙俱下，且与历史真相还有一定的距离，故需进一步筛选，史料筛选遵循如下原则。

（一）围绕主题

　　历史写作要遵守"史由证来，论从史出"的原则，史料为主题服务，主题决定史料的取舍。假如你确定要写的是家庭或家族往事，要写祖父祖母的爱情生活，你的选材就要围绕他们生活的时代，通过政治、经济、社会生活等方面的史料还原一个人的成长经历、一个家庭的奋斗历程、一个时代的发展变化。围绕主题筛选史料，特别要注意史料之间的逻辑关联，注意证据与论点之间的论证过程。

我们看看"兰山杯"中学生历史写作活动中张雯杰同学的作品《背上的家，心里的爱》节选：

时值1953—1956年，国家在经济得到基本恢复后开始了第一个五年计划，开展三大改造，农村实行合作社。姥姥生活的村子也不例外，家家户户将炊具上交到了大食堂，土地交给合作社。社员们每天带着工具劳动挣工分，劳动结束后，一家老少的伙食都在大食堂里解决……当时人们的生活用品只能凭票购买，如买米需要米票，买面需要面票，每家每户只有用布票才可以得到一些布做一两件新衣服。到了每年年终，生产大队都要上交一定的粮食，上交粮食的多少是根据大队人数、土地面积的多少等各种因素所确定的，上交粮食在当时被称作"交公粮"，上交的粮食被称为"皇粮"。姥姥和姥爷每天都要在生产队里劳动，姥爷因为身体不好，只能在生产队里放羊、放牛，姥姥一个人跟着大家在田间地头干农活。春天姥姥要在地里除草、施粪肥，夏天要在太阳底下喊鸟（因为麻雀很多，会吃掉粮食，所以要通过喊的方式吓走麻雀），等到秋季来临，她常常要花很多天的时间，拿着镰刀弯着腰在地里收割麦子……劳动的担子很重很重，日复一日，但依然吃不上饱饭，姥姥已出生的5个孩子也只能吃个半饱。为了填饱肚子，姥姥便在农闲时去山上挖野菜充饥。在姥姥的拉扯下，孩子们也渐渐长大，到了该上学的年龄。因为劳动的需要，许多农村的孩子都要帮着家里操持家务，或挣工分，上学对孩子们来说是一件令人羡慕甚至有些奢侈的事情。姥姥没有读过书，却和姥爷坚持把孩子送进学校，在落后的农村，姥姥的做法受到很多人的嘲笑，毕竟多一个劳动力就会多一点工分，谁会把孩子送去学校呢？但现在看来，供孩子读书走出大山，无疑是姥姥和姥爷最明智的做法……

从这段节选中，我们看到作者通过对当事人及亲属的采访掌握了大量素材，围绕主题组织材料。由于这段历史是中国现代史的重点章节，历史课本也有叙述，作者能把家族或家庭的小日子和国家"一五"计划、"大跃进"的宏大背景巧妙结合，特别是采用经典细节如"交公粮""喊鸟""挣工分"的描写，真实还原了建国初期中国西北农村的生活状况，行文流畅，引用史料规范，为我们刻画了一个身在农村、生活清贫但有远见、自立自强的新中国女性的形象。

（二）去伪存真

任何一个历史结论都必须有史料的支撑，而运用史料论证历史问题的前提是史料必须是真实可靠的。郭沫若在其著作《十批判书》中写道："无论做什么研究，材料的鉴别是最必要的基础阶段。材料不足，固然酿成问题，而材料的真伪或时代性如未规定清楚，那比缺乏材料还更加危险。因为材料缺乏，顶多得不出结论而已，而材料不正确便会得出错误结论，这样的结论比没有更要有害。"

不是所有的史料都可当作证据采用。在历史写作前，要做的准备工作就是判断史料的真伪，去伪存真，寻找第一手史料，寻找那些被证明是可靠的、有可信度的史料为我所用。

例如，自传与回忆录往往有很多虚构的部分，既有回忆者个人的因素，也有时代的局限性以及其他顾虑；譬如700年前的"口述史"——《马可·波罗行纪》，从诞生之日起就充满争议，有人质疑这是一本伪书，有人怀疑他究竟到过中国没有。换个角度看，自传和回忆录是亲历者对往事的还原，也有其真实的部分。我们在选取史料时一定要确保史料的真实性和可靠性，切不可随意引用史料。对于文字性史料，一定要查明和注明材料的出处；对于非文字性史料，如图像类、实物类、风俗类史料，则要认真考证，反复研究，鉴别真伪；那些文学作品、艺术作品、奇闻逸事则不能当作正史来采用。

"兰山杯"中学生历史写作活动中王绍权同学是这样做的：

此次活动采访了我的父亲，因为年代稍远且那时父亲年龄尚小，对于很多细节性的场景记得很深刻，但对年代和事件有些许的模糊。因此，自己又查阅了相关文献，特别是《景泰县志》来证实、补充这段历史。因为当时生活条件的限制，《景泰县志》并没有留存很多的照片，所以本人又查找资料，多方收集图片。

王绍权同学在写作时本着严谨求真精神，对采访者记忆模糊的部分多方查找佐证材料，力求还原真实的历史过程，这种做法值得肯定。

（三）准确摘录

在我们收集的各种史料中，有些史料彼此冲突，许多史料与现有结论有矛盾；有些史料原本就存在和已发现，但由于时代的变迁而对之有了新的看法和认识，诸如此类。在历史写作时，我们只有对史料谨慎摘录，准确引用，规范呈现，才能更加高效地运用史料，更好地践行"尊重历史，追求真实"的理念。写作中如要引用国家领导人的讲话，必须反复核对，一字不差，还要注意标点符号。准确摘录就是防止断章取义，防止以偏概全。

（四）忠实原文

中国史学传统历来十分重视文字的推敲运用，因为增减改易细微之处能带来表意上的巨大变化。所谓"文章千古事，得失寸心知""微言大义"，说的就是这个道理。"一字千金"的故事更是真实的写照，《春秋》一字可以寓褒贬，《通鉴》一字可以知兴替，历代治史者都把严谨放在第一位。因此，历史写作在引用史料时要绝对忠实于原文，不增一字，不改一字，对需要增加文字以助于读者理解的，增加部分要用括号标出；对于需要删节的文字要反复推敲，在不改变原意的前提下，在删节处用省略号标出。

（五）删繁就简

在一篇文章中，对史料的选择还要注意适量和适度，并不是越多越长越能显出史料的价值，关键是史料的引用要能精准地说明问题。从技术环节上来说，史料过长，往往使读者的阅读很不方便；史料过多，切换过频，又常常使读者顾此失彼，抓不住要领，冲淡了主题。因此，在选择史料的时候，还要多站在读者的角度来思考。例如，你要写某人在抗美援朝战争中如何英勇作战，奋不顾身，在枪林弹雨中毫不畏惧，或许有很多人的口述史可以选用，有许多细节可以挖掘，如果在你的文章中插入他的军功章、嘉奖令以及其他佐证的照片会更直接，更简洁，更有说服力，而且节省了很多文字。

二、筛选的方法

（一）整理

整理包括将录音、录像整理成文字稿，纠正音像中的错讹之处，补充音像文本中的史实，核对引文、时间地点人物的考证，添加大小标题、撰写标题下的内容提要，编制各种索引，介绍口述背景。如果发现自己遗漏了什么问题，我们可以再次访谈，甚至是多次访谈，直至文章撰写所需的信息完整、可靠。

（二）归类

前期收集的史料也许很多，杂乱无章，在筛选的过程中，建议按照家族往事、乡村巨变、我的母校等专题归类。这样做可以给后续的写作节省很多时间。

（三）辨析

史料是对历史事实的文字记载，在收集的史料中，并不排除被有意"歪曲"的文字材料。这就需要辨析史料，以事实说话。通过辨析，剔除不实史料，避免以讹传讹，采用互证互信的史料，这样才能论证自己的观点。辨析要遵从史料自身的逻辑关系，抓住材料中的关键要素，分出主次，筛选史料。

三、筛选建议

材料处理能力对广大中学生而言，难度较大，阅读理解历史材料，对材料进行去伪存真、去粗取精、由表及里的整理需要扎实的专业功底，如果觉得有困难，可以请求指导老师帮助，在专业人士的指引下，联系所学知识，掌握从第一手资料出发、尊重历史、实事求是地研究历史的方法。

（1）筛选的过程中要坚决剔除与时代主旋律和党的大政方针不和谐的史料。书写历史不仅是义务，更是一种责任。一代人有一代人的使命，一代人有一代人的担当。无论身处什么样的时代，我们定要不负使命与担当。历史是已经过去的现实，现实是历史的延续。记述历史，揭示历史发展的规律，是为了更好地认识当今社会。

（2）筛选过程中要尽量剔除大众化的、常见的史料。一般而言，这样的史料司空见惯，对读者没有吸引力，所论证的观点也都是老生常谈、缺乏新意。但是，能在常见的史料基础上分析得出有深度的见解则另当别论。

（3）筛选的过程中要尽量剔除情绪化、片面化的史料。受访者在回忆自己受苦受累的岁月时，难免会有牢骚，会因为曾经的不公平待遇而宣泄情绪，这是人之常情。但是，历史写作是用历史的眼光和有哲理的大脑进行文学讲述，既要展现历史的魅力，更要突出历史的厚重，这一点不同于文学创作，不能因激愤而失去理智。

（4）筛选的过程要注重严密的逻辑推理。传统史学认为，历史学家与侦探家的思维方式是一样的，只要掌握充足的证据、进行严谨的逻辑推理，就可以发现历史事物的真相。筛选史料一定要理性分析，这些史料内在的逻辑关系怎样，怎样的组合方式才能得出我想要的观点。

总之，搜罗史料不能"一见钟情"，鉴别史料必须多闻阙疑，运用史料更宜三思而行，网络资料尤其慎之又慎。

第四章

正文写作要素

　　中学生历史写作作品的结构通常包含正文和附录及指导教师推荐意见三部分。作品正文，写人物历史故事选择递进式结构，写历史遗址或历史遗存采用并列式结构，不同场景和不同事件共同出现的时候采用混合式结构。

　　人物是历史写作重要的选题。中学生一般会选择身边的人、熟悉的"有故事"的人作为写作对象，依托一定的历史故事，对人物的语言和神态、思想和行为、个性和品格进行书写；还要有最起码的历史逻辑，人物事迹、语言、思想和行为都要取决并遵循所处的历史大环境。

　　中学生在选择书写身边人的历史故事时要具有真实性和严谨性，具有精准刻画人物的典型性，具有能反映人物所处时代大背景的特征，通过书写真实还原故事的前因后果、来龙去脉。我们对故事进行分析和评价时要考虑到对作者人生走向的意义，对当时社会产生的影响，甚至对后世发展的影响。

　　历史写作的语言以叙述为主，以保证历史再现的清晰性、客观性和真实性。书写时要特别注意叙事的连贯性、描述的文学性、说明的严谨性、分析的客观性、人称的两重性等特点。

　　历史写作通过挖掘历史真实情境的精彩细节，增强历史作品的趣味性；恰到好处地使用精彩细节，增强历史作品的可读性；巧用历史场景、人物等细节，增强历史作品的教育性；引入现实社会生活的精彩细节，增强历史作品的启发性；作品修改过程中也要格外关注细节的完善。

　　中学生历史写作承担着"培根铸魂"的育人使命。历史作品中通常蕴含着民族群体的价值取向，蕴含着国家精神的时代特征，蕴含着家风家训的主流价值，蕴含着个人境界的美德涵养。历史写作过程就是历史价值聚集的过程，因此要挖掘历史精神，理解历史精神，传承历史精神，实现历史精神对现世的指导和对未来的启迪。

第一节　结　构

中学生历史写作作品的结构通常包含两部分：正文（历史故事或历史剧本）和附录（活动总结）。如果是参加活动或者比赛，那么还应该有第三部分：指导教师推荐意见。

正文是指根据访谈记录和收集的历史资料，真实地记录探究过程中发现的历史。作品为非虚构的历史故事或者历史剧本，不得有主观虚构或想象。高中学生历史写作正文的字数建议为3000～8000字（含标点），初中学生的字数建议在1000字以上。引用资料须做规范的脚注或尾注。

附录为活动总结，需要作者忠实地记录探究活动的过程，对比活动前后个人对历史的态度、认识方法上的变化，总结本次探究活动的经验教训，即通常所说的"历史感悟"。简言之，活动总结应该包含活动过程记录和历史感悟两个核心组成部分。

一、递进式结构

作为中学生历史写作主体的正文部分，采取什么样的书写结构通常和书写的内容有关。

若写作内容为人物历史故事，通常会选择递进式结构，按时序选择典型事例呈现。各个部分之间是逐步深入或层层递进的关系。在这种结构的文章中，各部分次序不可随意颠倒，否则就会使文章显得逻辑混乱，人物故事层次不清。这种书写方式的特点犹如顺藤摸瓜，各个部分之间紧密衔接，共同为书写的中心人物服务。

例如，"兰山杯"历史写作活动中张正钰同学的作品《母亲的钢铁是怎样炼成的》分六个篇章按照时序书写了妈妈的生活，采用的就是递进式的结构。摘录如下：

一、幸福的童年时光

1976年母亲诞生了，姥爷姥姥迎接着他们的第三个孩子。此时姥爷和姥姥还在陕西老家，因为姥爷是知识分子，为响应国家的号召来到了红古区窑街工作，于是他们一家人便在这里落了脚……

二、苦难开始的少年时期

一家人的灾难是从姥爷的去世开始，那年母亲九岁。姥爷因病去世，姥姥一个人处理后事，年幼的孩子还不懂事，加上男方家里人的抱怨纠纷，姥姥也因此精神上出了问题……

三、艰辛却坚强的青年时期

只拿了几件衣服的母亲独自来到城市，连公交车都少坐的母亲第一次坐错了站。年少的母亲年轻气盛，不缺勇气……

四、逐渐稳定的小家庭

1999年，母亲在药厂工作两年后回到了窑街，跟着对面理发店的师傅学习理发。此时的母亲被介绍人安排相亲，最后遇到我父亲并成了家，母亲便跟随父亲来到了兰州……

五、巨大的挑战，家里的支柱

幸福未在这个家庭停留太久，2014年父亲生了一场大病，全家人都忧心忡忡。照顾父亲的担子大多落在了母亲一个人身上……

六、艰难时刻炼就的钢铁

母亲脸上很少有表情变化，忙碌的工作只让我在晚上能见到她，周末更是她忙得不可开交的时候。初中时的我与母亲渐渐产生了矛盾，我不明白她也不理解她，直到爷爷去世。母亲从未跟我说过自己的艰难，有时候她更像一块坚硬的钢铁，发烧坚持上班的是她，独自担负起家里担子的是她。丈夫生病时她是否忧虑自己的未来？孩子不听话时她是否感到伤心？担起一切时她是否有过害怕？没有，母亲只是平静地告诉我"习惯了"。

在小作者的笔下，一个坚强的母亲，从儿时毅然离家闯荡，到独自一人担起家庭的负担，忍辱负重，给了孩子一个温暖的小窝，有误解、有争吵、有关爱、有体恤，这就是中华民族万千家庭中真实的存在。作品真切地让我们感受到了一个平凡母亲的伟大，一个钢铁一般的战士！

二、并列式结构

若写作内容是历史遗址或历史遗存等，通常采用并列式结构，又称平行结构或横向结构。并列式结构是指正文中各个部分横向展开论述或说明，彼此之间没有主从关系，也无先后次序，彼此之间影响不大，都是从不同的角度、不同的侧面展开论述或说明，各个部分齐头并进，多管齐下。在并列式结构中，每个部分都是一个小的论点或问题，各个论点或说明的问题之间逻辑上是并列关系，对重点内容可以详加论述。这种结构行文条理清晰，能够使读者对所要论述的事物一目了然，并且对文章的重点能够轻松地把握。

例如，"兰山杯"中学生历史写作活动中刘志远同学的作品《历史中的风箱》对风箱的说明就采用了并列式结构。摘录如下：

风箱呈长方体，多为泡桐木制作，性软轻巧，有弹性，不张不走，经久耐用。里面的拉杆则是槐木、榆木，盖因这种木材坚硬耐磨，光滑清爽。一个好材质的风箱，可以用上几十年，传承两三代人。风箱一般都是放在灶台右侧，垫砖，离开地面一点距离，以防潮湿。顶面放一块稍大的木板，我们叫作案板，既能当切菜的案板，又能压稳风箱，避免淋湿风箱。

风箱由箱体、堵风板、推拉杆、风舌与出风嘴等部件套装组合而成。箱体是用厚约三厘米的六块木板前后左右挡板与顶底板榫卯相套装，顶板为活动盖板，缝隙黏糊密封。箱体为长约二尺五寸、宽不足一尺、高约一尺五寸的长立方体。前后两块挡板的下部各有一边长约一寸的方口，称为进风口。两个进风口的上部贴内壁各用一小木条作架，悬挂一边长约二寸，上边两端自带木转轴的活动木板，称为风舌。后挡板的中部上下距沿各约五寸，有径约不足一寸的圆透孔，称为推拉杆孔。左侧挡板的中下部紧接底板处，另制一寸多见方的方形风道，前后各留进风口，在中间位置装置活动舌板，活动于外壁的凸嘴中部。为使推拉皆有风出，嘴内有边长各约一寸的方透孔，前接灶底风道，后通风箱内部，称为出风嘴口。堵风板厚约六厘米，略小于风箱内上下左右的空间，左边下部有比风道略小的豁口，四边缚扎胶粘麻纸或鸡毛，中部有与风箱后挡板推拉杆孔相对应的两个圆透孔，是为杆卯。推拉杆为长约二尺、径约一尺的两根硬圆木，一端穿过风箱后挡板的杆孔，榫安于堵风板的卯孔，另一端外漏于风箱，头部榫卯竖直安装一长约一尺、径约九公分的圆木柱手柄。使用操作：风箱立置于灶台右侧的平地，最好垫砖，离开地面，以防潮湿。顶部稍斜平覆盖稍大的石板或木板，既稳压风箱，又不使其湿水，出风嘴对准灶台下的进风道。一人蹲坐单手抓握推拉杆把柄，前后推拉动箱内的堵风板，两个风舌的空气挤压成风，经风道吹入炉底，推后前挡风口打开，后挡风板关闭，风道风舌后开前闭，拉则相反。风箱作为使火力强劲的助燃器具，过去农村绝大多数家户的厨房都有，用以吹火烧水、做饭，现时少数家户已用电力带动鼓风机助燃。以后风箱将被逐步淘汰。

三、混合式结构

如果是不同场景和不同事件共同出现的时候，通常采用混合式结构，尤其是在历史剧写作中比较多见。混合式结构又称纵横交叉结构或并列递进复合式结构。当不能仅用一种单一的结构完整地表达时，历史写作者就需要把递进式结构和并列式结构结合起来，形成一种混合式结构。在不同的部分之间采用不同的叙述方式，使各个部分能够采用最佳的表述形式，使丰富庞杂的资料有机地得以结合，增强了文章书写的深度和广度。但这种安排结构的方式比较复杂，对于初学历史写作者而言相对难掌握一些。

比如，"兰山杯"中学生历史写作活动中某同学的作品《兵戟喑哑，相思如花》中写到老宅的结构和组成（上厅、门厅楼）采用的是并列式，而在宅子里发生的事件（拜堂成亲、跪别妻儿老母弃医从戎）又是按照时序采用递进式，对于不同场景、不同事件，写作整体呈现混合式。摘录如下：

老宅子的结构为九厅十八井，其中厅里，陈置有红漆木的什锦榼子，透着淡淡檀香和水汽的味道。榼子上面放置着几个栩栩如生的漆线雕（福建手工艺特产）以及一摞摞泛黄的医书、脉经。墙角立着两把双面油纸伞（手工艺制品），一把是将竹叶夹于油纸之中，一把是将兰花夹于油纸之中，仿若鲜活，晶莹如脂。潇潇而立君子骨，蕙质兰香美人心。因一纸婚约，门当户对（传统婚姻观念），太爷爷太奶奶于此三拜成亲，自此，居而并瓦，耳畔牙语，相敬如宾。

上厅，爷爷一家人于此用饭。在这桌上，太爷爷享用过太奶奶为夫君精心熬煮的相思红豆粥，也在太爷爷决定奔赴战场，不惜己身，以殉国家之急后，含泪咽下过用以送别的福州鱼丸。此处，"鱼丸"取同字——"虞完"。"虎狼在外，不敢不殚精竭虑；山河未定，也敢轻贱其身。"太奶奶天下安乐之愿，盼百姓无战患冻馁之虞。听，那兵戟喑哑。

门厅楼，这是我太爷爷行三叩九拜之礼，跪别妻儿老母，弃医从戎的地方。在爷爷的描述中，恍惚，还有那跌入石板泥泞中泪水的影子。昔年，一拜天地，也于此跪入尘泥。临行，太爷爷怀中，揣着一根太奶奶的银簪。爷爷说，那根花簪是灵芝祥云样式的，代表着从医之本心。簪尾，还刻着太奶奶乳名——思逸，是太爷爷临行之际特意请工匠打上去的。

但凭相思不灭，廊柱分立。太爷爷转战各地，太奶奶救人行医。

以上三种书写的结构主要是针对高中生历史书写的建议。对于初学历史的初中学生的书写不做过多要求，一般建议按照时间顺序、人物线索把事件叙述清楚，体现一定的情感认知即可。

例如，"兰山杯"历史写作活动中侯婷同学的作品《红心闪闪放光芒——记我的太爷爷》通过"童年""缴匪""平叛""退伍""锻炼身体""五世同堂"六个篇章记述了太爷爷的生活事迹。大篇幅地为我们再现了战争的惨烈和革命先辈们前仆后继、英勇奋战的光辉历史，向我们阐释了今天的生活来之不易的道理。正所谓："前人种树，后人乘凉"。这段故事也激励着我们珍惜当下，为建设强大的祖国而不断努力奋进。摘录部分内容如下：

退　伍

地方社会平定下来了，太爷爷本不想退伍，可他的脚在战斗中受了伤，不能长时间走路，部队上的领导就找他做思想工作，让他转业回家好好养伤，最后太爷爷同意了。太爷爷退伍后，就复员到老家，每天早出晚归，日出而作，日落而息，早上天还没亮他就爬起来去地里放水、除草、松土。种菜是一家人主要的生活收入来源，从挑选种子到把蔬菜卖出去都由太爷爷一个人层层把关。记忆中太爷爷一手拿刀一只手转着土豆，刀划过之处坏的地方都消失不见，只剩下白白的茎和嫩嫩的芽，太爷爷的脸上总是笑眯眯的。

太爷爷时刻关注蔬菜的生长情况，什么时候该浇水，什么时候该施肥，什么时候菜该摘了。庄稼和蔬菜都用的是农家肥，吃起来香甜可口，极端的天气中不管蔬菜被雨砸弯了腰，被冰雹砸掉了果实，还是被狂风吹得左右摇摆，太爷爷总是冒着极端天气冲进菜园，对蔬菜进行保护，给蔬菜搭架，用塑料薄膜盖住。每次太爷爷浑身都是湿漉漉的，但是他毫不在乎，可蔬菜被砸坏了，太爷爷就唉声叹气了，不断后悔为什么当时没多救些蔬菜，长好了可以多卖几元钱，这可是家里唯一的收入。中华人民共和国刚成立没几年，生产力弱，人们还在吃大锅饭，爷爷就和几位村民一起开山造地，不管刮风下雨、骄阳似火，他们都把庄稼照顾得好好的，让村民多收一粒粮食，多吃一口饱饭，而且还有多余的粮食交到公社。

历史写作与一般学术论文的行文结构有相同之处，除正文外，前面可有引言，后面要有注释。但是，与一般的学术论文相比，历史写作在内容上又有不同之处：历史写作要有史事，观点与史事要密切结合。因此，写作过程中务必做到组织有序，逻辑严密。

学生写作中存在的又一普遍问题就是文章线索不鲜明。这种情况下，我们建议采用分段设置小标题的方式解决。比如，"兰山杯"历史写作活动中石楠菲同学的作品《长情的告白》一文中就采取"初遇""相识""相知""相守"四个小标题，将爷爷和奶奶默默相守、静静陪伴一辈子的爱情分阶段写了出来，读来让人动容。

第二节　人　物

人物书写是中学生历史写作最普遍、最重要的选题。而到底选择"谁"作为写作对象，则是中学生历史写作中关注的首要问题。

一、普通人也有历史

在历史人物书写方面，我们国家的成果可谓星光灿烂。可放眼"二十四史"，记载的都是帝王将相的丰功伟业和成败得失。而作为国家主体的普通百姓的生活，却似乎很少被提及。事实上，普通人也有历史，普通人的历史也值得书写。在传统书写方式中，小人物的个体命运被抽象化的数字所代替，被宏大叙事所遮蔽，似乎个体命运只是被抽干了的水草，湮没在了茫茫的历史长河中。真正意义上的历史写作，普通民众不应该成为缺席者。

历史学家唐德刚先生也曾经反思，他写过的抗战时期的英雄都是一批在后方指挥、毫发未损的大将军、大司令，至于浴血于前方的士兵小卒则只字未提。"我们都是抗战过来人，耳闻目睹，想为后世子孙交代一下，又如何交代得起呢？"这样的发问，振聋发聩！

近年来，随着公众史学的兴起，以普通人物的经历为书写对象、记录大历史背景下小人物的生活已经引起了学界的重视。冯骥才先生曾经编著了一本《一百个人的十年》，他采访了近百位"文化大革命"中的受难者，几乎全部是小人物，没有一位是名人。他说，只有人民的经历，才是时代的经历。"他们是最终的灾难和成功的承受者和付出者，但历史历来与他们无缘，历史只漫步在富丽堂皇的大厅。"显然，为小民百姓树碑立传，其意义是巨大的。

因此，在中学生历史写作中，书写对象的定位一定不能是帝王将相，也不一定是叱咤风云的大人物。我们选择的写作对象应该具备如下两个特点：其一要"能写",我们书写对象的定位一定是身边的、熟悉的、真实的人物,放之历史长河就是微不足道的一粒沙尘,但这正是需要我们去书写的历史。在历届"兰山杯"中学生历史写作活动中,很多同学都选择了熟悉的及便于收集素材的长辈作为写作对象,如姥姥、姥爷、爷爷、奶奶等就符合这个特点。其二要"可写",书写对象要具有代表性、典型性和特殊性,一定是有故事的人。只有人物矛盾冲突大,经历曲折,故事丰富,才有写出好作品的可能。否则,就会陷入"巧妇难为无米之炊"的窘境,更谈不上精彩的书写。

例如,"兰山杯"中学生历史写作活动中,杨家宁同学的作品《为了这片热土——记我的姥爷》以姥爷一生的事迹为主线,由"姥爷的童年""姥爷的学生时代""参加工作以后"和"姥爷的退休生活"四部分内容组成,内容真实可信,故事以小见大,实为佳文。魏子牧同学的作品《人生在勤,耕耘永恒——记爷爷平凡而伟大的一生》书写了爷爷一生的不易和坚持,通过点点滴滴反映出一个共产党员高尚的情操、永恒的信念和充满魅力的人生。瞿浚轩同学的作品《平凡孕育伟大,英雄来自人民——记我的中国人民解放军父亲》以细腻、朴实无华的语言叙述了父亲的件件英雄事迹,展现了一位为祖国、为人民奔波劳碌的军人形象,史料丰富,情感真挚。

二、平凡中书写传奇

在选定了书写对象之后,根据收集的素材,如何书写才能塑造丰满的人物形象呢?我们主要是对人物的语言和神态、思想和行为、个性和品格进行书写,核心是"个性和品格"。中学生历史写作一定是朝着"真善美"的方向,去塑造积极向上、乐观自信、甘于奉献和勇于斗争的正面人物形象。只有书写的人物形象正面,反映时代主题,符合核心价值观,弘扬社会正能量,才能使作者在呈现出好作品的同时,达到受教育的目的。而对读者来讲,通过阅读这些好作品,在收获感动的同时也能受到精神的洗礼。

杨家宁同学笔下的姥爷,退休后觉得自己身体尚好,还能为国家做点事,毅然回到了生活过的那片热土,开了一家兽医诊所,为老百姓服务了十几年。对村里的贫困户免费服务,还教他们一些基本的家禽家畜诊疗常识。因为姥爷的凡人善举,为老百姓办实事、办好事,解了老百姓饲养家禽家畜、脱贫致富的后顾之忧。而且,姥爷自工作以来六十年如一日,风雨无阻,任劳任怨,赢得了老百姓的一致好评，被评为道德模范。正是姥爷这样看似平凡的小人物，在平凡中书写了时代的传奇，用他们不平凡的人格和精神铸造了我们伟大的民族魂。

值得注意的是，在历史书写中切勿把人物简单完美化，把主人公描绘成"完美无瑕的好人"或者"无所不能的英雄"。正是因为我们所书写的人物存在缺点和问题，体现出人性的复杂、矛盾和多变，因此，这些人物才是真实丰满的，也只有这样的人物形象才更容易获得读者认同，引起共鸣。

比如，"兰山杯"中学生历史写作活动中颜昕怡的作品《镜头里的年轮——姥姥和她的"甘光"岁月》通过"青春"和"奋斗"两个篇章书写了姥姥的年轻岁月，反映出包括姥姥在内的每一个"甘光人"身上充分体现的"自力更生、艰苦奋斗"的精神在这片土地上不断创造的奇迹，也让我们看到了在物资匮乏时代，人们为了生活而精于算计和斤斤计较的真实人性。

历史写作还要符合历史逻辑，人物的事迹、语言、思想和行为都要服从时代的大环境。不管是人物的经历还是家族的兴衰，都会伴随着国家和民族大历史的发展而变化，打上深刻的时代烙印。同时，人物、家族的历史变化也会折射出时代发展和演变的痕迹。

比如，"兰山杯"中学生历史写作活动中杜康同学的作品《姥爷的生活变奏曲》中的人物描写就很细腻、真实，反映了时代的特点。摘录部分内容如下：

窑洞的正后面是一个大大的土炕，一张到处是破洞的席子上面只有一床破败不堪的被子，姥爷说它像一个洲一个洲拼接而形成的"世界地图"。炕上躺着姥爷的母亲——一位面色苍白、衣衫单薄的女人，浓密的黑发随意耷拉在脸上，眼睛空洞地盯着被烟熏得黢黑的墙壁。一个历经苦难岁月磨砺的三十多岁的女人，刚刚失去自己的丈夫，旁边三个嗷嗷待哺的孩子，那是怎样的一种绝望与无助！因为一直流泪，眼睛肿得几乎睁不开了。她一直不停地咳嗽，喘着粗气，脸色青紫。咳得实在厉害时，就挣扎着坐起来，这样她才能稍微呼吸顺畅一点。姥爷跑到母亲身边，惊恐地用小手使劲拍打着母亲的后背。

通过作者对生活场景、人物形象的描写，使读者真实感受到了姥爷母亲的绝望无助、姥爷的痛苦愤怒，与文章中的人物产生共情，进而更能理解小人物在大环境下的艰难无力。

　　书写普通人的历史，我们责无旁贷！用我们手中的笔把平凡人的历史书写成传奇，更是时代赋予我们的使命和追求！当选择了一个普通人作为主人公来书写的时候，我们要学会去挖掘他们丰富的经历和过往，通过具体的事迹展现他们顽强拼搏、坚韧不拔的精神品质，讴歌他们为了家族兴旺、社会进步、国家富强而作出的贡献，启迪年青一代为实现中华民族伟大复兴而不懈奋斗！

第三节　故　事

　　"历史故事"或者叫"历史事件"，是历史写作中最常见的写作内容。故事通常会从"一个充满欲望的人物或是某个人物在某天遭遇什么变故"开始，他需要努力克服成功道路上的各种障碍，就是一种简明的"主人公—困境—解决困境"的故事模式。当人物遇到错综复杂的情况，而他又不得不面对和解决这些问题时，行动就发生了，故事正是由一连串这样的行动所构成的，故事的场景、情节也会随之变化。

　　我们在书写历史故事时，一般会选择熟悉的身边人的历史。在选择书写身边人的历史故事时要坚持三个原则。

一、具有真实性

　　写我们身边人物的故事可能是琐碎而平淡的，但比起追求文字华美，我们更要注重严谨和真实。写着写着我们会感觉豁然开朗，对书本上的历史有了新的认识。在"燕园杯"中学生历史写作大赛颁奖仪式上，北京四中王志彬老师所言给我很大触动："如果我们不去将我们亲人的历史记录下来，那么他们就会湮没于时代中，成为历史上的一个无差别的统计数字。"太多的时候，千千万万人的泪水、欢笑、爱与恨，在时间里凝固、冷却，在泛黄的史书里褪色。所以，在这一切随风逝去之前，我们把它们记录下来，个体的故事就是群体的故事，就是历史的片段。

　　例如，"兰山杯"中学生历史写作活动中某同学的《守得云开见月明》一文中外公的故事真实、生动，书写真实反映了时代的特征。摘录如下：

　　　　外公出生于1944年，即抗日战争结束的前一年，作为家中长子，他的到来让太爷爷与太奶奶很是高兴，取名国栋，意为国之栋梁。又过了几年，太爷爷太奶奶的二女儿、三女儿陆续出生，在那个风雨飘摇的时代，不要说养活几个儿女，就是自保也不容易，于是还只读初中的外公彻底放下手中的毛笔，在外打工的同时在家务农，太爷爷与太奶奶一生都只是普通的农民，即使每日辛辛苦苦地下地干活，即使外公已弃学赚钱，却仍旧无法支撑一家七口的生活，就在这种入不敷出的情况下，五女儿也就是我的四姑奶奶出生了，太爷爷与太奶奶对这个新生命的到来没有丝毫的高兴，而是感到了深深的担忧。经过一番痛苦的思考，他们最终决定把五女儿送给别人抚养。那一天外公出门干活回来，看到自己刚刚出生没多久的妹妹，被一个陌生人抱在怀里，妹妹的哭泣声和其他妹妹们的惊恐眼神，让外公明白了一切，外公的心都碎了。太爷爷对外公说，如果不送走这个女儿，一家人都会饿死。外公急了，一把抢过哇哇大哭的妹妹，紧紧地抱在怀里，吼了一句："就算是我饿死，也要让我妹妹们吃饱！"太爷爷与太奶奶或许也被外公所感动，抱养的人也叹了口气，离开了。最终四姑奶奶没有被送走，而外公也只能更加辛苦地工作。一茶缸的面汤他一勺一勺喂他的妹妹们，最后自己用水涮了缸子就当作了早饭。听外婆说，他曾为了一块油饼与人打赌，天黑之前从柳树乡跑去城关镇再回到柳树乡，往返近70公里，我不知道外公是如何做到的，我只知道几个姑奶奶都说，那天的油饼是他们一生吃到的最好吃的东西了。

战争年代，给儿子起名"国栋"寄予厚望，但惨淡的现实使一家人的生活没有着落，学龄的儿童不得不辍学，每一个新生命的到来都是对这个家庭的雪上加霜。即使如此，外公宁可自己饿死也绝不允许将自己的妹妹送人，一个在恶劣的大环境下仍然不放弃抗争与努力、有责任有担当的少年形象透过作者的文字被真实地塑造出来，读来让人动容。文章中作者记述外公传奇、励志的一生，历史脉络清晰，语言表达流畅，文字功底扎实，将每一阶段的生活状态描述得很清楚，外公外婆互相帮助、相互扶持的感情让人羡慕，外公对社会的贡献，以及老一辈人奋斗不息、百折不挠的精神值得我们学习，历史会永远铭记这位老人！

二、具有典型性

书写身边人的历史容易将他们曾经经历过的事写成流水账。这就要求我们访谈后将获得的资料，挑选具有典型性的故事来还原历史的同时，更精准地刻画人物形象。

例如，"兰山杯"中学生历史写作活动中某同学的《一只草籽枕头》一文中关于姥姥克服困难上学的故事不仅真实，而且典型。摘录如下：

1962年姥姥上了初中，当时正值国家经济困难时期，学生给学校交原粮充当学费。在崎岖的山路上，经常会看到一对父女，往返于学校和老家之间。姥姥背着一个粗布的书包，书包由各色碎布拼接而成，像背着一面小的万国旗，两根书包绳勒得很紧，使姥姥肩膀红肿疼痛。五十多岁的太姥爷扛着姥姥一个月的粮食走二十多里崎岖路送到学校，当晚即返回。那时睡的大通铺成了存放粮食的好地方，既可以防止麻雀的偷食，又可以避免同学的错拿。到了开饭的时间，炒面成了姥姥饱腹的唯一食材，当时的炒面跟现在大有不同，麦麸做成的炒面干涩，难以下咽。每每轮到吃饭之时，食堂的大师傅会烧一大锅水，同学们就着开水，抻着脖子将炒面咽下去。

作者笔下，姥姥交给学校的学费是"原粮"、各色碎布拼接而成的犹如"万国旗"的书包、在大通铺上存放粮食、麦麸做成的干涩难咽的炒面是唯一的食材……通过这些典型的细节描写，我们自然地理解了20世纪60年代初国家经济困难时期人们生活的不易。

三、具有时代性

书写身边人的历史故事，不代表可以脱离他（她）所在的时代。我们在书写身边人的历史故事时，更多的是希望"以小见大"，通过身边人的历史来反映个人所处的时代特征，因此所选的故事要具有时代性，能够反映出那个时代的某些特征。

而人类所有的故事都是发生在某一具体的时空当中。"地方沿革、历史故事、校址变迁"等主题的文章，往往是围绕某一具体地点，叙说其中历史故事，让读者感受社会变迁中的某地的兴衰起伏。在写作过程中，重点在于挖掘故事所在的场景。写作者的使命并不是描写出所有的复杂细节，而是仔细挑选出那些最能勾起读者回忆、最具有历史意义的细节，来激活读者大脑中已有的感知。

例如，"兰山杯"中学生历史写作活动中徐明钰同学的《致敬乡村教育的守望者——追忆爷爷的教育人生》一文中关于爷爷童年的书写，真实地反映了那个时代的艰难和庄稼人的温暖朴实，让我们真切地感受到了一种精神和力量。摘录如下：

> 1959年，爷爷出生在兰州市永登县中川镇。在那个艰苦的年代，饥饿与病痛夺去了曾祖父的生命，原本贫困的家境愈加惨淡，曾祖母迫于生计改嫁，年幼的爷爷不得已做了生产大队队长的继子。在当时的农村，李家的鸡、王家的猪毁了张家的地，都不可避免地要发生一场"战争"。然而在对方有难时，一切过去的抱怨都可以放下，这就是庄稼人的温暖、淳朴，爷爷的继父亦是如此。他在兼顾艰难的家庭生活之外，坚持供我的爷爷上学读书。祖父知道读书的机会来之不易，学习很刻苦，常常废寝忘食，挑灯夜读，每次考试都是班级第一名。爷爷非常喜欢读书，闲暇时他就去机场附近捡拾那些废弃的煤渣子和报纸，用换来的钱买书。爷爷的数学非常好，当时生产队的一些账目都由爷爷来记录、核算，人称"小算盘"。

在选好了故事之后，我们要能写出来，并且要写得好，需要尊重和真实还原故事的前因后果、来龙去脉，一般包括故事的起因、过程、结果和影响等。

例如，"兰山杯"中学生历史写作活动中许劭卓同学的《爷爷的往事》一文。摘录如下：

> 人生的各种苦难，爷爷几乎都经历过了。20世纪三四十年代的河南省，正处于一个多灾多难的时期，尤其是1938年的水灾和1942年的旱灾，更是成为爷爷终生无法忘却的一段日子，不满十岁的爷爷与家人因灾荒而流落他乡。

> 爷爷说他永远不会忘记十岁左右的时候，为了一口饭吃，跟随他的父母与姊妹四处乞讨的生活。一辆破旧的独轮车就是全家人所有的家当。为了拉车，爷爷将一根纤绳搭在自己瘦小的肩膀上，久而久之，小小的肩头早已被伤疤所覆盖。爷爷说他要与父母共同承担生活的重担，为此他总是主动挨家挨户去乞讨，向每一个可能施舍的人百般乞求，哪怕再冷漠的人看到他的样子时，都会心生怜悯给他一点食物。

> 就这样，爷爷拉着纤绳，一路从河南走到了江苏，又走回了河南，只有肩头的伤疤无声地叙说着当年的苦难，这样的日子持续了两年。后来每当爷爷回忆起这段日子时，他都会不禁流下眼泪，并说他的母亲哭泣的模样总会出现在他的眼前。

> 为了生活，他独自闯荡来到了陕西省眉县，去投靠已经出嫁的姐姐。但姐

姐家也没有多余的粮食给我的爷爷，爷爷只好做起了捆扎扫帚的小营生，为了能够吃饱饭，他一天要捆扎200到300把扫帚。从剪切、捆扎、梳理到成品，所有工作都由爷爷一个人完成。这些是决定扫帚质量的关键，也是决定能否挣到一碗饭钱的关键。

文中对爷爷坎坷经历的书写，故事完整、逻辑严谨，值得学习。作者笔下的爷爷"在战乱年代依然不甘心命运的安排，通过不懈奋斗赢得自己想要的生活"，这样的人物形象高大丰满。

写完了故事之后，我们通常会对故事进行分析和评价。比如，评说故事对作者人生走向的意义，对当时社会产生的影响，甚至对后世发展的影响。

还是徐明钰同学的《致敬乡村教育的守望者——追忆爷爷的教育人生》一文这样写道：

幼儿园时，老师询问我们将来想做的职业，其他小朋友都兴高采烈地说宇航员，科学家，而我则模仿着爷爷的口吻，一板一眼地说："我想做一名光荣的人民教师！"十多年过去了，我的答案仍旧没有改变。十年后，我要像爷爷那样，选择"忠诚党的教育事业"，到困难乡村去支教，带他们去博物馆，给他们上历史的第一课，带他们在封闭的大山里纵横五千年历史，我会把祖父教给我的都毫无保留地教给我的学生们，帮助他们走向更广阔的世界……

每当有人问我今后想要做什么，我都会想起祖父的那句"忠诚党的教育事业"，那是他的信仰，也是我的信仰，所以每次我都会毫不犹豫地说："我要当一名历史老师。"每当对方回我："老师好啊，铁饭碗，工作稳定。"我都会告诉他，选择这份工作不是为了生存，而是因为传承，因为热爱，因为信仰。

爷爷生命里有着多少的无奈和惋惜，又有着怎样的愁苦和感伤？雨浸风蚀的落寞与苦楚一定是水，它静静地流过青春奋斗的日子和触摸理想的岁月。生活的车轮在铿锵地前行，时间却在无声地流逝。回望那个年代，爷爷总是感慨万千，他为自己生活过的土地和无悔的青春岁月而感到自豪。"一代人有一代人的长征，一代人有一代人的担当"，成长在新时代下的我，在向祖父一辈的时代先驱致敬的同时，也要在传承与坚守中，以行动书写青春篇章，以无私无畏的精神放射出新时代中国年青一代的荣光。

小作者不仅满含深情地书写了爷爷忠诚热爱并将一生最美好的年华奉献给

党的乡村教育事业的感人事迹，我们从作者将来从教的理想和坚定的信念中更是看到了一种信仰和精神的传承，使同为教育人的我们无比钦佩，也深感我们自己从事的教育事业的光荣和神圣。

再如，"兰山杯"中学生历史写作活动中颜瑄同学的作品《爷爷讲起的那些事——探寻个人价值在家族精神传承中的实现》（第三届"燕园杯"中学生历史写作大赛全国特等奖）中写道：

每当爷爷在午后的阳光下翻看着那一摞厚厚的家谱，神采飞扬地给我讲述着颜氏家族千百年历史传承中熠熠生辉的伟大人物和事迹，都能让我感受到一种由内而外的骄傲与自豪。家谱中那些端正整齐的四方汉字里，那页页书卷的淡淡墨香中，沉淀着我颜氏家族的血脉精神，传承着代代颜氏子孙为祖国鞠躬尽瘁的故事，爷爷告诉我，那是一个家族和祖国的故事。

爷爷也总会不自觉地想起自己漫长人生路上的点滴，每每听爷爷回忆他的峥嵘岁月，娓娓道来那些让他始终记忆犹新的瞬间，总是不免牵连出爷爷无数的思绪，唤醒爷爷记忆深处关于那个时代的波澜。那是个人在时代中闪闪发光的故事。

文中作者在聆听爷爷讲述的颜氏家谱中的伟大人物和事迹时油然而生的骄傲和自豪是发自内心的。而这种真情实感是基于对颜氏子孙无数个为国奋斗的故事厚度的真情流露。我想这种家族精神的感受和传承对小作者的一生都会产生巨大的影响。

特别要说明的是，对于"故事"类的历史写作，我们一定要把更多的注意力放在内容上，而不是文笔上。许多人认为文章是靠改出来的，殊不知润色只是抹上结构之墙的那斑斑灰泥。所以，在初稿阶段，大家应该突出故事的内容——把合适的材料放在合适的地方，而不要试图初稿就要将每个句子都写得完美无缺。

第四节　语　言

　　语言是交流的基础，特定的文体所运用的语言具有倾向性的特征，历史性事件表现为"真实的"或"经历过"的故事，因此，历史写作的语言以叙述为主，保证历史再现的清晰性、客观性和真实性，并在叙述的基础上穿插生动的描述、准确的说明与客观的分析。历史写作的语言表达中还要注意人称的转换。

一、叙事的连贯性

　　英国的基思·詹金斯在《论"历史是什么？"——从卡尔和艾尔顿到罗蒂和怀特》一书中强调："历史是一种叙事的论述，其内容是想象、杜撰的与发现到的成分参半。"历史叙事作为讲述真实事件的说话方式而主导着历史写作的模式，因为历史本身就是过去的事情，历史写作的本质应该呈现真实而具体的人和事，而这些人和事大多又是在过去的时空体系中，只有通过语言的叙述才能够被我们理解。也就是说，一切历史事实都要依赖于它如何被叙述才能呈现出来，让那些过去的人和事在我们的笔下复活。历史写作就要在历史事实和历史资料的基础上，按一定的结构把特定的历史素材叙述为特定的故事。

　　历史叙事与其他写作方式的主要区别是历史叙事是预先赋予人和事以故事的形式，通过讲述这些人和事的故事，意在映射真正的历史事件，解释事件为何这样发生，揭示事件真正的历史意义。历史故事的解释效果来自它所赋予事件的连贯性，叙事的连贯性就是以故事的形式所赋予事件的连贯性过程。人物、故事、时间、空间是历史叙述的基础，如果叙述的是彼此独立的或者在时间、空间上断裂的历史事件，读者就很难理解在过去真实存在过的事实，只有在时间和空间的连续中有条理地、流畅地完成故事的连接，才能从纵向和横向展现历史进程的面貌，对历史事件的编排方式就是历史叙事的方式。例如，"兰山杯"中学生历史写作活动中张晓同学在《祖父一生的故事——听奶奶讲过去的事情》一文中连贯地叙述了爷爷的家庭（民国三十三年）——一波三折求学路（20世纪五六十年代）——短暂的军旅生涯（1960年）——苦涩生活中的一颗糖（爷爷22岁时）——动乱社会中的苦难岁月（"文化大革命"期间）——改革春风吹满地（十一届三中全会以后）几个时段的重要事件，呈现给读者的是爷爷代表的普通民众的生活与历史大背景的关系，他们的故事见证着祖国的沧桑与辉煌。

历史叙事的连贯性并不是将主题相关的事件逐一叙述，而是有选择、有重点地去叙述。"一个叙述应该有它的高潮部分，该部分包含了作者想要读者从故事中得到的信息。在故事的高潮部分，所有的东西都融合到一起，文章前面的问题得到解决或解释。"[①]其余内容可以简要地带过，以保证事件的完整性。例如，"兰山杯"中学生历史写作活动中蒋天昊同学在《论大成殿蕴含的人文精神——以兰州府文庙为例》一文中写道：

兰州府文庙原在府治东南，1345年由知州姚谅作为州学兴建，迄今已有近700年历史。1369年改为县学，1375年由知县黄镇重修，1448年复为州学，后分别于1559年和1601年由时任兵部副使彭灿、荆州俊屡修。府文庙最后一次大修是在1909年，这次大修基本奠定了府文庙的格局，此后文庙的建筑规制与布局再未有太大改变。直到抗日战争和"文化大革命"期间，府文庙遭受了多次破坏，诸多建筑损毁，府文庙的格局被极大地改变了。最终，在1984年，由兰州市文物管理处负责，重新修缮了饱经风霜的府文庙，即为现在的大成殿。

寥寥数语，将兰州府文庙前世今生叙述得清清楚楚，为后面叙述大成殿的时代价值与人文精粹做好了铺垫。

---

① ［美］理查德·马里厄斯，梅尔文·E.佩吉.历史写作简明指南［M］.党程程，译.成都：四川人民出版社，2018.

二、描述的文学性

文史合一，以文证史是中国史学的传统，司马迁的《史记》被鲁迅誉为"史家之绝唱，无韵之离骚"，有着很高的文学性。在《史记·项羽本纪》中，司马迁叙述了楚汉相争荥阳之战中"项王大怒，……乃项王瞋目叱之，楼烦目不敢视，手不敢发，遂走还入壁，不敢复出"。垓下之围时"赤泉侯为骑将，追项王，项王瞋目而叱之，赤泉侯人马俱惊，辟易数里"。司马迁两处都用文学化的语言来描述，尤其是对项羽人物的特写"瞋目而叱之"，让我们看到了勇猛的项羽在穷途末路的时候仍不改英雄本色，瞪大眼睛向楼烦和赤泉侯大吼一声，对方受震慑逃走的画面栩栩如生，真是将枯燥的史实转化为生动而具有意义的叙事，做到了化腐朽为神奇。

美国历史学家海登·怀特在写《元史学》的时候说，历史写作的表达也像文学一样有各种手法，像隐喻、转喻、提喻、讽喻等，以文学化、通俗化的语言叙述历史。历史写作的文学性表现在哪些方面呢？一是叙事的有趣性，以通俗化的语言使历史事件跃然纸上；二是人物的鲜活性，具体生动地描述人物的一言一行，举手投足，适当描写所写人物的心理活动；三是故事的引人入胜。但是历史写作的文学性与通常的文学写作还是不同，在历史写作过程中我们要到图书馆、档案馆查资料，要采访，还要研究历史文献，查地方志，查当时的报刊，去寻找历史的证据，如果那个事情并没有发生过，那就一定不能把它写进去。我们所引用的、所讲述的是历史本身，一定不是自己头脑中臆造出来的，都是有根据的。即便是写人物，也从特定角度塑造人物，人物后面一定有历史环境和历史背景。

例如，"兰山杯"中学生历史写作活动中高先玲同学在《高队长的青春岁月》（第五届"燕园杯"中学生历史写作大赛省级二等奖）一文中描写的爷爷：

1969年，爷爷成了生产大队的会计。听爷爷说，这个职位可重要了，好多人想干还不能干呢。会计平时自己做好本职工作，每年年底的时候，生产大队的干部们围坐在炕桌边，拿着算盘开始算每个人该分多少粮食，今年大队总产量多少……几个人坐在一起，总结大队粮食生产的经验和教训，规划第二年生产目标，为大队的民众服务。一个年轻的小伙子能够承担大队会计的职务，是因为爷爷有过人之处——打算盘。爷爷的算盘打得又快又准，你都看不清楚他的打法，只听到一阵噼里啪啦的声音，结果已经出来了。除了常规打法，爷爷还会在算盘上打出"狮子滚绣球""二四飞归""斤秤歌"等比较难的算法，这在当时，别说是爷爷这个二十出头的小伙子，就是上了年纪的老会计会打的都是少之又少。那时村里人都说曾祖父生了个好儿子，当时就不该让爷爷放弃学业，就连爷爷的干爹对爷爷也比自己的儿子还宠爱有加，也不知当时有多少姑娘为这个聪明能干的小伙子红了脸。

一个利落能干的大队会计跃然纸上，读者宛如在聆听一个动人的故事，引发读者联想和想象。

三、说明的严谨性

与描述事件细节不同，说明旨在解释与分析。在历史写作中，当你开始解释事件的原因与影响，解释故事的意义时，你就在使用说明的写作模式。说明性写作常常用数据来解释与分析事件，如"兰山杯"中学生历史写作活动中李海容同学在《坚守初心，共抗疫情，争做先锋》一文中写道：

疫情面前践初心，冲锋在前担使命。作为县委直属机关工委的负责人，妈妈在危难时刻义无反顾、坚守初心、率先垂范的行动，潜移默化地感动和激励着县委直属机关以及城关镇各个社区的青年党员干部们，越来越多的青年党员干部陆续参加到志愿服务活动中，志愿者服务队由原来4支分队30余名党员干部扩大到5支分队200余名党员干部。2月10日，县委直属机关又联合县委组织部积极抽调212名机关党员干部下沉社区疫情防控值守点开展疫情防控工作……整整三个月，她在社区40个值守点开展了督导检查，没有休息过一天，其间督促县直机关64个党支部结合新冠肺炎联防联控开展了主题党日活动，积极组织机关党员1086人参与抗击疫情捐款183462元。为了广大居民的健康、安全，她一刻也不敢松懈，始终坚守在岗位、奋战在一线，为永登县直机关党员干部做出了积极的表率。

文中的数据说明了永登县委直属机关工委的党员干部群体，在疫情防控阻击战打响之后，积极响应党组织政府号召，投身战"疫"一线，"舍小家、顾大家"的奉献精神。

历史写作的正文之后也有解释，就是脚注或文章后面的注释，准确地解释特别的词句，简要地注明材料来源，注明引用的原文或是转述大意的参考书目及网站。这类解释为叙述的故事以及论断提供支撑，一定要言之有据，不能想当然。学生在历史写作中写自己爷爷的故事，文中叙述爷爷是个"阴阳"，可能是考虑到读者对"阴阳"不了解，在文章后面加了注释"阴阳：家乡方言，指地理学家"。这个解释是没有根据的，是荒谬的，兰州方言里的"阴阳"指的就是风水先生，仅仅是具备了一些风水知识的人。而地理学家在"百度百科"解释为："受地理学训练，并以研究地球表面的地理环境中的各种自然和人文的现象，以及它们之间互相存在的关系（即地理学）为目的的科学家。"两者并不能混为一谈。

四、分析的客观性

美国史学家盖伊认为："没有分析的历史叙事是琐碎的，而没有叙事的历史分析则是欠缺的。"叙述与分析是史学的双翼，唯有兼收并蓄，有活力、有生命的历史教学或可有望，家国情怀等核心素养或可落地生根、发芽开花。历史叙述时要恰如其分做出分析，使叙述与分析相结合。历史毕竟是浩渺烟波里的一堆故纸，由于个体的差异，每一个人都会做出风格迥异的评说。当一件史实有了确信的考证过后，对它重复的记录就会显得无意义，而带着个人情感对它进行评说就是赋予它意义的最好方式。例如，"兰山杯"中学生历史写作活动中郁振国同学在《探寻我的家族历史》一文中写道：

我在翻阅叙记时与伯祖父攀谈，听到这样一则不同信息：伯祖父说当年迁徙时，从南京迁来，先是到了张掖，但由于张掖地区荒无人烟，气候恶劣，于是便迁到了兰州。我经过查询发现这一现状与史料吻合。在《七修类稿》（卷十国事类）中记载："太祖二十四子，生母五人：长懿文太子标……第十三肃王楧，封甘肃。"而在《明史》（卷四十二志第十八）中有了更详细的记载："洪武二十五年三月建肃王府。建文元年迁于兰县……肃王府自甘州卫迁此。南有皋兰山。北滨大河，所谓金城河也，湟水自西，洮水、阿干河俱自南，先后流入焉。又西南有漓水，合于洮水。"记载中甘州就是张掖，兰县也就是兰州。由此得出两种结论：一种结论是当肃王朱楧来到甘肃后，先祖们随其到了张掖，七年之间或者七年后，也就是1399年到了红城居住。虽然这种说法与叙记冲突，但叙记为后人所整理，且其所引用的文献也没有具体时间，故这种说法具备一定的可能性。另一种结论是当1392年来到甘州后，先祖们直接在红城落了脚，这一结论与叙记吻合，但与祖父所描述的事件相冲突，但异中之同可以得出结论：家族由南京迁来，在红城定居。

作者将查阅到的文献资料与家人口述史对比，用二重证据法客观地分析了家族的来源地、家族定居地，有史有论，史由证来。

五、人称的两重性

历史学家有两重职能，一个是讲故事，另一个是研究过去的事。前者是应用史料，后者是分析史料，这两件事是互补的，是缺一不可的。历史作为history，并非"我"的故事，而是"他"的故事，历史写作就是"我"（作者）写出来的"他"的故事，不是自我陈述，自我陈述就变成了自传。例如，学生在《用一支笔画一个未来——记姥爷坚持一生的信念》一文中写道：

1944年7月21日，我出生了，爷爷给我取名"天泰"，他希望我像泰山一样顶天立地，撑起这个家。我的母亲裹着小脚，自我有印象起，她就一直在为裁缝铺干活，无论是缝补衣裳，还是做布鞋，她都很熟练，缝补一件棉衣一毛钱，做一双布鞋可以赚到一块钱，我天天为母亲记账，然后把衣服送到裁缝铺，月末了再算工钱……

这篇作品显然是有问题的，作者是名中学生，怎么可能出生于中华人民共和国成立前？小作者用错了人称，他是以姥爷的视角叙述的故事。

历史写作讲故事的时候要站在外部第一人称的视角（或者是上帝的视角）叙述，是"我"（作者）以旁观者的身份讲述"他"的完整的故事，往事历历，清晰可见。只有在"我"（作者）分析史料的时候，"我"（作者）的第一人称才会明确地出现。例如，"兰山杯"中学生历史写作活动中张洪武同学在《致敬"最可爱的人"——忆三太爷爷的峥嵘岁月》一文中写道：

当时部队里给养困难，又值冬天，三太爷爷说那会儿一天的伙食就是"大雪拌炒面"，炒面经常冻得结成块状，吃起来就跟吃豆子一样咯嘣咯嘣直响。尽管如此，战士们以苦为乐，从不埋怨。三太爷爷说当时他们最能鼓舞战士们的就是"冰雕连"精神，这个连的129名战士没有一个生火取暖，没有一个擅离战位，全部保持战斗姿态，全员冻死在战场上，成了让敌人恐惧的英雄的"冰雕连"。

　　虽然当今世界的主题是和平与发展，战火已经远去，但是"冰雕连"的坚定信念力、如磐的意志力、绝对的执行力仍然是我们当代青年应该铭记和传承弘扬的不朽精神。

　　作者从外部第一人称写了三太爷爷跟战士们的艰苦岁月，最后一句是以第一人称分析当今和平时代，志愿军战士的信念力、意志力、执行力是我们当代青年传承弘扬的精神。

　　历史写作还可以用外部第一人称（上帝的视角）讲故事，用第一人称（个人视角）做注释，如说明故事中的特殊的时间、地点、事件等。

第五节　细　节

历史的魅力在于细节。叶小兵教授指出："细节往往是具体的、形象的，可以使已经逝去了的历史重现出有血有肉、有声有色的原状，使学生感受到历史的真实。细节往往又是典型的、有特色的，可以以小见大，于细微处见精神，使学生更真切地了解和认识所学的史事。细节还往往具有启发性，通过细节可以引发学生的联想、想象等思维活动，加深对所学知识的认识。"

在《历史的细节：马镫、轮子和机器如何重构中国与世界》这本书中，"草根才子"杜君立在"大历史"视野下，打破传统历史宏大叙事的经典模式，以渊博的学识、丰富的文化底蕴、优美节制的文字、理性深邃的洞见和举一反三、触类旁通的逻辑思维能力，并通过别具匠心的"细节"强调、取舍、浓缩，将浩如烟海的世界历史提纲挈领浓缩为一本集思想性、知识性、趣味性于一身，融政治史、经济史、社会史、军事史、科学史、文化史为一炉。在这部闪烁着思想光芒与历史细节的大作品中，作者集百家之长，见微知著，睹始知终，气势恢宏，揭示了真实历史中一些普遍性的人类文明发展模式，凸显了"细节"的重要性。

细节是具体生动的，可以让学生感受历史的血肉真实；细节又往往是扣人心弦的，通过细节可以启发学生对历史更多的思维。一个好的历史写作作品一定离不开典型的事例和充足的细节。

一、挖掘历史真实情境的精彩细节，增强历史作品的趣味性

人们常说："大处着眼，小处着手。"历史有丰富多彩的事件、人物，有波澜壮阔的发展历程，所以历史应该是形象生动的。但囿于中学历史教材篇幅，今天我们所学的历史经过精心提炼，历史人物的出现往往是"闪现式"

的，形象干瘪；历史情节如"剃光了肉的排骨"，啃不出什么味来，根本没有什么曲折生动、耐人寻味可言。历史是具体的，是动态的；对历史的叙述也应该是具体而生动的。在书写历史事件的过程或历史人物的活动时，要写得真实鲜活，不仅要线索清晰、层次完整，而且要有充足的细节做支撑。

比如，"兰山杯"中学生历史写作活动中薛婧同学的作品《父亲的成长之旅》中的内容摘录：

1992年，刚满17岁的父亲初中刚毕业就被迫外出打工，村里有个民工头说延安有活干，父亲便带领同村的六个小伙子踏上延安打工的道路。原本答应可以包半年的活却只干了一个月便没了消息。无奈之下父亲只好和伙伴们再次踏上了打工的路途，而这次路途显得无比艰辛。

几乎身无分文的他们踏上了从延安到宁夏青铜峡的漫长之旅。因为身上钱财少得可怜，他们只好一边走一边"打车"，无论是农村的三马子还是路过的班车，只要向人们说出自己的遭遇，大多数情况下，这些人都会同意载他们一程。哪怕只有短短的一截路程，也足以缓解他们的疲劳。途中没有任何食物，他们只能去乞讨，当时的人们也非常和善，总会施舍给他们几个馒头、几口水。几个少年就凭着这些过活。骨瘦如柴的父亲脸上永远带着乐观的微笑，照顾同行的六个人走下去。晚上没有地方可睡，几个人便找个小角落聚在一起相互取暖，熬过一个又一个漫长的黑夜，有时运气不好搭不上车就可能走一整天的路。

幸运的是，在途中遇到了一辆开往宁夏的车，父亲将他们所剩无几的钱全部交给了司机。然后与司机商量，让原本直接开往宁夏的车绕点路把他们先送到青铜峡，再开往宁夏。车上的几名乘客不愿绕路与父亲起了争执，但终于被父亲一行人的诚意打动，作了让步，最后一行人顺利到达了青铜峡。

关于父亲外出打工的这一段内容通过细节描写，叙述了一代人的成长故事，展现了国家的变化与发展，激励着后辈不懈努力。

二、恰到好处地使用精彩细节，增强历史作品的可读性

在宏观的历史叙述中，细节经常被无意或有意地忽略。如此这般的直接结果是，历史被叙述为运动方向明确的、具有某种必然性的潮流。从长时段来观察历史，人们可以看到历史的某种规定性，但是历史的发展却时时伴随着多

样性和偶然性。也就是说，历史的必然性似只存在于长时段之中，历史的偶然性似由细节所致。我们的历史写作就是要把身边的历史和故事用文字的形式写出来，展现给读者，但历史的亲历者往往只能提供自己印象比较深刻的主要事件和一些大致的经历，而很多的细节，包括当时的环境、语言、心理活动等，自然会缺失或者不完整，这就需要记录者在整理材料和作品书写时，找准切入点，要以小见大，把人物、事件、言行和心理融入所处的时代当中，以小问题、小现象展现大历史。历史故事要有细节性描述，而不应该只是故事梗概，要有血有肉、有真情实感的历史故事才会吸引人，才能抓住读者的心，才能使人物经历和情节既具有完整性，又具有可读性。

比如，"兰山杯"中学生历史写作活动中郁振国同学的《探寻我的家族历史》一文中关于"分家"的书写就充满细节，真实可信。摘录如下：

在与祖父和祖母的闲聊中，我得知他们那一辈经历了最后一次旧社会的分家，我暂且将其称为"老式分家"。所谓老式分家，就是指旧社会人们的分家形式，改革开放之后的分家也便可以说是"新式分家"。我祖父亲兄弟有两人，1979年这一年我祖父27岁，迎来了他的第三子也就是我父亲的出生。这样一来家里人口增多，"分家"便提上了议程。当时家里男丁只有祖父与伯祖父二人，因此分家便在这兄弟两人之间展开。分家时，伯祖父带走了分家所得的老三篇：碗三对、羊毛毡两条以及棉被两条。我大为惊讶，问祖父没有"财产"吗？祖父说这些就是全部"财产"了。除此之外，伯祖父还拆走了东厢房以及正房和东厢房所隔的耳房共计五间。这个"五间"是按柱子间隔为一间的，共占地五间。之所以没有拆正房是因为当时我高祖母还在世，而赡养老人的责任由我祖父祖母负责，因此正房便给我祖父留了下来。当时我伯祖父拆掉这些房子后，便在外面建了一所"新"房子，其实伯祖父拆房子主要是为了建新房子时所需要的木料，而在当时村落附近的树木早已被砍伐殆尽。不只是我伯祖父，村上的人分家建新房时都要拆去老房子，以此来盖新房，只有少部分有经济实力的人才会买木材盖新房。

分家还要拆房，这些在今天看来是天方夜谭的事情，却在当时的生活中真实发生着。我祖父在谈及这些事情的时候字里行间透露出的是一丝心酸和无奈，这种种现象背后离不开一个根源性的词语——"贫穷"。

"分家"对于现在的孩子来讲是个完全陌生的概念。小作者通过访谈获取资料后整理成文，用非常详细的细节描写让我们了解了在那个特殊年代存在的"分家"这样一种历史现象的全貌，丰富了我们的历史知识、拓宽了我们的视野，同时给我们一种启发：书写历史时细节往往比惊天动地的大事更有感染力和说服力。

三、巧用历史场景、人物等细节，增强历史作品的教育性

历史是一个有科学的史实、人文的底蕴且充满智慧与感情的学科。历史写作中的细节往往是与学生的学习生活、成长和心理紧密相连的，是学生感兴趣和关心的，是能够让枯燥的历史生动起来的，是能够充分调动学生学习积极性和创造性的。所以，运用这些来鼓励和引导学生，帮助他们追求真实，汲取历史智慧，吸取和借鉴人类优秀文明成果，陶冶情操，增强历史意识和使命感应该是会有"事半功倍"效果的。细节描写不仅可以使历史人物不再干瘪，而且可以让历史人物穿越时空的隧道，鲜活地站在我们面前；让学生与历史人物同悲喜，由此融入历史，既能感受到历史的魅力，又能更好地体会和感悟历史，由此为学生创设和提供一些认识和理解历史的环境和空间。

比如，"兰山杯"中学生历史写作活动中某同学的《勋章》一文中关于战争的细节描写。摘录如下：

到了十四岁那年，国家征兵，因为爷爷家兄弟多，必须有一个去当兵，就这样爷爷参加了中国人民解放军，成了一名军人。刚开始是学习骑马，用腿蹬住马镫，拿好缰绳，在这些准备动作完成了之后不能直接骑着马跑，先要骑在马上慢慢走，等练一段时间后，再开始练习骑马跑。当骑着马往高处攀登时，双手要紧紧地抓住马鬃，不然会被马摔到一边去。爷爷说，每个人的马都有编号，每次集训10分钟，必须在这段时间里完成穿衣、打背包、骑上自己的马出发，如果没有完成部队到哪里去了都找不到。当时爷爷是当兵的人里面比较小的，所以没有直接上战场，而是成了一名战地卫生员……随着时间的推移，爷爷渐渐习惯了这种生活，在部队那个大熔炉里成长为一名真正的战地卫生员。爷爷说："战争特别激烈，也有很多战友牺牲。"听到这，我心里很难过。接着爷爷又说了："我们吃的东西全部都是罐头、压缩饼干，有时候志愿军的东西都吃完了，没东西吃，就饿着肚子打仗，实在受不了了，就在路边挖野菜吃。当时啥都没想，只想完成祖国交给的任务。"爷爷的语气中充满了自豪。

是啊，如果没有志愿军的坚持，没有强大的毅力，美国是不可能那么早就退兵的，朝鲜和中国会有更严重的伤亡。而且当时我们的武器还是解放战争时期用的小米加步枪，没有先进的武器，靠的是中华民族强大的凝聚力和顽强拼搏的精神。在战争中，武器虽然是重要的，但不是最重要的，最重要的是精神，有了强大的精神动力，才能让胜利的概率翻倍。现在的我生活在一个和平的国家，我感到非常骄傲，我为自己是中国人而自豪。

作者形象生动地记述了一位抗美援朝老兵充满回忆的军旅生活和战斗时刻，情景交融，又一次再现了当时的战争场面，体现了老兵对过去生活的回忆，文章中体现的关于老兵艰苦奋斗的精神更是值得当下年轻人学习。

四、引入现实社会生活的精彩细节，增强历史作品的启发性

将现实社会生活的一些细节引入历史写作，不仅可以让历史学的故事充满现实的魅力，还可以引导学生关注社会生活，了解社会生活，体验社会生活，让学生不仅理解历史中的情和理，还可以用历史这面镜子认识社会，由此多一份对社会的人文关怀，增强其社会责任感，进而树立符合社会发展的正确的人生观和价值观。

让我们的学生一个个都成为"身在校园，心系天下""家事、国事、事事关心"的社会公民。细节往往具有启发性，通过细节可以引发学生联想、想象等思维活动，加深学生对所学知识的理解。

比如，"兰山杯"中学生历史写作活动中李思瑶同学的《理想三旬》中的细节描写：

男人在飞行的21年之中，曾荣获一次二等功、两次三等功。细想来，也算是实现了幼时的承诺，没有辜负韶华，在前进的路上没有回头。

脱下军帽，像幼时摘下红领巾一般，郑重地将其放好，军人的生活也就此结束。收好行李，与战友一一道别，眼前的有自己的青春，有自己的梦想，还有自己的前半生。

男人走出了一段距离，好像不舍，又回头看了看。

他坐上火车，望着窗外风景，思绪飘到很远，想起第一次看见飞机、第一次驾驶飞机的情景，仿佛就是昨日。看了看自己满是老茧的双手，闭起眼又回忆起了这些年，他感到自己变得蔚蓝，变得无边无际，眼睛里和指尖上流淌着

无数希望。

这是1986年的秋天，正是农村收获的季节。每一个村民见着了他都喊"英雄"，父母远远地朝他挥了挥手。男人走了一会之后开始奔跑，将行李扔在地上拥住了父母。

人生短暂，我们终将会失去所有，不妨去尝试追一个梦，攀一座山，穿一条海……那个曾经稚气的追梦男孩，不负春光，不负卿。

太阳照常升起，也许我们会消失，但我们所热爱的一切事物将永远持续，为了这个心里有光的国家，为了这个正在兴起的民族。

作者通过讲述爷爷的故事，将一位老革命为国、为家呕心沥血的一生展现到读者面前，使读者潜移默化地受到爱国主义教育，让爱国爱军的种子在心中生根发芽，以军人为榜样，刻苦学习，加强体育锻炼，强健体魄，做一个对国家和社会有用的人，教育意义深远。

但是，很多学生在补充材料和刻画历史细节的时候，往往过于注重语言文字的优美，用大量的笔墨去描写当时的环境和主人公的内心感受，这样的书写便会冲淡原本真实的历史情境和人物经历，不能很好地表现对"历史"的记录，写作的内容也就失去了本真。所以，发生在亲历者身上和身边的人和事，才是历史写作的主体，才是最能打动读者的。我们需要文字的修饰和补充，但不能过于华丽，既要完整地展现"亲身经历"，又要让身边的历史变得鲜活而生动。

五、历史写作作品修改过程中要格外关注细节的完善

写文章就是一个去粗取精的过程，因此在完成了一段写作后，需要对文章进行修改和润饰，只有经过反复多次修改，才能够使写作内容更加客观、真实、可靠，文笔也更加流畅。而在这反复修改的过程中，细节的完善则是非常必要的环节。

比如，某学生作品中的细节书写：

解放战争时期，太姥爷仍是共产党的情报员。在一次传递情报的途中，遇到了暴雪天气，而在厚厚的雪地里行走是不可以穿鞋的，为此他只好光着脚走路。

若没有沉下心来做学问的心境，大约是不可能捕捉到"厚厚的积雪上穿鞋走路会有'嘎吱嘎吱'的声音，怕被敌人发现"这样的细节吧。小作者这种严

谨求实的精神值得我们学习和发扬光大。

需要特别说明的是，历史细节的考据虽说是有价值的，也是令人兴奋的，但长久在此花费时间和精力，却又是相当疲惫的。这也是我们在进行历史书写时需要处理好的关系。

第六节 价 值

《大秦帝国》的作者孙皓晖指出："并不是写了历史故事就是历史写作，重要的是你要清楚历史的精神是什么。"中学生历史写作是中学历史课堂的延伸，承载着求真、求善、求美的价值追求，承担着培根铸魂的育人使命，将历史写作的价值聚焦为一点，那就是历史精神。对于中学生来讲，历史精神指历史责任感和历史使命感，具体表现为民族意识、家国情怀、社会担当、公民意识、科学精神、文化自信、理性思维等，历史写作中需要凸显这些历史精神。

一、挖掘历史精神

在历史写作中，学生要对叙述的人物和事件秉持人文关怀，将人物的命运和事件的发展与历史大背景联系起来，触摸所写时代的历史精神。学生的采访书写对象如果是一位参加过二万五千里长征的老红军，写作中就要通过典型的事件来挖掘红军战士乐于吃苦、不惧艰难的乐观主义精神，勇于战斗、无坚不摧的英雄主义精神，实事求是、独立自主的创新精神，乐于团结、顾全大局的集体主义精神。如果是一位疫情防控一线的医生、护士、社区值班人员，写作中就要挖掘抗疫医护人员与志愿者们万众一心、同舟共济的守望相助精神，闻令而动、雷厉风行的英勇战斗精神，顾全大局、壮士断腕的"一盘棋"精神，舍生忘死、逆行而上的英雄主义精神，充满信心、敢于胜利的积极乐观精神。挖掘历史精神的目的是唤醒学生的思想和情感，启迪学生思维与认知。例如，"兰山杯"中学生历史写作活动中李海容同学在《坚守初心，共抗疫情，争做先锋》一文中写道：

李双燕同志按照在村党员分布实际，划分党员责任区，设立党员先锋岗，组建党员先锋队，充分利用便民利民、帮民富民、安民乐民三支先锋队伍，在进社区路口设立疫情防控卡口点，安排两人轮流值班。她每天步行5千米，到各个卡点巡回查看。面对防疫的严峻形势，她把外来人口排摸、疫情监测、防控宣传等当作重中之重的任务来抓，和村"两委"班子成员，通过电话、微信等多种方式摸排，对从外地返乡的人追踪摸查，将具体信息记录存档，确保不漏一户、不漏一人；带头与村组干部一道，通过微信转发疫情防控方法，提醒大家不信谣、不传谣、不造谣，悉心叮嘱村民避免外出，做好家庭卫生防护，加强防疫知识教育，增强群众自我防范意识，提高群众自我保护能力，做好村级疫情联防联控"守门员"。她说："疫情就是命令，防控就是责任，作为一名共产党员，哪里需要我，我就往哪里冲。"

正是有这样千千万万的"平凡"普通的共产党员，2020年，对每一个中国人来说都是极不平凡的一年。不管是奋斗在一线的医务工作者，还是党员志愿者，抑或是那些外卖小哥，他们都在凭借着自己的一份力，为这个社会做着贡献，他们都是我们的英雄。

作者叙写了疫情期间我们身边以李双燕为代表的疫情防控人员的常态工作状况，可贵之处是从这些平常的故事中挖掘到"生命至上、举国同心、舍生忘死、尊重科学、命运与共"的伟大抗疫精神，挖掘到共产党员的责任与担当，挖掘到这种"舍小家，顾大家"的精神，使文中的故事有了价值和意义，人物得到了升华。

二、理解历史精神

梁启超说："历史者，叙述人群进化之现象而求得其公理公例者也。"这里的"公理公例"不仅是个人成长的收获，还应该有公共生活伦理的形成。在历史写作中关注身边的人和事，从细微之处入手叙述典型故事，进而从知识领域进入意义领域，感知身边的美与善，获得对历史、人生、世界的感悟和智慧，理解什么是人间真情，什么是理性智慧，什么是责任担当，什么是民族意识，什么是家国情怀，什么是创新精神……例如，"兰山杯"中学生历史写作活动中白玉雪同学在《绿水青山就是金山银山》一文中写道：

退耕还草工程是从我国发展和生存的战略高度出发，为土地资源的合理利用、保护生态环境、实现可持续发展和增加农牧民收入的一个战略方针。历史在发展，人类社会在进步，我们每一个人都在发展中。学习了历史之后，我才明白个人的发展与社会的发展是密切相关的。从爸爸的讲述中，我知道了我的家乡发生的诸多变化，从前贫困荒芜的家乡，在党的富民政策春风吹拂之下，山头变绿了，家乡如今足以养活一方人了，村民已经走上了致富的道路。家乡发展的同时，我们的国家也在日新月异中不断地发展，不断地前进着。

爸爸说，"跟党走、听党话"这句话是对的。最后我想说，感谢中国共产党给人民带来的美好生活，让我们摆脱贫困，让我们生活幸福。但我深知这一切来之不易。我知道，我们应该在享受如今美好生活的基础上，守护好这里的一切，让我们美好的生活也得到可持续发展，让这一切延续下去。

作者通过采访家长，叙述了自己家乡在退耕还草还林、国家的精准扶贫等政策之下的巨大变化，认识到宏观历史与微观历史的规律和联系，描绘了生活与历史、个人与社会、微观与宏大相交织的完整的历史画面，使读者从中感知中国共产党精准务实解决民生问题、保护生态环境、实现可持续发展的重大举措，领悟中国共产党领导人民增加经济收入、改善生活条件、提高幸福指数的富民好政策，理解中国共产党立志于中华民族千秋伟业踔厉奋发、砥砺前行的初心和使命。

三、传承历史精神

历史写作不仅仅是历史故事与历史事件的记录，更重要的是学生通过历史写作走进历史、活化历史，感受并把握历史的深邃与博大，对历史充满温情与敬意，汲取榜样人物身上的精神力量、理想信念与人格追求，并在此基础上树立自我价值观，将其历史精神转化为个体认知的历史精神，增强历史责任感和历史使命感，实现历史精神的光大与传承。例如，"兰山杯"中学生历史写作活动中张智怡同学在《传奇青春续"天路"——父亲的援藏故事》一文中写道：

一代人有一代人的精神气质，一代人有一代人的开创担当，但让每一个民族抬头挺胸的精神底气则无一例外源于传统。随着时代的发展进步，其内涵和外延也在不断地丰富发展。相信在"特别能吃苦、特别能战斗、特别能团结、特别能奉献"的铁路、公路人的规划建设下，定能奋力书写"两路精神"的新篇章，奋勇担当交通强国、铁路先行的历史使命，努力做好新时代的答卷人……对于父亲来说，那段经历是他人生当中无法忘记的一段回忆，而它更震撼了我的内心，让我对到底什么是生活、吃苦、享受都有了新的思考，也对父亲有了新的认识，他的经历及体现的精神也为我今后学习、生活指明了方向，树立了新的坐标。

作者以自己的父亲为采访对象，以西藏拉林高速公路建设为背景，结合自己的亲历亲见，叙述高海拔、低含氧量、低温严寒条件下的米拉山隧道建设历程，字里行间倾注了对以父亲为代表的一代又一代"两路人"的敬佩之情，汲取了他们拼搏奉献、乐于吃苦、攻坚克难的精神力量。这种精神上的血脉相通和一脉相传，正是我们祖国伟大事业不断前进和取得胜利的"遗传密码"。这些身边的历史，一旦忽略了就可能被尘封，作者通过文字、图片、语言等方式将亲历亲见、所感所悟完美地表达出来，传承了历史时代的精神—— 一不怕苦、二不怕死，顽强拼搏、甘当路石；军民一家、民族团结的"两路"精神。正是因为这样的传承，这种历史精神才会薪火相传，生生不息。

从还原现场、照亮现实、美好未来的写作目标理解，历史写作过程就是历史价值聚集的过程，更是历史精神挖掘、理解与传承的过程，从大处讲传承中华文明，从小处说传承乡俗家风，其中最重要的价值是对于现在、对于将来的意义。历史作品中通常蕴含着民族群体的价值取向，蕴含着国家精神的时代特征，蕴含着家风家训的主流价值，蕴含着个人境界的美德涵养。历史写作就要通过对国家、家庭、个人历史的剖析与总结，挖掘历史精神，理解历史精神，传承历史精神，实现历史精神对现世的指导、对未来的启迪。正如全国新闻出版行业领军人才丁晓平在《捡了故事，丢了历史》一文中写道："如果我们心中有了这样的正义、自觉、自由和善良，我们在历史写作和历史阅读中，就拥有了境界、方法、水平和情怀，就拥有了历史感，从而拥有了力量、光明、温暖和希望。"

第五章

辅文写作要求

  中学生历史写作作品一般分为两部分：正文和辅文。

  正文为历史故事，要求学生根据访谈记录和收集的历史资料，真实地记录探究过程中发现的历史。作品为非虚构写作或学术论文，不得有主观虚构或想象。

  辅文主要包括注释附录、写史有感和指导教师推荐意见。

  中学生历史写作需要作者注明参考文献，做规范的脚注，这样做可以让我们的文章有更充分的论据和说服力，同时是对原著者的尊重。

  附录需要作者忠实地记录探究活动的过程，包括选题、构思、行文的心路历程，考察、访谈、甄选的辛苦经历，修改、推敲、求助的难忘细节等。

  历史写作心得体会要符合中学生心理认知特点，必须是写作实践中的真实领悟，抒发真情实感，高度凝练概括。

  中学生历史写作要在教师的专业指导下完成，指导教师的推荐意见包括以下几点：概述指导过程中遇到的困难、解决的方法；说明文章的亮点，陈述推荐的理由；指出文章的缺憾及改进方向。

第一节　注释附录

一、关于注释

注释是对书籍或文章的语汇、内容、背景、引文做介绍、评议的文字，有脚注、篇末注、夹注等形式。

脚注就是对文档中某些内容加以补充说明的注文，一般附在文章页面的最底端。使用脚注的用意在于标明文中引用的部分，并说明引用出处；对引用的他人观点进行说明，列出参考文献，对文中观点进行补充。

中学生历史写作究竟有没有必要加脚注呢？答案是肯定的。不论是写家族往事、乡村变化还是风俗民情，即使我们做了认真准备，查阅了大量资料，在行文成稿过程中，都不可避免要引用别人说的话、别人写的观点，这时候必须加脚注，说明引自何人何处，否则就是抄袭行为。使用脚注可以让我们的文章有更充分的论据和说服力，同时是对原著者的尊重。

中学生历史写作对参考文献的要求一般是每篇文章5～10个。例如，"兰山杯"中学生历史写作活动中寇星珠同学在《记忆中的光辉岁月》一文中使用了脚注的形式，值得借鉴：

① 韦营乡是甘肃省兰州市榆中县北部干旱山区的一个乡，距县城54千米，东临定西市安定区鲁家沟乡，南与甘草店镇接壤，西和清水河驿乡相连，北与中连川乡毗邻，经济以旱地农产品为主，农业生产技术差，农业效益较低，农民基本靠天吃饭，生产生活条件艰苦，是典型的特困山区。这里自古是原始森林地带。传说汉王朝西征军至此辟林为寨而驻营，名"围营"。明朝时，有一打猎为生的韦姓人定居于此，繁衍生息，远近闻名，后演变为"韦营"，从此便传承了下来。据相关历史资料显示，这里曾经是榆中境内的丝绸之路北线。

（材料来源于百度百科）

② 材料来源于《甘肃通史》，甘肃人民出版社，2013年6月第一版，第126页。

③ 材料来源于《榆中县志》，甘肃人民出版社，2001年10月第一版，第515页。

④ 材料来源于《榆中县志》，甘肃人民出版社，2001年10月第一版，第529页。

⑤ 材料来源于百度百科。

⑥ 三电工程是县内最大的电力提黄灌溉骨干工程，工程为16级提水，总扬程7288米，净扬程511.7米。设计灌溉面积24.5万亩，核定灌溉面积18.03万亩，占全县有效灌溉面积的60.1%。三电工程包括总干渠、东干渠、西干渠、甘草支干渠及支渠，全长254.4千米。（材料来源于百度百科）

⑦ 材料来源于《榆中县志》，甘肃人民出版社，2001年10月第一版，第239页。

⑧ 材料来源于《兰州日报》。

⑨ 材料来源于《兰州日报》。

⑩ 材料来源于《兰州日报》。

中学生历史写作就是要参考相关文章，查阅大量素材，在一定的逻辑梳理下得出令人信服的结论，引用这些史料也好，观点也好，我们必须做出合适的脚注，标明所引史料的来源，指出这些引用和文中观点有何异同。寇星珠同学文中的引用多来自权威报刊，无形中增加了历史写作的严谨性和说服力。

文献征引方式采用脚注格式的，文后不另列参考文献。

例如，"兰山杯"中学生历史写作活动中张艺楠同学的《记舅公公的一生》一文则使用了参考文献：

【参考文献】

［1］刘秋阳，刘佩莹.陈嘉庚与共产党［J］.党史天地，2003（1）：29-31.

［2］周一平，刘文霞.2007、2008年中国大陆解放战争史研究综述［J］.中共银川市委党校学报，2009（4）：32-37.

［3］李东朗.军队素质、战略计划与解放战争的进程［J］.中共党史研究，2009（9）：62-70.

［4］杨浪.战争边缘——对"8·23"金门炮战的回顾［J］.战略与管理，1995（5）：24-35.

［5］刘洪生."小人物"托起"大历史"——由张敏老师《海峡两岸的交往》中"高秉涵"说开去［J］.中学历史教学，2016（9）：37-39.

历史探究的确不容易。张艺楠同学因为要写一个台湾国民党老兵的乡愁，加之主人公已经离世多年，无法获得第一手史料。所以，作者查阅了大量的资料，写作过程也引用了其中一些内容，在文末列出了参考文献。这种方式也可参考。

列参考文献既是对参考文献原作者及知识产权的尊重，也方便读者进一步检索，更是论文的思想观点、材料来源等可靠性的有力佐证。列参考文献要精当，要有代表性，应标识出论文写作的主要思想资源和材料来源，不可随便凑数。另外，参考文献的标注应当规范。

文后参考文献著录规则

（1）书籍：作者姓名.书名：版次（初版不写）［M］.出版地：出版者，出版年：起止页码.

（2）译著：原作者姓名.书名：版次（初版不写）［M］.译者姓名.出版地：出版者，出版年：起止页码.

（3）期刊论文：作者姓名.文章题名［J］.期刊名，出版年，卷（期）：起止页码.

（4）报纸论文：作者姓名.文章题名［N］.报纸名，出版年–月–日（版次）.

（5）书籍中的析出文献：作者姓名.文章题名［M］//专著责任者.专著题名.出版地：出版者，出版年：起止页码.

（6）论文集中的析出文献：作者姓名.文章题名［C］//论文集责任者.论文集名.出版地：出版者，出版年：起止页码.

（7）学位论文：作者姓名.文章题名［D］.收藏地：收藏单位，答辩年份.

（8）国际或国家标准：制定标准的机构.标准代号—发布年.标准名称［S］.出版地：出版者，出版年.

（9）专利：专利所有者.专利名称：专利国别，专利号［P］.公告日期或公开日期.

（10）电子文献：作者姓名.文章题名［EB/OL］.［引用日期］.获取或访问途径.

文献作者3名以内应全部列出，4名以上的只列出前3名，后加"，等"（或，et al）；外文作者姓在前，名在后，名可用缩写，不加缩写点。

二、关于附录

附录需要作者忠实地记录探究活动的过程，包括选题、构思、行文的心路历程，考察、访谈、甄选的辛苦经历，修改、推敲、求助的难忘细节。这些内容也许正文中没来得及交代，在附录中，应该说明有故事的人、有故事的地方、有故事的物品那么多，为什么要写"这一个"，感动你的那一点点是什么。

写作要有调查的痕迹。这件事我们是真的做了，而且很努力，在写作的过程中很自然地就会流露出调研的痕迹，不要刻意地规避，它和写作的故事性本身并不冲突，最起码附录部分要将自己的调查过程和结果有个交代。这并不是邀功，而是要明白成功是努力的结果，不会凭空得来。

例如，"兰山杯"中学生历史写作活动中张晓同学在其作品《祖父一生的故事》的附录中这样写道：

历史书上的英雄人物被我们铭记在心，赞美讴歌，向其学习，这不禁让我想到了与他们生活在同一时期的平民百姓，他们的生活又是怎样的呢？此次选择爷爷作为写作对象，一是因为爷爷生活在中华人民共和国成立前，国家曲折探索与逐步发展时期。爷爷可以向我们展示艰苦岁月中的平民生活，在生活中苦苦求生的不易，让我们体会社会发展与人民生活密切相关和生活在和平年代的幸福感。劝谏当今时代的人们以史为鉴，珍惜当下生活，历史不可遗忘。二是爷爷善良且不轻言放弃的品格对我的家族影响深远。对此，我感触颇深，既有对社会中黑恶无赖势力的愤恨，又有对善良的人的敬仰。我深知做一个善良的人是多么不易，坚守初心是多么困难。

由于爷爷去世得早，许多故事细节无法一一呈现，爷爷受挫时的心理活动都无从知晓。爷爷当年收藏的文件档案和日记本也被破坏，实乃遗憾之至。又因年代久远，爷爷曾经工作过的地方经岁月变迁，无法实地考察。值得庆幸的是我的奶奶和妈妈在这次历史写作收集材料的过程中，提供了诸多有效信息。这次我以访谈形式了解到老一辈人的经历过往，通过寻找爷爷在世时的相关物品，尽力展示出爷爷一生真实的光景。

在附录中，作者写出了选择"爷爷"作为主人公有两个原因：一是为了纪念，二是出于对历史的兴趣。在收集史料的过程中遇到了一些困难，如"爷爷当年收藏的文件档案和日记本也被破坏……又因年代久远，爷爷曾经工作过的地方经岁月变迁，无法实地考察"。只能从亲人那里访谈了解，查找相关物证，完成了写作。从中可见作者的心路历程随着"爷爷"的遭遇而忧愤、感慨、希冀……认知过往，是为了更好地珍惜今天。作者流露的真情实感于潜移默化中也感动了读者。通过历史写作的过程，作者对历史课、对历史有了新的认识，表达了将来要为历史研究事业添砖加瓦的理想，这说明对历史的记述已经成为作者成长历程的一部分。

再如，"兰山杯"中学生历史写作活动中魏颖杰同学在其作品《我们一起走过》的附录中这样写道：

一、为什么选择我的姥爷作为写作对象？

姥爷七十多年一路走来，见证了共和国从成立到繁荣昌盛的全过程，他自己的一生也和祖国的发展密不可分。从姥爷出生到今日，从一名嗷嗷待哺的婴儿到热血报国的少年，再到一名为百姓服务的村干部，到现在成为一名寄情田园的农民，他的一生像极了共和国的发展史。我们伟大的祖国从刚建国时的积贫积弱再到今天的繁荣富强，七十年的风风雨雨，中华民族在党的带领下创造了新时代的辉煌。姥爷作为新时代的见证者和祖国一起成长，一起奋斗，这是我选择我的姥爷作为写作对象的最主要的原因之一。

二、我从中学到了什么？

本文大部分由姥爷口述，然后由我整理而成。在访谈对话的过程中遇到的最大的困难就是姥爷由于时间的流逝有很多经历早已记不太清楚，有关的记忆大多都是一些碎片化的信息和片段式的记忆，在访谈的过程中我只能将这些片段一一记录下来，再顺着时间线排序整理。对于一些模糊的记忆和当时时代背景，我则选择上网查证。在这一过程中，我学到了许多访谈和历史写作的技巧，也感受到了历史无穷的魅力。在姥爷口述的过程中，我大多采用提问的方式来勾起姥爷久远的回忆。

作者选择访谈的地点、访谈的方式要让被访谈者没有心理压力，方便受访者倾诉；对于年事已高的被访谈者，作者采用提醒、提示的方式，而且分几次访问；对口述史中模糊不清的时间地点采用其他方法求证，这一系列做法值得点赞，给我们提供了很好的参考。作者通过历史写作，学到了许多访谈和历史写作的技巧，也感受到了历史无穷的魅力，个人的思想见解得到升华，悟出"伟大常隐于平凡"这样深刻的道理。

第二节　写史有感

　　历史写作的价值在于真实地记录和再现先辈们曾经的人生经历；也在于通过写作，让后来人去认同、理解和尊重先辈们曾经经历过的苦难和悲喜，奋斗和迷茫；更在于通过写作，让我们学会珍惜当下，学会面对困难和挫折，并帮助我们形成正确的人生观和价值观。

　　中学生历史写作在总结阶段还有一个环节，就是反思对比写作前后自己对历史的态度、认识方法上的变化，总结本次探究活动的经验教训，即通常所说的心得体会。心得体会一般要符合以下几点要求。

一、符合学生认知

　　心得体会不一定有多高大上，但要符合中学生年龄和心理认知的实际。历史不仅是严肃的、宏大的、刻板的，也可以是细腻的、平实的，甚至是感人的。

　　例如，"兰山杯"中学生历史写作活动中王怡然同学在写《峥嵘岁月》之后有一段心得体会：

　　通过这次活动，我了解了兰州解放的真正历史，给我带来的就是"震撼"二字。未接触过兰州历史之前，我总是觉得兰州战役只是一场极小的战役，兰州这偏僻的大西北地方，怎会是大战场呢？更可笑的是，我觉得兰州战役就是打了几支国民党军队而已，对邻居爷爷只是感觉超级厉害的样子。那时，我只知道耳熟能详的南京大屠杀、百团大战，而兰州战役我从未关心、细究过，直到这次活动才了解到历史上真正的兰州战役。兰州战役是西北解放战争史上规模最大、战斗最激烈的一次城市攻坚战。兰州自古以来就是交通大动脉，有着重要的军事地位。这场战役的胜利是许多革命先辈们用生命在枪林弹雨中换来的，他们中有太多太多的人未曾留名就献身于兰州的黄土，默默将自己的热血和赤忱埋入地下，守护着这座金城。更无法想象的是，在那个战火纷飞、硝烟弥漫的时代，有和我一样的同龄人参加兰州战役。我从未感到如此幸运生于一个太平盛世，而我生活的兰州，七十年前有过如此惨烈、规模如此大的战争，那些革命先辈抛头颅洒热血的故事，七十年前竟然真的发生在我现在所生活的土地上。当然，通过这次活动探究，我为自己的邻居爷爷是一个革命老前辈而感到骄傲和自豪，有一种非常荣耀的感觉，来自内心的真实的崇敬油然而生。

在这个和平年代，我们总是在追捧明星网红，却忘记了这些和我的邻居爷爷一样为国家、为民族默默奉献一生、不图回报的老前辈们。他们中的大部分已与世长辞，但使我想到的只有"身既死兮神以灵，魂魄毅兮为鬼雄"。他们，才是真正的英雄，才是我们真正的偶像！

作者在写作前只知道课本上讲的大事件、大人物，却从来没有关注过身边的小人物和身边的历史，这次历史写作活动，带给作者的就是"震撼"二字，通过深入调查研究，作者知道有他的同龄人参加兰州战役。由此感慨："我从未感到如此幸运生于一个太平盛世，……我为自己的邻居爷爷是一个革命老前辈而感到骄傲和自豪，有一种非常荣耀的感觉，来自内心的真实的崇敬油然而生。……他们，才是真正的英雄，才是我们真正的偶像！"这样的心得体会符合中学生的心理认知，真实可信。

再如，"兰山杯"中学生历史写作活动中张晓同学在《祖父一生的故事》的附录中这样写道：

平时只是在历史书上了解历史，但仔细探究发现，历史并非冷冰冰的知识，而是有血有肉、充满人情味的故事。此次历史写作活动也刷新了我对历史这门学科的认识，培养了我对历史的兴趣。以后，我们了解历史应从多角度、多方面出发，感受人间百味，汲取经验教训，提升个人历史素养。若有机会，将来我会从事有关历史学科方面的工作，为祖国的历史研究事业添砖加瓦。

岁月无声，承载着一代代人的美好希望；历史浩荡，湮没了芸芸众生多少的无奈。历史写作就是让普通人"青史留名"，作者在回顾祖父一生的经历时，意识到总要有人去写、去记录平常百姓的历史，让自己的家人，让所有默默无闻的小人物不再只是"无差别的统计数据"，所以，做出了自己的选择，将会"从事有关历史学科方面的工作"，实属难得。

二、写作实践领悟

历史写作是"思想的舞蹈，灵魂的歌唱"。通过中学生历史写作大赛，我们对于收集史料、撰写文章这样的史学训练一定会有新的认识；通过访谈和整理文献，我们学会走进另一个人的世界，一定会感受到史学厚重的"人文关怀"。

例如，"兰山杯"中学生历史写作活动中靳毓姝同学在其作品《平凡之路，英雄如光》中写道：

历史的尘埃是渺小的，可渺小的尘埃落在一个人身上，却是巨大的。一个人，也可以成为一段历史。太爷爷的平凡是因为他想过着平安的生活，不平凡是因为他不仅是替我们负重前行的一代，更是一个时代的英雄，是我心中最真实的英雄。

英雄是平凡的。英雄，不一定要经历大风大浪；英雄，不一定要做出令人惊讶感叹的大事。英雄，可以像黄继光一样为了中华民族而牺牲自己的性命；英雄，也可以是像我太爷爷一样，默默无闻地做好每一件事。英雄有着坚毅的性格，他们往往不是像超人一样在濒临绝望时直接逆转局势，极其轻松，而往往是在危急时刻挺身而出，尽自己最大的力量去力挽狂澜。英雄，也许会是你，也许会是你身边的每个人；英雄，可以是平凡的我们，是平凡的所有人。

青春易逝，芳华永存。回望过去的每一次战争，每一个难忘瞬间，给人的感觉都好像是百度上的一个长长的词条。但历史是有血有肉的，我们不能只限制在最基本的资料中，应该去探究它背后的一些感性的东西。当我们学习了一段历史后，最好将自己代入那段情境，去切身体会当时人们的感受，体会他们的欢喜与悲伤，这是对历史最好的尊重。

再如，"兰山杯"中学生历史写作活动中李钇融同学在《青山深处寻文化，岁月悠久觅历史》这篇文章的最后写出了自己的心得体会：

历史是一段惊艳了时光的岁月，亦是一段弦绝山巅的琴乐，穿越时空，使我们可以聆听到来自千年的歌声。历史需要大自然中的一草一木的记载，也需要人们一代又一代的传承。在兴隆山上采访的这位道长是这座青山的历史文化的守护人之一。在他的身上，我找到了乡土文化源远流长的原因，感到了作为一名中学生传承历史、弘扬文化的任重道远。

历史不仅仅是印在书页上生硬冰冷的文字，也不仅仅是电影院里上演的历史纪录片，而是真正见证了历史岁月的印记，就像兴隆山上直入云天的百年云杉，就像一座座经历了风吹日晒的庙宇，就像隐入森林深处，为人们讲解历史的老人。

历史并不那么遥远，它就在我们身边，凝结在我们的指尖，流动在我们的笔尖。

行走即读书，旅游长知识。如果不走进青山，我们永远不会明白"只在此山中，云深不知处"的哲理。在实地调查当中的感悟真实而深刻，因此我们鼓励同学们在实践中感悟生命，在写作中丰富生活。

三、高度凝练概括

心得体会不是重复故事，不是长篇大论，也不需要用太多的形容词歌颂或者赞美，心得体会应该高度凝练和概括。

例如，"兰山杯"中学生历史写作活动中燕卓亚同学《执子之手，与子偕老》一文在最后谈及写作感悟时写道：

在记述这个故事的时候，我就坐在奶奶的身边，听着她的讲述，我仿佛跟着她看见了那些过去的日子，心中的感觉很奇妙。一个年近七旬的老人握着我的手，说起那许久不曾想起的艰难的岁月，眼里闪着泪光。

爷爷奶奶那一辈的爱情，的确是不一样的，没有风花雪月，没有浪漫，有的只是两人实实在在走过的那些日子，这样的感情，我甚至不觉得是爱情，反而更像亲情。

从前我总以为历史只有光彩值得铭记，这次的写作活动却让我认识到，平凡的人才是历史重要的组成部分，不论是光明或是黑暗，耀眼如星辰或是微小如尘埃，都值得被书写。所以我们去学习，去记录，不只是为了以史为鉴去走更好的路，也让文明有更丰厚的沉淀，不枉前人的一笔笔付出。作为一门学科，历史不仅在课本里，也在生活中，在每一个人的身上，前人的经验和历程，都是对晚辈的馈赠。人总说受过苦才知感恩，今天的我们已经不需要再面临那些饥饿和穷苦的威胁，我们的路是因为他们才如此平坦。所以，学习历史应常常心怀感恩。这也许就是我们学习历史的意义，看看过去，看看那些并不美好的日子，我们才能"生在福中而知福"，去迎接未来的困难，书写我们的时代。

作者通过对爷爷奶奶一辈人爱情的追忆，真实地反映了时代发展变化对每个人的影响，让我们感受到来自家庭的那份温情。勇敢的心在路上，一旦开始就永不停息。我们时常回望过去，是为了奔向更好的未来。故事真实可信，语言朴素平实，作者并不是一个冷冰冰的旁观者，而是随着爷爷奶奶的故事，进入了历史场景中，并且获得了面向未来的力量，这就是历史写作的意义所在。

再如，"兰山杯"中学生历史写作活动中钱湘潼同学在《平凡中铸就辉煌——我的外公》一文最后写道：

我本来对外公了解很少，通过这次活动，我仿佛走过了外公的一生，许许多多的场面展现在我眼前，使我更加了解外公。其次，在这次活动过程中，我还学习了许多外公的优秀品质，希望把外公的这种精神传承下去。外公的这一段历史，虽然不能名垂千古，但是他走过的路，一生得来的经验值得我们好好学习。

历史写作让小作者仿佛走过了外公的一生，知道了家族曾经的沧桑岁月，增强了作者对家族的认同，对亲情的理解，感触颇深，更为重要的是学习了家人许多优秀品质，文章写完了，作者的思想境界得到了升华，决心要把这种精神传承下去，这就是历史写作最大的成功所在。

又如，"兰山杯"中学生历史写作活动中薛颖同学在《奶奶：抗争到底的自由》一文最后写道：

奶奶没有被写进教科书名垂千古，但庆幸的是奶奶也没有被历史吞没，没有被旧社会的枷锁绑架。奶奶是那个社会中自由女性的代表，是读书和知识成就了奶奶，是对自由、对恋爱的向往成就了奶奶，更是党成就了奶奶。生命不息，抗争不止，奶奶现在仍然在抗争着，奶奶反对爸爸给我报补习班，反对爸爸逼我做家务，反对妈妈不让我出去玩。谨以此文感谢我勇敢地向往自由的奶奶。

作者记述的是自己的亲人，相对于气势磅礴的大历史和声名显赫的大人物，这些似乎显得微不足道，可是作者能以小见大，在平实的叙述中展现了大背景下"小人物"的不平凡，进而点明"是读书和知识成就了奶奶，是对自由、对恋爱的向往成就了奶奶，更是党成就了奶奶"。家庭是社会的细胞，历史写作让学生触摸身边的历史，客观记述历史年轮上家族的陈年往事，透过这些故事，我们可以看到历史沉淀的厚度，回味岁月流淌中延续的代际传承，可见，历史写作提升了中学生的家国情怀。

四、抒发真情实感

历史感悟要有真情实感，言之有理，言之有物，切忌空谈。通过写作活动，很多学生重新认识了自己的长辈和生活了十几年的家乡，他们告诉我，一直觉得自己是了解和熟悉他们的，没想到站在旁观者的角度还原了他们的历史，突然觉得陌生起来，之后慢慢地才更好地理解和尊敬了长辈们，更深切地热爱这片生长的土地；突然间仿佛自己就长大了，明白了什么是家国情怀、什么是人间真情，真切地明白了很多道理。从学生们开始采访亲历者、收集相关的材料开始，便是历史感悟积累的开始。只有在认真地记录和倾听的过程中，我们才能切身地体会到那些历史的真实存在；只有在将人物经历投放到大历史环境的过程中，我们才能感受到一个人的渺小或伟大，感受旧时代里先辈们生活的不易和朴素的信仰；也只有在用细腻的心理描写和语言雕琢、刻画一个个过去的历史场景的时候，才能感觉到历史就在我们身边，就在我们触手可及的地方。

例如，"兰山杯"中学生历史写作活动中彭赫奕同学在《姥爷的非凡人生》中有一段心得体会这样写道：

由于无法逆转的疾病，姥爷在2018年离开了我们。此前，我每每去姥爷家时都会好奇地问一些他年轻时或是在戏剧上的奇闻轶事。姥爷是县上不少人认识的大人物，关于他的各种"英勇事迹"和职业成就也是口口相传，在亲戚朋友的描述中，他永远都是最精神焕发、神采奕奕的那个。姥爷虽然离我们而去，但他坚持不懈的精神、勇敢奋发的气魄让我铭记在心。

这次的写作大赛自然是给了我一个怀念姥爷的机会。关于姥爷这大大小小琐碎的奇事，都是他生前亲口讲述给我的。县剧团演出的后台，演员们现场化妆，还有演奏各种民间乐器的老一辈艺术家们，都是我托了姥爷的福才有机会亲眼看见。现在想来，那可真的是姥爷待了一辈子的舞台。文章所附的图片都是从姥爷衣柜里寻出来的，演出剧照、后台准备、获奖证书……由于时间仓促，只匆匆选了几张具有代表性的珍贵的照片。由于姥爷生前口述的历史和奇事过于琐碎，整篇文章的时间线以及内容补充全都是来自母亲的讲述，也十分细致，总算是大致了解了姥爷曲折的一生。

这次写作，我感触颇深，历史是多么重要的东西，有了它，我们才能深刻了解一个人、一个家、一个国。人们不忘屈辱的历史，才能更加奋勇向前，不去重蹈覆辙；不忘辉煌的历史，人们才能在此基础上创新发展，在事业上有所建树。总之，历史这艘巨大的帆船还在继续航行，作为一名新时代的青少年，我定不会忘记姥爷带给我的启示，也不会忘记中国几千年的兴衰史。我会脚踏实地，在点点滴滴上做好自己的工作，我相信总会水滴石穿，创造出属于我的未来。

每个人终将变成历史中的一粒微尘。沧海桑田对历史而言也不过是白驹过隙，我们终究要成为后代口中的"故事"，终究会走进历史，至于会不会被湮没，会不会被记起，全在自己今天的努力。

再如，"兰山杯"中学生历史写作活动中魏欢同学在《外婆的苦与乐》一文最后这样写道：

作为一个普通人，相比历史名人的事迹，我更好奇家中老一辈平淡却并不平凡的故事。这次作文使我有幸重新与多年未曾深入沟通交流过的外婆面对面坐下，好好回忆了一番外婆的一生。

其实，外婆这一生，相比那些受无数人敬仰的历史英雄来说，实在是太普通，太不值得一提了。但它却是那个年代无数平凡人民生活的缩影。不是每个人都可以成为英雄，可以让人们歌颂他，可以让历史铭记他，更多的却都是像我的外婆一样的人。或许他们微不足道，但他们一定都是不可或缺的。他们拥有着勤劳、质朴、善良、坚强等我们中华民族优秀的品质。他们是一个国家最重要的组成部分。"水可载舟，亦可覆舟。"百姓是一个国家的国之根本，从某种角度来说，这些平民百姓更加重要。如果说伟大人物是华丽乐章上的音符，那么中国十几亿的百姓便是给了音符归宿的五线谱！而这些平民百姓的生活，正是体现了一个国家的发展历程。真正的历史应是人民的。而他们的兴衰荣辱更应由我们来铭记。如果不是因为这次的作文，我不会知道老一辈的苦难人生，更不会知道如今的幸福生活是多么来之不易。回忆往昔，珍惜当下，把握未来。这才是作为一个中国人应该做的。

在这次活动中，我不仅知道了外婆的一生，更是了解了我们中国的发展历程。从闹饥荒到参加农业、手工业生产合作社，从"包产到户"到现代化建设新时期，外婆见证了这一历史发展，见证了我们伟大祖国的成长。社会在发展，时代在进步。我们的生活越来越美好。希望我们的伟大祖国越来越繁荣富强，人民的生活越来越美好。

作者在访谈家族往事，记述亲人平凡生活的点滴故事的时候，发自内心感慨"外婆这一生，相比那些受无数人敬仰的历史英雄来说，实在是太普通，太不值得一提了，但它却是那个年代无数平凡人民生活的缩影"。进而上升到一个理论的高度，点明"不是每个人都可以成为英雄，可以让人们歌颂他，可以让历史铭记他"这样一个人生哲理。

历史在延续，历史写作也在发展，相信探究过程中走过的路，能让我们更深刻地理解时间的长度，翻阅过的书能让我们更明白历史的厚重。不忘过去，才能更好地展望未来，有了前人的足迹，我们才能更好地走向未来。

第三节　推荐意见

　　面对眼花缭乱的历史素材、跌宕起伏的故事情节，涉及众多的是非评价，对成年人而言，如果没有专业的历史功底，他们想要完成一篇历史叙述也不容易，何况稚气未脱、涉世不深的中学生呢?

　　中学生历史写作就是要在教师的专业指导下完成，指导教师对学生历史写作要自始至终，循循善诱，及时点拨。指导不是包办代替，当学生迷失方向、情绪低落的时候，教师要给学生提供写作方向，帮助学生确定主题，策划文章立意;当学生无从下手，左右为难的时候，教师要指导学生收集素材、筛选史料、完成写作。好文章是反复修改出来的，在学生作品初步成型时，指导教师的作用就显得特别重要。

　　一篇历史写作经过反复打磨，最终定稿，还有一个环节就是教师的推荐意见。如果教师全程参与学生的创作，对每一个细节、每一个标点都反复审过，那么，在写推荐意见的时候，一定会有好多话要说。我们建议教师从以下几个方面入手写。

一、概括指导过程

　　我们看刘艳云老师是如何指导自己的学生完成历史写作的:

　　在对参赛作品的指导过程中，我耐心地为薛颖介绍着唯物史观和史料实证的写作方法。历史必须是真实的，因此，为了确保素材的真实可靠性，我决定亲自拜访一下这位向往自由的优秀共产党员。我带上了录音笔和照相机，提前和薛颖商量探讨了一些问题，来到了奶奶家。

　　通过两个多小时的采访以及奶奶的介绍，我和薛颖对奶奶的生平和经历有了初步的了解。对作品的内容，我们也有了初步的把握。因此我们利用时间轴，整理了奶奶生平的大事记，并利用相机采集了作品所需的相关图片资料。

在后续的写作过程中，我们又多次拜访奶奶，解答写作过程中的逻辑问题，询问相关细节。在作品雏形初现后，我们多次打磨她的作品，甚至请教语文老师，锤炼语言。

刘老师不辞辛劳，以身作则，和学生一起访问当事人，利用时间轴整理了主人公一生的重大事件，对一些细节反复求证，从历史学科素养的角度，对学生作品提出修改意见，这样做，对一个涉世未深、处于懵懂状态的初中生而言，是非常合适的。教学相长，通过一次历史写作，师生都获得了人生前所未有的感悟，所以说，过程比结果更重要。

二、说明文章亮点

文章不在长短，贵在有亮点。亮点是作者独特的思想、新颖的材料、科学的分析、深刻的结论甚或朴实的语言。亮点不是口号和标语，也不是重复别人说过的观点。我们看看常顺喜老师的推荐意见：

首先，该文立意精巧，用了三章宏大而翔实的论述，层层推进，结构完整、层次清晰、语言规范、衔接自然，是一篇带有浓厚学术味的好论文。其次，就论文内部结构而言，以我校大成殿为圆心，以大成殿的建筑特征、人文寄愿、历史发展与文化底蕴为半径，最后的落脚点圆满完成了大成殿的时代价值与人文精神的升华，严丝合缝、情理兼备。最后，在学科核心素养背景下，作者史论结合，论从史出，体现出浓郁的家国情怀；完成了对我国以大成殿为代表的传统建筑与文化的肯定和弘扬，其出发点和落脚点有机串联，血肉丰满，作为一篇出自高二学生之手的论文，值得肯定和推荐。

常老师直截了当说明学生作品的三个亮点，并予以充分肯定，这样的推荐意见，可以大大激发读者的阅读兴趣，让读者沉下心来随作者的文笔，走进那段历史，寻找文章的亮点，这种写法值得参考。

再看李守良老师的推荐意见：

徐明钰同学的祖父从事乡村教育40年，兢兢业业，从风华正茂到如今两鬓微霜，在平凡的岗位上干出了不平凡的事迹，为中国乡村教育发展做出了巨大的贡献。本文在徐明钰同学饱含深情的笔触下，叙写了爷爷守望乡村教育四十余年的感人事迹，文章感情真挚，让人感动泪目。从选题到指导徐明钰同学撰写本文的过程中，让我印象深刻的是，我们在访谈徐明钰同学的爷爷时，爷爷谈着谈着就眼眶湿润，感怀不已，徐明钰同学和爸爸、奶奶也泣不成声。这是真实的写照，这是真情的流露，这是平实而不平凡的感人力量。

徐明钰同学的爷爷一生坚守乡村教育，在平凡中铸就辉煌，在时代的变迁和岁月的更迭中，见证着兰州新区乡村教育的发展，让我们通过该文了解了时代和人物，感受到作者的深情厚爱，是一篇非常不错的历史写作，值得肯定和推荐。

李老师的推荐语告诉我们，这篇文章最大的亮点是情真意切，从收集素材到撰写成文，有很多情节让采访者潸然泪下。普通人也有历史，平凡中铸就辉煌。文以情动人，教师在指导学生写作的过程中也被这真情所打动，情真意切自然就是这篇文章的亮点。

三、陈述推荐理由

许姗姗老师的推荐语这样写道：

文章思路清晰，结构安排巧妙，以爷爷的人生经历为明线，以黎家大屋的变迁为暗线，表现了近百年的大事件对小人物的影响，体现了国人勇于坚守、努力奋斗终会绽放光芒的信仰。本文有两点特别值得推崇：一是史料丰富且有据可考，追溯回忆录、史诗等口述史料，收集整理各种老照片、书籍等文献史料，调研古迹、遗址、建筑等实物史料，颇具史学价值。二是情感丰富且情深义重，作者以怀念之笔触露出家族浓浓的真情，以温暖之笔触道出生活的酸甜苦辣，以痛惜之笔触删去六千字的泪流不止，让人感慨万千。

许老师开门见山说明特别推荐的理由有两条：一是史料丰富且有据可考，二是情感丰富且情深义重。读者据此可以把它当作一篇学术论文来读。

常顺喜老师的推荐意见这样写道：

该文生动地再现了当年原福州军区炮兵独立第二团有关炮击金门的故事。作者利用寒假时间与部分炮战事件当事人（已近八十岁的老兵）多次沟通、了解有关金门炮战情况后，查阅相关资料和图片记录，生动描写了金门炮战的片段，并写下了自己的所感所想。在当前我们青少年一代人中，作品厚植爱国主义情怀，不断激发大家奋勇拼搏，努力实现中华民族的伟大复兴。

常老师从学生写作过程的点点滴滴中指出推荐的理由：首先是记述真实，

采访过当事人，查阅过相关资料；其次是文章立意高远，可以激发读者的报国志向。

王永平老师这样推荐学生的作品：

国有国史，家有家史。家史可以说是最贴身的历史，也是每个人都不可能不关心的历史。学生虽用最平实的语言叙述了父亲的奋斗史，却最能打动人心；虽对他父亲本身形象的描述寥寥几笔，但他的形象却跃然纸上。上一辈的生活道路往往比后辈艰难，创立、建设一个家庭的艰辛过程对后辈来说，能够鼓舞其精神，勉励其奋进。他围绕一个父亲使用过的老刨子展开，讲述了父亲的故事，也是家的历史，表现出鲜明的家庭个性特色。不再仅仅是父母的言传身教，而是几代人共同的言传身教，这是他们留给子孙后代最宝贵的财富，可以让子孙后代聆听他们的心声，感悟他们的人生之路，汲取他们的经验教训，让自己的人生更加顺畅，当这样的记录成为习惯和本能，血脉传承恒久远将不再是一种比喻和祝愿。

全文行文流畅，结构完整，文章所示诸如其父的行程路线等都经过严格的查证。更难能可贵的是文章配图为学生亲笔手绘，使文章更具特色。

四、指出文章缺憾

王建莉老师的推荐意见是这样的：

作为一个初中学生，陈浩阳同学的历史知识面之宽广和历史探究兴趣之浓厚让人赞叹。课堂上，他善于思考，课堂外，他在甘肃省博物馆做志愿者讲解员。在这次历史写作探究活动中，他体现出了对身边历史知识敏锐的觉察力，将奶奶口中碎片化的经历整理成了个人在特定时间和环境中的历史。知识的发现、方法的习得和兴趣的形成在他这里做到了结合和统一。不足之处，记录口述历史获得的是个人第一手的资料，如果能在图书馆查阅地方史资料，可以让个人口述史有更全面有力的史料支撑，但因他面临中考，我没有在这方面要求更多。这样的孩子，有强烈的求知欲和敏锐的观察力，我确信随着他知识的拓展，再给他以更专业的指导，他会把目光从身边的亲人出发，投射到其他个体，投射到整个社会和国家，写出有温度、有责任感的历史作品来。

历史写作对中学生而言，不同于文学写作，又没有专门的历史写作课教给他们方法技巧，尽管有历史教师在历史背景、史料筛选、学科核心素养等方面的指导，限于种种因素，存在的问题在所难免。教师在推荐意见上如能实事求是指出存在的不足，提出修改建议，会给作者指明继续进步的空间和今后努力的方向，这正是历史写作对指导教师的期许。

第六章

优秀作品赏析

　　看到学生用心书写的历史作品，总有很多触动心灵和引起我们共鸣的地方。在众多的学生作品中，我们精选其中几篇优秀的作品与各位读者共飨。

　　马嘉豪同学的《祖父的援非岁月》，我们看到了一位在"亚非拉人民在一起"援非战略感召下远赴马达加斯加工作的"中国医生"的光辉形象。感染疟疾的痛苦经历让主人公更清楚当地人的疾苦，帮助当地人半夜接生赢得了他们的信赖，与马国华侨的相遇更深刻理解了"海内存知己，天涯若比邻"。援非小人物折射出中非合作大历史，书写了开放包容、互利共赢的动人故事，奏响了构建人类命运共同体的时代最强音。

　　郑泽睿同学的《电波中艰苦成长　用青春奉献祖国》，通过"少年参军，农村里的识字人；科学严谨，用数据发现错误；乱世之外，水草滩三年磨剑；长期奔波，14年跑遍中国；呕心沥血，装备库大放异彩；转业地方，黄土高原响警报；光荣退休，关心祖国下一代"七个篇章的书写，真实再现了为祖国国防事业奉献一生的爷爷的故事，这就是有温度的中国好故事。

　　胡雨亮同学的历史剧《金城大药房》，以甘肃第一个女共产党员秦仪贞为主人公，将中共甘肃特别支部主要成员张一悟、宣侠父、钱崝泉等人以金城大药房为秘密联络点，开展革命斗争的事迹浓缩为四幕剧呈现出来，几位热血青年，用他们对共产主义的信仰和救国救民的理想，掀开了共产主义运动在陇原大地上的新篇章，燃起了陇原大地上的第一颗革命星火。

　　杨家宁同学的《为了这片热土》，以姥爷一生的事迹为主线，由"姥爷的童年""姥爷的学生时代""参加工作以后"和"姥爷的退休生活"四部分组成，紧扣"身边的时代变迁"这个主题。文章表达清晰、结构完整，故事以小见大，阐明了"普通人也有历史，平凡中铸就伟大"这一道理，正是这样一个个家庭的历史凝聚成了我们国家和民族的历史。

　　刘欣雨同学的《爷爷的"地狱"与"天堂"》，通过对爷爷一生生活经历的描述，为我们清晰地呈现出了中华人民共和国成立70多年来我国农村、农业和农民发生的翻天覆地的变化。

　　这些中学生历史作品篇幅有长有短，内容各有侧重。作者既有高中学生，也有初中学生。行文格式基本上符合中学生历史写作的要求，选编在此，意在抛砖引玉，期待有更多、更好的历史习作问世。

第一节　祖父的援非岁月

　　我的祖父今年已经79岁了，是一名耳鼻喉科的医生，至今仍50年如一日地工作在救死扶伤的第一线。作为一名医疗工作者，他最自豪的事便是看到患者能够在自己手下重获健康。每每当他忆起曾经随援非医疗队在马达加斯加（以下简称"马国"）工作的日子，他的眼中总是放着光芒。在数次与他的攀谈中，我耳濡目染地感受到了那一份情怀，有幸地触摸到了这段历史……

　　（点评：祖父回忆援非工作时"眼中总是放着光芒"，暗示祖父一定是一个有故事的人，引起读者的好奇）

援非渊源

　　自中华人民共和国成立以来，毛主席就提出"亚非拉人民在一起"的战略。援非战略在20世纪六七十年代对中国打破外交僵局作出了很大的贡献。中国与非洲诸国的友谊也因此建立并不断发展。

　　（点评：交代援非背景，紧扣历史写作主旨）

　　马国地处遥远的印度洋上，在这个总面积不足60万平方千米的岛国上，有一群人来了又去，去了又来，至今已有44个年头。当地居民不知道他们姓甚名谁，便给了他们一个统一的称谓——"中国医生"。

　　这些中国医生全部来自甘肃，是卫生部指定甘肃省卫生厅派出的援外医疗队。自1975年8月开始，已先后有21批、近700人来到马国服务。马国曾经是联合国贸易与发展会议宣布的不发达国家之一，卫生条件很差，当地缺医少药。在偏远乡村，一些非洲大陆常见病，如疟疾、登革热、阿米巴痢疾等长期肆虐。

马义奇医疗点地处马国中部，距首都40千米。该医疗点被称为"首都点"，是医疗队总部所在地，关于祖父的故事，也就在这里展开了。

（点评：交代地点，构建时空观念，点明祖父不远万里来到马国的缘由）

初来乍到

1990年3月，正是乍暖还寒时候，祖父所在的第八批医疗团队出发了。他们的行囊中不仅仅是一些生活必需的衣物用品，还有不少的药物、医疗卫生工具。面对一片完全陌生的土地，飞机上的所有人都显得有些忐忑，因为在接下来的两年时间里，等待他们的并不是曾经看过的一般病患，而是众多连语言甚至肤色都迥异的外国人，这给未来的一切都打上问号。

飞机缓缓降落在了马国的首都塔那那利佛，一下飞机，长期住在温带的一行人就与干热的空气撞了个满怀，这里的雨季刚刚结束，特有的热带高原气候难免让人感到不适应。"很热，刚开始感觉很不适应。"祖父回忆道。但随即一行人的注意力被这个全新的世界所吸引，这里的市容虽谈不上繁华，但似乎和人们对非洲脏、乱、差的传统印象相悖。

行车40千米后，医疗队来到了被称作"首都点"的马义奇医疗点，那里是一个村庄。下车后，当地的翻译就带领祖父一行人参观了他们的工作场所：几间同其他村民房子差别不大的平房，房中安置着不多的几张简易病床；没有连续稳定的电源，只有专门为医疗队准备的自发电装置……尽管祖父所在的医疗队已经是第八批，但当地的基础设施却没有得到很大的改善。即使这样，也丝毫没有动摇医疗队队员们坚定的决心。简单的参观介绍完毕后，当地人为医疗队举办了欢迎仪式。在那里，中国医疗队队员们第一次感受到了虽身在异国他乡，却有一种宾至如归的感觉。"带领我们的人一边用法式英文与我们交谈，一边用土话向当地人民介绍着，我可以感受到中非人民间的深厚感情。"祖父回忆道。

由于卫生条件较差，天气炎热，这里的病人很多，祖父一行人很快就投入了工作。

（点评：独在异乡为异客，异域风情来不及体验，陌生的环境，简陋的设

施、未知的困难，引领我们进入一个新情境当中）

感染疟疾

马国最常见的一种传染病便是疟疾，这种病通过蚊虫叮咬传播，患者不断发冷发热，周期性发作，严重者失去劳动能力，更有甚者因为治疗不及时而死亡。因此，许多马国人谈"疟"色变。来到马国三个月时间里，医疗队的工作并不轻松，每天的辛劳加上一时的疏忽，1990年7月，祖父也感染上了疟疾。"我们医疗队感染疟疾的有两三个人，那么热的天气，我盖了四条被子，身上仍然在发抖。高烧持续了很久，那感觉很不好。多亏了屠呦呦的青蒿素，他们给我注射了两次，持续了一周后病症才逐渐消失。"祖父回忆道。多亏了中国医疗队带去的青蒿素和蒲葵提取物制成的抗疟药物，不仅让祖父的病情好转，而且当地的疟疾情况也有了很大的改观。而祖父有了这样一段难忘的经历之后，对这种病更是深恶痛绝，此后也更加注重预防，并向当地人传播预防知识。

（点评：真实情节的描述，让读者对马国医疗卫生的现状有了进一步的了解，更让我们感受到中国医疗事业的发展水平，厉害了，我的国！家国情怀油然而生）

半夜接生

随着谈话的深入，回忆像潮水一般涌入了祖父的脑海，更多的往事历历在目。记得那是一个燥热的夜晚，正在睡觉的祖父被敲门声惊醒。妇产科的医生急匆匆地进来叫醒了祖父，原来来了一位即将生产的孕妇，由于人手不够，只能叫祖父顶替帮忙。祖父这个一辈子和耳朵鼻子喉咙打交道的耳鼻喉科医生第一次做起了"接生婆"的工作。由于地方环境简陋，人手也很匮乏，整个过程变得更加艰难。时间一分一秒地过去了，产妇也愈加声嘶力竭，可仍旧没有办法。妇产科医生只能采用剖宫产，祖父也在一旁帮忙麻醉，安抚产妇的家属。昏黄的灯光下，这群"白衣天使"与时间赛跑。终于，随着一阵响亮的哭声，一个新的小生命呱呱坠地。所有人都松了一口气，祖父更是如此。产妇的家属露出了信任的笑容，想必在异国他乡受到这样的一份信任一定是令人开心的。自那以后，祖父在人手不够却事关重大的外科手术中充当起了"全科大夫"，这支医疗队也与当地人相处得愈加融洽，当地人来看病时也不再有忌惮，放心地把自己交给医疗队。

（点评：医者仁心，关键时刻还是要看白衣天使。祖父的经历只是中国援非医疗队中特殊的案例之一，这一特殊且真实的情节进一步密切了中马两国人民的友谊，为文章增色不少）

马国华侨

听闻新的一批医疗队已经安营扎寨，一群特殊的客人来到了马义奇医疗点，他们是一群已经安居在了马国的中国人，其中很多已经娶了当地人，有了中马混血的孩子。"海内存知己，天涯若比邻。"能在跨越半个地球的地方遇到中国人，每个人都是感动不已的。华侨同胞邀请医疗队去自己家吃饭。主人在家中大摆宴席，也邀请了当地的一些政府官员。主人热情地为医疗队准备了各式马国菜与中国菜，席间祖父与主人聊天得知他们原本来自南方，在马国凭借智慧和勇敢白手起家经商，在马国的三十多年已经与当地人相处甚是融洽，这里便是他们的第二故乡，以后他们的孩子也将留在马国发展。

（点评：亲不亲，家乡人。血浓于水的同胞情义让读者真切感受到"海内存知己，天涯若比邻"。作者选取的这些素材比较独特，使文章不同于一般的历史写作，给读者眼前一亮的感觉）

自1990年以来，马国将旅游业列为重点发展的行业，鼓励大多数外国经商者来这里投资旅游业。他们建立了一所旅游学校，这所学校专门培养旅游方面的人才，鼓励大多数外国经商者来这里投资旅游业。马国凭借其天然的旅游资源优势吸引着一批又一批的开拓者们。自那以后，更多来自中国的华侨同胞登上了马国的土地，更多中国企业也与马国当地合作，谋求共同发展，中马两国的战略合作伙伴关系也得到了进一步的深化。

1978年改革开放后，整个中国沐浴着改革开放的春风飞速发展着，而非洲的部分国家由于基础弱，发展缓慢，中方不断给予他们支持合作。同一个世界、同一个梦想，拉紧了发展中国家携手前进的合作纽带；务实行动，书写了开放包容互利共赢的发展故事；使命担当，催动了构建人类命运共同体的团结努力。今天，马国依托它的旅游资源优势和农业优势快速发展着。每当祖父从电视新闻报道中看到有关于马国的消息总会开心地向我们讲述那段他在马国的日子，相信这份中马友谊已经深深烙印在了他的心中。祖父年逾八旬，至今仍坚持每天上班为病患诊断换药，心中的信念依旧坚定。今天他不断用自身经历鼓励着我们要勤奋刻苦，今后成为国之栋梁。

（点评：祖父的援非经历成为中马两国人民友谊的组成部分，深深印在了祖父的心里，当然，也在作者心中留下难忘的记忆）

附录

这是我第一次参加这样的历史写作比赛，我怀着激动的心情撰写有关于祖父的故事。国家友谊，这个看似很大的话题其实是建立在两国人民友谊的基础上的。我认为自己有责任、有义务去讲述一个医者在马国的故事，通过他的故事来感受中非友谊。

从历史研究的角度来看，我的选题属家史类范畴。准备期间，我的研究主要是通过收集第一手资料和第二手资料。

有关第一手资料收集，我通过与事件的亲历者——我的祖父，进行多次访谈得知，幸而祖父对于那段历史记忆依旧十分清晰，将所见所闻都完整地转述给我，加之许多瞬间被摄像机所记载，祖父的耐心讲解构成了这篇习作的主要框架，而老照片则为写作润色。

有关第二手资料收集，我主要通过查阅一些网络上有关甘肃援非医疗队的报道以及书籍《世界尽头的梦幻岛屿：马达加斯加》得来。通过对这些书籍的阅读和研究，既佐证了祖父的一些观点和论述，又使自己的"家史观"的视野得到了较大的开拓和升华。

谨以此文献给我亲爱的祖父和不断发展的祖国！

指导教师推荐语：马嘉豪同学从祖父50年如一日地工作在救死扶伤一线的几个片段入手，向我们展示了中国和马国两国人民的深厚友谊，行文流畅，感情真挚，立意高远，主题突出。作者认为自己"有责任、有义务去讲述一个医者在马国的故事，通过他的故事来感受中非友谊"，这正是历史教学要达成的目标——家国情怀。

"兰山杯"中学生历史写作大赛获奖感言

下面是马嘉豪同学的获奖感言，得知自己的作品获奖时，他已在大学读书，由于事不凑巧，不能亲临颁奖现场，所以，发来一份录成视频的获奖感言。

尊敬的各位老师，亲爱的同学们：

大家好！

我是兰州五十一中2019届九班学生马嘉豪，目前在浙江工商大学读书。昨天接到杨老师的来电，才得知自己的作品获得了"兰山杯"历史写作大赛一等奖，由于时间问题，无法亲自到场，向大家表示深深的歉意。

此时此刻我的心里感慨万千。忆起今年刚接到比赛通知时，我的内心其实十分迷茫，不知从何处落笔。杨老师指导我们要"贴近生活，从自己身边的故事讲起"，这时我才联想到了我的家人，我的祖父祖母——两位将一生都奉献给医疗事业的医生。

祖父曾在20世纪80年代两次随医疗队到马国援助，在救助他人的过程中收获了难忘的经历和珍贵的友情。

在写作过程中，我对祖父进行了三次采访，查阅了甘肃省人民医院的历史文献以及《世界尽头的梦幻岛屿：马达加斯加》等书籍。在杨老师的悉心指导下，历经一个多月，才最终定稿。

在此我对我的历史老师——杨重诚老师，表示由衷的感谢。是他从基础开始，一点一滴，不厌其烦地指导我，是他以严谨的唯物史观、时空观念、家国情怀等历史学科素养要求我，是他让我不断成长，完善稿件，最终荣获奖项。我还要感谢"兰山杯"主办方，使我获得了讲出自己家庭故事的宝贵机会。

我永远不会忘记，当我采访祖父的时候，他的眼里闪烁的坚定光芒，那是祖父的青春独家记忆。我也永远不会忘记将祖父祖母始终坚持的兢兢业业、一丝不苟的精神铭记于心，那是家族难忘传承的做事态度。它们承载着祖辈的岁月如歌，它们激励着我奋发向上！

最后，衷心祝愿"兰山杯"比赛越办越好。前潮已过，后浪成长，期待各位学弟学妹们能为我们带来更多平凡亦不凡的历史故事！

作者：马嘉豪

指导教师：杨重诚

第二节　电波中艰苦成长　用青春奉献祖国

——记我的爷爷

一、少年参军，农村里的识字人

1946年6月，蒋介石发动全面内战，大举向延安方向进攻，全国兵荒马乱。1946年8月中旬我爷爷出生，就在那战火纷飞的年代里，我爷爷度过了艰苦的童年，慢慢地成长为一名共产党员，文中我们称这位老党员、老兵为"堂"。

那年月中国穷，出生在陕西关中西郊农村的堂家里更穷。堂的父亲年迈，仅凭家里几亩薄薄的旱地艰难为生，母亲就带着哥哥、姐姐蒸馒头，烙锅盔，由两个哥哥走街串巷，沿街叫卖加工好的白面馒头、锅盔卖钱，剩下的黑面和麦麸用来养家糊口，这样能勉强维持一家人的生活。

日子过得飞快，家中的几个孩子就像旱地里的麦子一样长起来了，家中大哥上过两年小学识了几个字，二哥和姐姐都是文盲。家庭困难的堂到了八岁才上学，开学那天，他背上妈妈做的蓝色土布书包兴高采烈地走进了小学。也许是家里人对他的疼爱，也许是堂在读书上的天赋，他顺利地读完小学并考入乡里中学。尽管穷，母亲还是咬着牙供小儿子读初中。堂也争气，这个来自农村的孩子非常用功，爱学习，每次考试都是名列前茅。为了减轻父母的负担，堂在学校申请了工读生，一边工作（打铃）一边读书。他住在学校大门口的值班室，学校配发了一台马蹄闹钟，他每天按学校作息表按时打铃，打完上课铃后再去教室，坐在教室的最后一排靠近门的位置听课，下课时提前五分钟去值班室打下课铃，以此挣钱供自己读书，偶尔还能补贴家里一点儿。

初中三年时光很快过去了，18岁的堂从乡里中学毕业。他明白，继续上高中，家里供不起，现在只有两条路：一条是回村里继续走父辈们"面朝黄土背朝天"的老路；另一条是参军，当一名光荣的解放军战士。他不甘心就这样回去，正好这时县武装部宣传要从应届毕业生中，选征新兵。堂就积极报了名，经过体检、政审合格，堂应征入伍。

二、科学严谨，用数据发现错误

1964年8月初收到入伍通知书后，村支书很重视，他说：全村就你一人参军，是全村的光荣。村里给堂披红戴花，村支书牵着他的大红马送堂到县武装部报到。从这天起，堂成了一名光荣的解放军战士。当天下午，堂做了一个小时的火车，到西安军营的新兵排报到。这个部队的任务就是保卫十三朝古都西安城的安全。堂到了部队后，努力学习政治、军事知识，积极参加新兵训练。堂在这样日复一日地风吹日晒中，眼神变得更加深邃了，肩膀变得宽厚了，脸上少年的稚气正在消失，取而代之的是无尽的坚毅和自信。

是金子就会发光。堂在部队里表现出色，上级给了他一个出去学习的机会，堂去了更发达的兰州，在这里他学习载波通信，也是在这里开始了他和电波一生的缘分。他在兰州训练了三个月，就是他那种坚忍不拔、不服输的狠劲让他在根本没见过电台的情况下，完成了学习班的所有课程。

训练班学习结束后，堂被选调往青海省军区通信站西宁机务站当载波值机员。从理论学习转向了实践操作，堂心里很慌，因为在之前的三个月中，只学习了最基本的基础知识，对实践操作体系还一窍不通。机务站上是三班倒，日夜执勤，没有节假日。堂被安排在有技师领班的一组人员中，心里很高兴。堂在值班室努力学习业务，不断向干部请教，向老兵学习。经过半年多的跟班学习、实践和实际操作，在技师的指导下，他能单独完成日测、月测、季测、年测和一般的电路故障的排除检修。又经过一年半的学习和实践，堂不但载波通信理论有了提高，还自学了电子管、晶体管、放大器、收音机等知识，成了班里的技术骨干，可以单独带班。堂成了通信站的一分子，通信站的工作成为堂生命的一部分。

有一次，站上的一台载波机出现故障，由于没有先进的仪器检测，只能用现有的仪表和仪器进行测试。大家日夜连续工作，根据测试数据画出操作曲线图进行分析，经过和坐标曲线图比对进行计算。面对如此庞大的机器和极其繁重的计算，他们也只好硬着头皮用大脑和时间赛跑。耽误一天就可能导致有重要信息无法接收到，他们可开不起这样的玩笑。在专业技术员的带领下，他们分工合作，日夜不停，记不清用了多久，反正是满地的草稿纸。终于在全组检修成员的共同努力下推测出了问题，是电容器出现了问题。不过好在发现及时并未发生信息丢失，堂也因此受到嘉奖。

正是这一次的经历，让堂更加乐于奉献了。在通信站的最后一年中，堂几乎把自己埋在了机器里。堂真正爱上了他的工作，他除了完成本职工作外，还刻苦学习无线电波技术，自己安装了放大器，又学会安装电子管收音机。有一台现在还保存着，去年爷爷拿出来给我们全家展示，接上电源还能收到广播呢。

三、乱世之外，水草滩三年磨剑

1968年是堂最幸运的一年，3月入党，5月提干，成为水草滩机务站的技师。他接到通知，要求立刻赶往水草滩机务站，参加安装新机器设备。

水草滩机务站位于青海省大坂山脚下，该站是兰州连通河西、西宁、新疆的战备迂回长途通信线路的重要节点之一。它南通西宁，北通青石嘴、张掖，西通酒泉、新疆，有着重要的战略意义。

水草滩位于深山沟里，"文化大革命"期间地方上闹得很凶，部队主要是正面教育，不允许参加地方的活动，所以部队所受影响不大。堂带领的机务站人员进行正常值班和政治学习，他们保持着良好的军队作风，认真严谨地完成通信保障工作。该迂回线路是青海大通至海北青石嘴的延山公路走向建设的通信线路，崇山峻岭，地形复杂，线路迂回，检修的难度很大。

1969年夏天的一个晚上，机房值班人员报告，青石嘴方向一号线距本站15千米处发现线路故障。堂立即带领两名战士挎上冲锋枪，背上工具包出发抢修。15千米的路，说长不长，说短不短。在一座山的另一侧，三人凭着月光翻山越岭，沿着山坡小路艰难地跋涉着。经过三个小时的急行军，个个都是汗流浃背，突然天气骤变，狂风挟着当地特有的大雨，毫不留情地轰在了堂和战友的身上，三个人相互鼓励着，搀扶着，继续前行。十几分钟后雨停了，一弯月亮高高地挂在夜空。卡在山顶上的他们，只好放慢脚步，借着月光一点一点挪下了山。一边找故障点，一边注意脚下泥泞的山路。快到山脚时，发现了故障点，三个人齐心协力，一人用手电照明，一人上杆排除故障，一人指导观察。很快就排除了故障，使线路恢复了畅通。这时已经是凌晨三点了，他们个个都已经筋疲力尽。恰好，有老乡住在附近，三人就在老乡家的牛棚里借宿了一夜，第二天，天刚蒙蒙亮，就带着工具沿公路赶回了水草滩机务站。

水草滩机务站虽然只有十几个人，是最小的基层单位，站里的一切工作都是按基层部队的要求进行管理。堂除了组织大家进行训练、学习政治、巩固业务能力外，也找大家谈心，做思想工作，还组织大家和友邻单位进行篮球比赛和互助劳动，帮驻地老乡收麦子，这样不仅增加了友谊，也密切了军民关系。1969年的11月，堂被任命为水草滩机务站站长，这样他的工作就更加忙碌了。

四、长期奔波，14年跑遍中国

1971年6月，堂被选调入兰州军区通信部门工作，他不得不与刚结婚三个月的妻子告别。一个人来到了曾经学习过的地方，在军队机关，他从一名技师转变为大军区机关的参谋。工作性质的改变，让堂一时难以适应，于是他就刻苦努力，多学多问，多做。逐渐熟悉了参谋人员的职能任务，再加上他的适应能力强，很快就胜任了参谋工作。在这里，堂管理着军需部队的通信装备器材和通信工程器材的申请、筹集、采购、发放、管理技术维修工作。他虽然管钱管物权力大，但他牢记母亲在世时"咱们家再穷，也不贪不占"的教诲，为部队的通信建设，管好家用好钱。

因为工作能力强，品德端正的堂经常被派去出差，到全国各地交流学习，采购设备。从海南到东北，从上海到新疆，几乎全中国都有过堂年轻的足迹。1975年，年终总结大会上，堂受到了兰州军区司令部首长的嘉奖，这是对他工作能力的认可，也是对他的鼓励和鞭策。堂出差次数更多了，几乎一年中有180多天在外地，这也就令堂失去了陪伴家人的时间和精力。但他总是在出差回来的时候，用自己的工资买点平时买不到的食品和玩具。两个儿子虽然见父亲次数不多，但他们知道父亲每次回来不是带回来"上海铁盒牛奶饼干"，就是别人家过年才能吃上的桃酥，又或者是什么小伙伴从未听说过的稀奇玩意儿。

1982年11月，堂提升为副处长，由于文化程度低，有时工作总感到力不从心。1983年7月，他报名参加了军区在西安办的师团干部高中文化补习班，学期一年。由于堂刻苦努力，肯钻肯学取得了好成绩。1984年，他又参加了军区和武汉通信指挥学院联合举办的校带队学习班。经过不断学习，他考试合格，获得了武汉通信指挥学院指挥专业大专文凭。

堂也在奔波途中变得老成有远见，在大西北的风沙中，从一个少年变成了两个孩子的父亲，变成了一名经验丰富的工作者。

五、呕心沥血，装备库大放异彩

1985年进入中年的堂，来到了定西通信库任主任。刚到仓库时，正赶上全军库存装备质量大检查。上级要求，通过检查，要保证现有库存的装备性能良好，开箱加电就能使用。堂就组织技术人员和保管员分组合作，相互配合，明确责任，加班加点，保证库存装备大检查不走过场。经过几个月的努力，他们将测试检验合格的装备封存保管。总部工作组检查验收后，认为检测资料齐全，完整合格，装备封装完好，评定定西通信库为库存装备质量大检查先进单位。堂赴北京参加了总结表彰大会，单位受到了全军通报嘉奖。

在进行正常的装备器材保管工作的同时，堂着重抓岗位练兵，大力开展比学赶帮活动。很多保管员加班加点，苦练巧练，开展"背""记""摸"比赛。经过几个月的苦练，多数保管员做到了"一口清""一摸准""活账本"。"一口清"，即能正确说出自己保管器材的品名、种类、库存数量。"一摸准"，即蒙上保管员的眼睛，拿出一种器材零件，保管员用手一摸，能说出零件的名称、规格用途。"活账本"，即保管员不看账本，能说出保管的库存器材放置的位置、名称规格数量及用途。通过岗位练兵，堂大大提高了库存装备器材的保管水平。

堂到仓库不久，总部正式确定的后方基地仓库整修项目开始启动。他收到批复后，经费下拨到位，立即抽调有经验、懂工程建设的管理人员成立了工程办公室。通过周密计划，精心设计，反复论证，严格审核，他们用了两年半的时间，完成了仓库整修建设任务，建成了占地面积1200平方米的办公楼、一栋三层家属楼，还建成了文化活动中心、生活服务中心。这些工程的完成，极大地改善和提高了库存装备器材的保管条件，改善了机关办公、干部战士工作和生活条件，解决了随军家属住房困难的问题。文化活动中心有阅览室、库史室、乒乓球室，丰富了干部战士、职工家属和子女的文化生活。生活服务中心有卫生所、小卖部、面包房、家属工厂，方便了干部战士生活，也为驻地老乡看病、购物提供了方便。以上这些问题的解决，激发了干部、战士热爱部队、热爱仓库，安心仓库，愿为仓库工作多做贡献的热情，也被兰州军区司令部评为部队正规化、标准化建设先进单位并受到了表彰。

　　堂在部队的工作中，能够处处以身作则，党委一班人也能为大家做表率。当时仓库改造整修，建楼房等工程时，经费有保障，当地好几个工程队竞争。有的包工头要给堂送钱、送自行车都被拒绝，并对这些人进行了批评教育。他心想本来当地贫穷落后，群众生活苦，挣钱不容易，不能搞不正之风。最后经过调查审核，他们将工程项目承包给信誉好、注重质量的工程队。这样使包工队和部队干部都受到了教育。

　　堂在解放军这所大学校里，经过28年的摸爬滚打和历练，用他的大半生为部队的建设作出了自己的贡献。

六、转业地方，黄土高原响警报

　　1991年，45岁的堂以上校正团军衔转业到甘肃兰州。当时正值改革开放时期，国家经济迅速发展。以堂现有军龄、职务本可以在部队颐养天年，但是他不安分，凭自己的能力和身体，还想再干一番事业，所以就自己要求转业地方工作，并获得了批准。

　　1991年8月，堂到甘肃省人民防空办公室（以下简称"人防"）报到。无疑，这里的工作和堂的专业息息相关，于是他在人防通信处任职并兼任通信站站长。堂上任后发现，在用的警报型号陈旧，控制方法落后。音响警报，覆盖市区只有40％～50%。积极建议对全省人防城市的警报进行更新，采取集中控制。他建议每年从业务费中安排一定的经费下拨，并要求给人防城市也要拿出一部分经费用于警报建设。经过五年的坚持，各市人防警报器的数量不断增加，警报音响覆盖率提高到了80％～90%，控制手段也采用集中控制，提高了可靠性。

　　在人防通信保障方面，他们建立了人防无线电、数传通信网，通过计算机控制，将人防文件电报表格图片等信息加密后变成数字信号，从现有的无线电台发出，对方收到后由计算机解密后打印出文件表格图片，完成文件的发送接收。这在当时是很先进的，在全国人防系统，甘肃省是第一家。后来由省向八个人防城市，配发了计算机和系统软件用于无线数传工作。通信系统升级后又出问题了，全省的人防报务人员年龄偏大，都不会操作计算机，堂就组织全省人防报务人员在兰州集中培训，请军区的技术人员任教，手把手地教。他们先后举办了三期培训班，使报务人员的操作能力有了很大的提高，也为后来的计算机应用培养了人才。

还有值得一提的是，在那个传呼机流行的年代，堂领导建设了天马传呼台，还在兰州的皋兰山上建立了通信机房，在山顶建了一座沿用到现在的30米高的通信天线。这些通信设施，为军用、民用通信基站带来了极大的方便。

在此期间，堂为人防建设作出了大量贡献，也收获了不少心得。堂把它们汇成了一篇论文，发表后受到国家人防的嘉奖。这也是堂对自己工作生涯的最好答卷。

七、光荣退休，关心祖国下一代

2006年，60岁的堂光荣退休，这是他第一次感觉自己老了，看着眼前一岁的小孙子，他高兴得就像50多年前自己第一次踏进小学那样。堂非常喜欢孙子，由于孩子父母上班，中午不能回家吃饭，从幼儿园到小学一至六年级，孙子中午、下午的接送都是由堂完成的。堂现在已经退休了，还关心着国家大事，每天晚上按时收看《新闻联播》。他很关心国家的发展和人民的幸福，2008年汶川地震，2020年发生新冠肺炎疫情，他都积极捐款，以尽自己的微薄之力。特别是在党的领导下，在全国人民的共同努力下，全国832个贫困县，9000多万贫困人口全部脱贫，这是世界奇迹。看到了中国人民从站起来到富起来，再到强起来，堂心里由衷地高兴，这就是这个有五十多年党龄的老党员的情怀。

堂的孙子也就是本文的作者——我。从我记事起，爷爷好像就没有多大变化，永远是腰板笔直，红光满面，精神焕发，有浓浓的军人作风。爷爷没有什么不良习惯，就是吃饭喜欢喝一杯小酒。爷爷对吃很有研究，也许是以前的工作原因，见过的新奇事情多，吃饭特别注意营养和健康。

小小的我好奇心强，看着小酌两杯的爷爷鬓角微微出汗，就开始提问。童言无忌，小小的我总是提出奇怪的问题，爷爷倒也不嫌我烦，耐心地给我讲解"太阳为什么夜里不出来"之类的幼稚问题。每次在听爷爷口齿清晰地回答我的问题时，我就像吃了蜜一样痴痴地听着。

以前总觉得爷爷奶奶姥姥姥爷不会老，直到我发现他们的腰并没有那么直了，切菜没那么细了，步子也没有那么坚定了，他们确实老了。我长大，他们也"长大"，不过他们长大的方式和我不同。他们用他们的方式关心我，爱护我，陪伴我。爷爷每年大年初一，做的一大桌美味佳肴；奶奶在阳台上种的几盆辣椒、芹菜；姥姥寄来的大酱；姥爷寄来他亲自钓的炸好的小鱼，这些生活中的平常物，都是他们对下一代人的关心，也许他们并不关心我的考试是否失利，因为我在他们心目中是最棒的。

谢谢你们用奋斗和青春换来了如此美好的今天。伟大不一定要所有人都知道！

八、后记

感谢"兰山杯"给了我这样一个机会，去和年轻时的爷爷对话。文中"堂"人物形象原型就是我爷爷，"堂"的故事也算是根据爷爷的口述撰写而成。写这篇文章时感觉到身上担负着巨大的使命感，爷爷一生奉献祖国，为部队建设，为甘肃省防空建设作出许多贡献，在生活中也是我们这一大家子的主心骨。现在爷爷奶奶用自己喜欢的方式颐养天年，同时关心着我们这一代，使我们这个大家庭幸福美满。

本次写作经历了采访、初稿、修改、成稿几步，最终得到文章。

点评：郑泽睿同学饱含深情地讲述了自己爷爷从军报国的事迹，字里行间，满满的家国情怀。文章立意高远，主题鲜明。特别是作者通过寻访爷爷走过的路，切身感受到身上担负着巨大的使命感，发自内心地说出"谢谢你们用奋斗和青春换来了如此美好的今天。伟大不一定要所有人都知道！"讲好家族故事是讲好中国故事的开端，写有温度的历史，做有情怀的追梦人，期待看到更多有故事的人讲述自己精彩的人生故事。

作者：郑泽睿

指导教师：杨重诚

第三节　金城大药房

剧情概述：

秦仪贞是甘肃省第一位女共产党员。1925年年底，甘肃省第一个中国共产党党组织——中共甘肃特别支部在兰州成立，张一悟任书记，宣侠父、钱崝泉任委员。宣侠父、钱崝泉等人以江浙老乡关系结识了秦仪贞夫妇。秦仪贞在他们的启发教育下，于1926年加入中国共产党。秦仪贞和丈夫在道升巷开了一家"中外大药房"，她的家成了共产党人的秘密活动据点。她以药店老板娘的公开身份作掩护，帮助党组织开展革命工作。中共甘肃特别支部（以下简称"中共甘肃特支"）经常在她家接头开会，她承担并出色地完成了人员联络、警戒放哨、传送情报、筹措经费等任务，为革命做出了特殊贡献。

主要角色：

秦仪贞（甘肃省第一位女共产党员）、钟繁堂（秦仪贞义父）、杜酉康（秦仪贞丈夫）、张一悟（中共甘肃特别支部书记）、钱崝泉（中共甘肃特别支部委员）、宣侠父（中共甘肃特别支部委员）。

第一幕

场景：汉口大药房

时间：1910年

人物：秦仪贞、钟繁堂、杜酉康

屋外阳光普照，车水马龙，人群熙熙攘攘，钟繁堂坐在一把太师椅上，出神地望着窗外。在他身后，秦仪贞在啜泣，杜酉康低首俯立。

秦仪贞：父亲，我，我真的不想离开您。（哽咽状）

钟繁堂：哎（叹息），仪贞，你自幼漂泊，历经磨难，跟着我已经10年了。可以说，我是看着你长大的。这十年，你出了嫁，还跟我学习了很多经商的门道，你和酉康已经可以独当一面了（搂怀安慰），让你们去兰州，也正是为了锻炼锻炼你们，让我们的祖业发扬光大啊。

杜酉康：老掌柜！可是……（被打断）

钟繁堂：好了，酉康啊，没什么可是。身逢乱世，我一生谨小慎微，家道艰难，经营这间药房，守着祖上的产业。西北药品奇缺，这正是我们的机会啊。孩子们，去收拾东西吧，为父稍后为你们钱行。

秦、杜：（俯身一拜）知道了，父亲。

第二幕

场景：兰州道升巷，兰州中外大药房

时间：1926年

人物：秦仪贞、杜酉康、钱崤泉、宣侠父

新收拾好的药店内，仿古的药柜整齐排列，空气弥漫着浓郁的中药味。正门一副楹联："但愿人皆健，何妨我独贫。"柜台中，秦仪贞正在用算盘对着账，杜酉康指挥小工搬运药材，嘴里不停吆喝着"小心，小心，轻拿轻放"，好像在搬运贵重的瓷器。这时，钱崤泉和宣侠父一前一后走了进来。

钱崤泉：哎哟，杜老板、老板娘，恭喜发财呀！（拱手）

秦仪贞：钱老板、宣老板，好久不见哪，又去哪发财了？

宣侠父：（挥挥手）小生意，入不得您的法眼。这次来……

钱崤泉：（打断）老板娘，门口这对联看着可新鲜。这别人做生意图的是养家糊口，您二位这反倒愿意越做越穷了？

杜酉康：唉，您有所不知，这金城虽繁华，但这看不起病、抓不起药的人可不少。我那太太心善，每次见到这类人，不仅送药，还请坐堂的大夫替他们看病。这一来二去的，本以为会亏不少，没想到生意却比之前还好些，于是我便请人写了这副联儿。

宣侠父：（恍然大悟状）噢，原来如此，杜太太真是心地善良啊。

秦仪贞：咳，我7岁丧父，10岁丧母、兄，又被人强抢为童养媳，幸得一群船夫帮助，才得以脱身。后流落到汉口，被义父收养。可那段逃难的日子至今仍历历在目，那群船夫们人很好，但生活非常落魄；经常缺衣少食，生病也只能靠自己去山上挖些草药，经常耽误病情……来到这金城后，我同样也看见了像他们一样的人，同样的品行、同样的处境。我于心不忍，所以才设法去帮助

一下，只可惜难有大用。（叹息）

宣侠父：（正色）杜太太言重了，您的这份心意和行动已是金城之幸事，宣某佩服。

钱崝泉：（低声）杜老板，言归正传。我们今天来，是想和你们谈一笔生意。我们需要在十五天内拿到这些药材。我和老宣商量后，觉得只有这中外大药房才能做到，不知道杜老板有意否？（递出一张清单）

杜酉康：（接过清单，脸色微变，让伙计退下，向门口张望了一眼）这……钱老板，这药材可都是伤药，大多数还都是西药。冒昧问一下，您这批药材是要用在什么地方啊？

钱崝泉：（低声，关上门）用在最需要的地方！国家苦难深重，大众民不聊生，寻求救国救民的责任落在我们肩上。甘肃虽地处偏远，交通不便，但革命的风暴也激流涌动。我们需要像您二位这样的有识之士站出来，我们要联合起来，反抗剥削！反抗压迫！

秦仪贞：（激动状，低声）前两年北京学生闹了一阵儿，兰州这边也有人上街发传单，被那些军警赶得伤的伤、逃的逃，正好有一个中年人被追进我家。看见警察在抓他，我和我家那口子于心不忍，就让他扮成小工在店里待了几天。几天里他给我们讲了很多道理，我们为之震撼。我愿意帮你们这个忙，也希望成为你们这样的人，我也要投身革命！（停顿片刻，声音微颤）可以吗？

钱崝泉与宣侠父警惕地望了望四周，微微点头。四人随后便继续谈笑风生，过了一会儿便拱手道别。秦仪贞、杜酉康夫妻二人礼貌相送，街上的行人也已见怪不怪，一切悉同往日。

第三幕

场景：金城中外大药房地下室

时间：同年9月

人物：秦仪贞、张一悟、钱崝泉

昏黄的地下室里，烛火微微摇曳，这间平日里储存药材的阴暗地下室连小工都不愿意多待。此刻，秦仪贞、张一悟、钱崝泉脸色严肃，对着一面略显破旧的红旗。

张一悟：秦仪贞，你自愿提交申请，经组织考察，我介绍你加入中国共产党。现在，请跟我对着党旗宣誓。

秦仪贞、张一悟：以至诚加入中国共产党，愿永久遵守下列誓词：①遵守党纲党章和纪律；②绝对忠实，为党工作，永不叛党；③保守党的秘密；④服从党的一切决议；⑤经常参加支部生活和活动；⑥按时缴纳党费。如有违上列各项愿受党的严厉纪律制裁。宣誓人：秦仪贞、张一悟。

张一悟：秦仪贞，我代表中共甘肃特支欢迎你的加入，从现在开始，我们每一分、每一秒都需要你的努力，你的努力也在让中国变得更好。现在，我们是同志了。（伸出手掌）

秦仪贞：（握住）谢谢你冒着风险过来，张同志。我一定努力工作，积极投身于反帝、反封建的革命斗争，宣传新三民主义，宣传共产主义，为前线作贡献，为党作贡献，请党考验我！

张一悟：仪贞同志，你很快就会得到机会，根据革命的需要，中外大药房将是我党的一个秘密联络点，你是我们的交通员。中共甘肃特支需要有这样的秘密活动据点和对外联络点，你的任务无比光荣！地下工作需要忠诚、使命和担当，我相信你能很好地完成好这一任务！

第四幕

场景：兰州城郊

时间：十年后，1937年

人物：秦仪贞、张一悟、宪兵A

（画外音）眨眼间十年过去了，这十年秦仪贞经历了也失去了很多。两次反革命政变、八一起义、九一八事变……半个中国落入日寇之手。平津告急，华北告急，中华民族告急！十年间，张一悟被韩复榘囚禁，不久前得以放出，身体极度虚弱。秦仪贞冒着危险，把张一悟偷偷接到家里藏起来，为他煎药喂饭，调养身体，直到他恢复健康。可时局动荡，他一直躲在药店中也不是办法。于是，秦仪贞与张一悟商议，决定将其与其他几位党员密送出城。

1937年深秋的一天，几个商人打扮的人在夜色掩护下，乘坐一辆马车从兰州道升巷驶出。在城门跟前，国民党特务拦住盘问，说是要搜查共产党。这时，马车上下来一位雍容华贵的阔太太，她身穿绸缎，珠光宝气，缓步走到特务面前。

秦仪贞：（微微一福）这位军爷，我是这道升巷中外大药房的老板娘，到外地去进些药材，耽误了生意您怕是不好交代。

宪兵A：原来是秦夫人，刚才冲撞了夫人，还请见谅。

秦仪贞：不妨事，我与你们司令也是老交情了，你们司令和保安队队长这两天略有不恙，还是我让配了几服药送去。这城郊偏僻冷清，军爷辛苦！（挥挥手，小厮递过一个布袋。宪兵熟稔地接过，用掌心掂了掂重量，满意地点了点头）

宪兵A：多谢夫人！队长那里还请帮我美言几句。（讪笑）

秦仪贞：（微笑）那是自然，只是这时候不早了，您看……

宪兵A：（笑道）好说。（挥挥手）放行！

（马车疾驶而去）

走出一段路后，小厮松了一口气。原来，他就是撤往外地的共产党人张一悟。由于国民党实行白色恐怖，大肆搜捕共产党员，为保存力量，他们决定暂时撤往外地。

张一悟：（玩笑道）老板娘还真是威风啊！

秦仪贞：（嗔道）阎王好见，小鬼难缠。对付这种老兵痞，只有稍加警告，再给些好处才行。有着这样的军队，难怪这几次会战国民党都是兵败山倒。

张一悟：（叹气）中国积贫积弱久矣，哪里是一朝一夕便可提振的。现在咱们党提议建立抗日民族统一战线，只有联合全中国的力量，才能够赶走日本侵略者。

秦仪贞：只要我们同心协力，这场战争迟早会以我们的胜利而告终的。（眼神低垂，沉默片刻）是时候了，张同志。咱们革命胜利后再见。

张一悟：仪贞同志，甘肃特支经常在你家接头开会，你出色地完成了联络警戒、情报传送、经费筹措等任务，钱崝泉同志在江苏被国民党反动派杀害后，你帮助安葬和处理善后事宜，并给予烈士母亲经济方面的援助，为革命作出了特殊贡献，我们感谢你。我相信，在不久的将来，每个人都会知道，在这条特殊战线上，有很多像你这样的同志为党忠诚，同敌人机智斗争作出了重大牺牲，有的献出了宝贵的生命……（啜泣）

秦仪贞：感谢党的培养，我是一名党员，这只是我的本职工作，比起那些牺牲的同志，我做得还很不够，他们才是无名的丰碑！以后，我真想去看看！看看那些街道、那些胜利的人们。他们有了自己的共和国……（两人望向天边，那里夕日欲颓，却仍不甘地向外散射血色的光焰，仿佛想吞噬一切。黄河此时却也大不一样，河水殷红却有阵阵红浪滔天，仿佛想要将那斜阳驱散而去。河面散射的红光映向远方，很远很远……）

（一阵船夫号子传来）

嗨！划哟！嗨！划哟！

嗨！划哟！嗨！划哟！

不怕那千丈波浪高如山！

不怕那千丈波浪高如山！

行船好比上火线，

团结一心冲上前！

嗨！划哟！嗨！划哟！

嗨！划哟！嗨！划哟！

嗨哟！嗨哟！

划哟！划哟！划哟！

划哟，冲上前！划哟，冲上前！划哟，冲上前！

划哟！嗨哟！嗨哟！

（画外音）中华人民共和国成立后，秦仪贞积极参加新中国的各项恢复和建设活动，先后被选为兰州市第一届、第二届人民代表大会代表，甘肃省第一届人民代表大会代表，中国妇女第三届全国代表大会代表，中国人民政治协商会议甘肃省第二届、第三届委员会委员等。1966年，秦仪贞因病逝世。

（完）

附录

相关史料来源：

1. 百度词条：①秦仪贞②张一悟③韩复榘④1937年（年份）⑤1938年（年份）

2. 100个陇原红色故事|秦仪贞（共青团景泰县委）

活动总结：

此次活动意义非凡。第一次写剧本，第一次为创作熬夜通宵，我很庆幸拥有这次难得的机会。此次活动我学到了知识，增长了见识，战胜了很多挑战，获益良多。秦仪贞的经历没有人们想象得那么坎坷、那么传奇、那么惊心动魄，但她的故事是最真实的，她没有孤身闯入匪窟这类的壮举。她的事迹值得被更多的人传颂，她是一位当之无愧的女英雄。在一个民族的精神谱系中，英雄是最醒目的标识。正如习近平总书记所说："共和国是红色的，不能淡化这个颜色。无数的先烈鲜血染红了我们的旗帜，我们不建设好他们所盼望向往、为之奋斗、为之牺牲的共和国，是绝对不行的。"在"崇尚英雄、学习英雄、捍卫英雄、关爱英雄"的时代，秦仪贞——甘肃第一位女共产党员，用她的精神，在陇原大地上树立了一座不朽的丰碑。

教师推荐语：

作者将甘肃省红色文化元素纳入历史写作活动，有利于培养家国情怀，值得推荐。

点评：这篇历史剧作基本符合剧本写作要求，以甘肃省第一个女共产党员秦仪贞为主人公，将中共甘肃特别支部主要成员张一悟、宣侠父、钱崝泉等人以金城大药房为秘密联络点，开展革命斗争的事迹浓缩为四幕剧呈现出来，几位热血青年，用他们对共产主义的信仰和救国救民的理想，掀开了共产主义运动在陇原大地上的新篇章，燃起了陇原大地上的第一颗革命星火。作者在剧本创作前进行了大量前期准备，查阅资料，阅读书籍，精心设计，能抓住主要事迹、关键情节塑造人物。该剧对传承红色基因，赓续红色血脉有强烈的现实意义。通过阅读剧本，我们又一次聆听历史的回声，感受信仰的力量，汲取前行的动力。

作者：胡雨亮

指导教师：刘书恒

第四节　为了这片热土

——记我的姥爷

（点评：主副标题用得非常好，主标题突出文章主题，副标题说明文章写作的中心人物）

在我的家族里，姥爷是最疼我的人。

（点评：开卷有益，直接说明作者与写作对象的关系，"最疼我"用得好）

小时候，爸爸妈妈工作忙，姥爷和姥姥就把我带在身边。儿时的我，从他们身上学到了很多做人的道理。耳濡目染之下，我对姥爷和姥姥特别依恋，以至于上了初中以后，我还记得那些点点滴滴的往事。闲暇时候，总是缠着妈妈问姥爷的故事。

（点评：此处"缠着妈妈问"很好，不露痕迹地说明对姥爷过往的了解是来自妈妈的讲述）

一、姥爷的童年

1937年11月，姥爷出生在大西北一个荒凉的小山村——甘肃省皋兰县黑石乡甘家窑村。那时的中国，正在全力抵抗日本帝国主义的侵略。（点评：将个人命运置于宏观的历史大背景下）姥爷出生在一个贫困的农民家里，全家有8口人，在太爷爷的6个儿女中，姥爷排行第四。太爷爷常年有病，在姥爷6岁的时候就病逝了。这么说来，姥爷的童年十分不幸。（点评：逻辑自洽，从"国"和"家"两方面得出姥爷"童年十分不幸"的结论）

听母亲说，尽管家里很穷，但是姥爷从小就特别爱学习，是那个小山村里唯一上完初小，而后又考上甘肃省畜牧兽医专科学校的学生。

二、姥爷的学生时代

1960年9月，姥爷23岁的时候，考上了甘肃省畜牧兽医专科学校，这是1952年成立的一所培养畜牧兽医技术人才的中专学校，位于武威市黄羊镇。

姥爷考上了畜牧兽医学校时，正赶上中华人民共和国成立以来最困难的时期，姥爷的家境本来就不怎么好，但是家里再难，太爷爷也要支持他完成学业。（点评：背景的描述突出时代特征）可是，姥爷却更懂得珍惜来之不易的学习机会。姥爷跟我说，记得上学时每到周六，学校都组织集体看电影，当别的同学在聚精会神看电影的时候，姥爷却在偷偷地背公式和概念，一场电影结束了，姥爷已经把一本书的要点都快背会了。（点评：细节描述真实可信，必是当事人亲自经历才有的记忆）当时国家也不富裕，学校给学生每周周六才能供应两碗稀饭。据姥爷回忆，到周三的时候，他就已经爬不动楼梯了，到周四、周五时已经饿得走不动路，只能吃点野菜勉强活下来。那时候，要是能吃到地里的一个萝卜，就算是一件很幸福的事情了。当时姥爷的同学中就有一些人因此不得不中断学业，就是在这种极其恶劣的环境中，姥爷总算是坚持完成了学业。

（点评：真实历史场景的再现）

三、参加工作以后

毕业后，姥爷回到了自己的家乡，起初是在甘家窑村上给生产队的猪牛羊以及大牲畜看病，还要参加生产队的集体劳动。这段时期，姥爷和姥姥相识相爱，组建了一个幸福的家庭，他们生了3个男孩、3个女孩。我妈妈是姥爷最小的女儿，得到的关爱也最多。在妈妈的记忆力，（点评："力"是智能组词导致的别字，应为"里"）姥爷特别爱学习，爱看报纸，对不认识的字一定要查字典搞清楚，这种精益求精、一丝不苟的学习态度，深深地影响了他的孩子们。我大舅、小舅和我妈妈在姥爷的严格要求下，都先后考上了大学。

（点评：家风的传承，读起来让人肃然起敬！）

姥爷是专业的兽医师，对待工作，他从不含糊。姥姥说不管是刮风下雨，还是三更半夜，只要有人来找他给牲口看病，姥爷从不推辞，随叫随到。有一年冬天，大半夜，有村民敲门，说有一匹马生病了，牵着走到半路就走不动了。情况危急，姥爷二话不说，赶紧穿上衣服跟着那人走了，并且吩咐姥姥赶紧背上一捆柴草随后赶来，见到了生病的马。根据姥爷的经验，这匹马得了肠梗阻，如不及时救治，就会死去。姥爷就在冬天的夜里，撸起衣袖，露出胳膊，就地施救，用手掏出阻塞在肠道里的杂物，姥姥在马的旁边把带来的柴草点燃，供大家取暖。忙到天亮，这匹马的命总算保住了，可是姥爷却累倒了。

（点评：细节描写很到位，一个对村民高度负责、对自己职业高度负责的姥爷的形象跃然纸上）

四、姥爷的退休生活

1997年，姥爷退休了。退休以后的姥爷觉得自己的身体尚好，还能为国家做点事。于是，他就在工作过的黑石镇开了一家兽医诊所，为老百姓服务。对村上的贫困户免费服务，还教他们一些基本的家禽家畜诊疗常识。有一次，姥爷做梦，梦到他在为他诊疗过的牲畜讲话，眼前整整齐齐、密密麻麻站着一大群牛马羊，其中还包括一些诊治失败的牲畜，他说："你们之中的一些没治好的，只能怪我医术浅薄，或者你们自己的病太过严重，我也无能为力，只希望你们不要恨我。"（点评：质朴的话语折射出姥爷对自己工作的敬畏和担当）姥爷说起这些的时候，心情是沉重的，我隐约能感受到他对自己从事的兽医工作的热爱和较真。

因为姥爷退休不退岗，在皋兰县黑石镇开兽医诊所，为老百姓办实事、办好事，解决了老百姓饲养家禽家畜、脱贫致富的后顾之忧；而且，六十年如一日，风雨无阻，任劳任怨，赢得了老百姓的一致好评。在2017年皋兰县首届道德模范评选活动中，姥爷获得"助人为乐模范"荣誉称号，受到了县委县政府的表彰。看着姥爷披着绶带接受表彰的情景，我感到无比自豪，姥爷就是我的榜样和楷模，我要努力学习，长大以后，成为对社会有用的人。

（点评：小作者的感悟很到位，充分体现出中学生历史写作的育人功能）

附录

活动过程记录

我小时候就是姥爷姥姥带大的，姥爷在家乡开兽医诊所的时候，我就和他们一起生活，目睹了姥爷为村民医治猪牛羊的场景。这次写身边的道德模范，我首先就想到了姥爷，为此，多次请姥爷讲他的过往，并用手机录音，请姥爷翻出压在箱底的各种证件以及老照片，并拍了照。春节期间利用走亲访友的机会，我特意采访了家族里的老人，请他们补充了一些关于姥爷的点滴事迹。文字稿从春节期间就开始写，一直不满意，后来，在父母亲的指点下，选取了姥爷一生中最重要的几个时段，用了几个典型的事例完成了这篇历史论文。

历史感悟

"家是最小国，国是千万家"，一个个家庭的历史凝聚成一个民族的历史，一个个民族的历史汇聚成一个国家的历史。历史很重要，记载着我们的过去，不论辉煌与平淡，不管风光或渺小。历史也是普通人创造的，正是有千千万万像姥爷一样普普通通的人，在平凡岗位上默默无闻地奉献，才有了今天的"岁月静好"。作为学生的我们，更应当肩负起历史的重担，将梦想变为现实。

推荐语

杨家宁同学的作品《为了这片热土——记我的姥爷》以姥爷一生的事迹为主线，本文由"姥爷的童年""姥爷的学生时代""参加工作以后"和"姥爷的退休生活"四部分组成，紧扣"身边的时代变迁"这个主题。此文真实可信，表达清晰，结构完整，故事以小见大，可见作者较强的文字驾驭能力以及良好的历史写作素养，特此推荐。

总　评

本文的优点很突出：一是故事内容真实可信，细节感人，突出历史写作"真"和"微"的特点；二是语言质朴有力，饱含深情，比较有感染力；三是选择的图片和照片真实且典型；四是文章按照时序讲述姥爷的故事，过渡自然，结构完整紧凑；五是将个人的故事放在时代大环境中，从个人命运变化折射出国家、民族和时代的大环境。

作者：杨家宁

指导教师：高燊旭

第五节　爷爷的"地狱"与"天堂"

——听爷爷讲那过去的事

一个人的一生就是一本历史书，一个人的经历就是一段历史，一个人的变故就是一个时代的缩影，一个人的几次变故的连线就是时代的变迁史。所以，我们可以通过了解一个人一生的经历去探究一段历史或一个时代的变迁。爷爷很喜欢看电视剧，特别喜欢看那些中华人民共和国成立以来反映农村变化的农村剧。不过，据我观察，爷爷在看电视剧的时候喜怒无常，有时候发自内心地会心一笑，有时候开怀大笑，有时候表情凝重地沉思，有时候静静地发呆，有时候还会被泪花朦胧双眼。"难道爷爷得了神经病？"我偷偷地问自己。后来，我才发现爷爷的情绪和反应是随剧情而变化的。是呀，爷爷经历得太多了，看到经历相同的剧情会有感而发。今年清明节我随父亲一起回老家上坟①，出乎我想象的是，在离家很远的大山里面②和会宁县的老君乡③的人们都去上坟。今天，我带着好奇与疑惑和大家一起来了解爷爷的"地狱"与"天堂"，通过爷爷的一生经历以期探究中华人民共和国成立70多年来，我国农村发生的翻天覆地的变化。

---

① 甘肃省平凉市静宁县老家把扫墓叫上坟。

② 爷爷的奶奶的坟在很远的大山里面。以前家族兴旺的时候坐过山庄。

③ 爷爷的爷爷的坟在会宁县的老君乡。第二次逃荒后，爷爷再没有回家。

爷爷的求学之路

民国三十七年九月，即公元1948（戊子）年9月，在三大战役的隆隆炮声中，爷爷出生在静宁县偏僻、贫穷、落后的深沟村上坪社。此时出生的爷爷正值蒋家王朝即将覆灭、中华人民共和国即将诞生之际，马上迎来属于自己的幸福生活，然而爷爷和全国民众一样是经过"地狱"般的锤炼之后，才迎来幸福的"天堂"生活的。

1956年，八岁的爷爷走上了"漫长"而短暂的求学之路。据爷爷讲，在之后的两年时间里，他真正进入学校读书的时间加起来不超过一个月。繁重的农活加上饥饿之神的相伴，到1958年8月，爷爷的求学之路彻底终止。时至今日，爷爷认识的字不超过100个。

爷爷的逃荒岁月

听爷爷讲，虽然1950—1952年国家通过土地革命让农民分到了土地，后来通过三大改造又在农村建立了合作社，但由于当地自然条件差、耕作技术落后加之一些人为因素，乡亲们还是吃不饱、穿不暖。1958年8月，在家里已经断粮已久的情况下，刚满十岁的爷爷被迫跟随八十太爷[1]和太爷[2]开始了他人生中的第一次逃荒、讨饭生涯。爷爷讲这次逃荒到了"北里"[3]，幸运的是这次半年的逃荒保住了他们爷孙三人的命，可惜等他们三人回家时，家里少了一人[4]。即便如此，爷爷还要把讨要回来的少得可怜的口粮分一些给天天和死神打交道的邻居们。

1958年8月29日中共中央发出《关于在农村建立人民公社问题的决议》[5]

---

[1] 静宁方言，把爷爷的爷爷叫八十太爷。

[2] 静宁方言，把爷爷的父亲叫太爷。

[3] 静宁老家方言，因为会宁县在老家的北面，所以老家把会宁县一带叫"北里"。

[4] 二爷爷，即爷爷的大兄弟饿死了。

[5] 《静宁县志》第142页。

后，农村开始轰轰烈烈地组建人民公社，到1959年春天爷爷他们三人在人民公社的"大好形势"下回乡了。可惜好景不长，以高指标、瞎指挥、浮夸风和"共产"风为主要标志的"左"倾错误在农村严重地泛滥开来，虚报产量和购过头粮，使农村元气大伤，在农村造成了新的混乱，随后出现了静宁经济上的三年困难时期[①]。在当地连草根、树皮都吃不上的情况下，回家才半年多的爷爷又于10月份开始了他人生中的第二次逃荒、讨饭生涯。"旧窝里面没巧儿"[②]，爷爷说。所以这次逃荒爷爷在过年前就回来了。不过，回来的只有爷爷和太爷两人[③]，而且不幸的是家里又少了一人。说到这儿，爷爷意味深长、很气愤地说："本来上面政府是发了一部分救济粮的，但被公社压放到了粮库里没有发下去，结果粮食发霉了，人饿死了一些！"

爷爷的羊倌生涯

1960年春节过后，12岁的爷爷被安排给生产队里放羊，开始了长达三年的羊倌生涯。在此期间，爷爷利用放羊的时间挖一些野菜、剥一些树皮，偶尔偷着摘一些庄稼地里未成熟的粮食颗粒拿回家来贴补口粮（还经常救济比他们更困难的左邻右舍）；捡一些羊粪回来放自家门前小菜园里，使得自家小菜长势比较好。1960年春夏，静宁大旱，7、8月份又是雹洪成灾[④]，这对本来随时迎接死神的乡亲来说无疑是雪上加霜，但到了秋天传来了喜讯：公社要发粮了。"不发粮还好，这一发粮，全村死了一半以上的人（静宁全县死亡1.5376万人，人口自然增长率为-54.12%[⑤]）。"爷爷说："长时间没见过面食，突然吃了粮食不适应死了一些人；吃了发霉的粮食得病死了一些人；吃得太猛了撑死了一些人。总之，太惨了……"

---

① 《静宁县志》第143页。

② 静宁方言，意为同一个地方不可能第二次得到你想要的东西。

③ 八十太爷领着大太爷和四太爷逃荒，再没有回老家（太爷排行第二，三太爷到内蒙古逃荒再没有回来）。

④ 《静宁县志》第130页。

⑤ 《静宁县志》第37页。

爷爷的劳动历程

1963年，15岁的爷爷正式参加生产队的农业劳动，开始和太爷一起挣工分养家糊口了。加上1960年冬天中央出台的调整国民经济的"八字方针"[①]的影响，家里的日子总算稍稍好过一点了。1964年爷爷所在的深沟公社并入治平公社。由于太爷做饭的手艺远近闻名，所以当年被治平公社政府聘为公社食堂厨师，太爷微薄的工资收入可以适当地补贴一些家用[②]，但全家劳动挣工分的希望基本上落到了爷爷一个人身上了。这样一干就是17年[③]，其间还要受到"文化大革命"时期朝不保夕的煎熬和随时可能降临的大祸临头。爷爷虽然苦点累点，但全家人基本上不至于挨饿了[④]。

爷爷的勤劳致富

1980年春天，治平公社迎来了天大的喜讯：公社要把土地分给农民，由农民自己耕种、自负盈亏。说到这儿，爷爷眉飞色舞，"地狱"般的生活终于要结束了，"听说是中央通过一个'什么届的会议'，由邓小平提出的一个'什么联'的政策"（爸爸给我解释说，是1978年12月召开的党的十一届三中全会，决定在农村实行家庭联产承包责任制）。当年全家11口人[⑤]分到了28.4亩承包地（每人2.58亩）和2.16亩自留地。"可算是要过'天堂'般的生活了！"

爷爷乐呵呵地说："这往后，过节都能吃上白面饭、过年都能吃上饺子了。1981年的春节全村敲锣打鼓，好不热闹。好几家的小孩儿还穿了新衣服

---

① 部编教材初中历史八年级下册第28页。

② 当时国家物资奇缺，计划经济下买粮得有钱、有粮票，即使有钱、有粮票也不一定能买上粮食。

③ 这期间的70年代，有几次被工厂招工的机会，但由于爷爷是家里的主要劳动力而错失机会。

④ 当时主要是五谷杂粮。

⑤ 当时家里除了太爷有公职不能分地，有资格分地的11人：太奶奶、爷爷兄弟3人、3个姑奶奶、奶奶、爸爸姐弟3人。

呢。"这些承包地的凭据到现在三爷还保存着。有了自己的土地，爷爷的热情高涨、干劲十足，带领全家勤劳致富，日子越来越红火，生活越来越好了。

爷爷的二次承包

1998年7月，农村实行第二轮土地承包（承包期30年，从1998年到2028年），爷爷一家4口人承包了12.61亩地（每人3.15亩，此时大姑已经出嫁）。而此时的家乡经济已经开始由单纯的农作物经济向经济作物经济转变，爷爷带领全家种植了5亩地的苹果树，年收入相当可观。

爷爷的"天堂"生活

2012年由于我开始上小学了，父母上班没时间接送我，所以爷爷不得不舍弃了陪伴自己一辈子的土地和我们一起生活（奶奶于2007年去世），接送我上学。这几年爷爷总是乐呵呵的，爷爷念叨最多的一句话就是："共产党就是好，党的政策就是好！"同时，这几年爷爷经常回老家办很"重要"的事，那就是享受党的惠农政策。爷爷现在领取养老金103元/月，整地补贴500元/年，植树、良田补贴300元/年；遇到灾年领取苹果保险420元/亩/年。同时在爸爸妈妈孝道的影响下，我也很孝顺爷爷，爷爷真是享受着"天堂"般的晚年生活。

附录

以前学习历史，总是疲于记忆一些人物、地点和时间等细小的知识，可是通过这次"兰山杯"中学生历史写作活动，使我对历史的学习有了完全不同的认识和体会。爷爷是中国十几亿人中平凡得不能再平凡的一员，历史不可能留下他的只言片语，但他见证了新中国农村的几次沧桑巨变，也给我们留下一笔宝贵的精神财富：在逆境中要坚强、要抗争；心存善念、扶危助困；常怀感恩之情，一心向党、拥党、忠党。所以，这次写作我本着通过对爷爷70多年来从"地狱"到"天堂"的坎坷经历的了解，以小见大，更深层地去了解新中国70多年翻天覆地的变化。

为了更好地完成此次写作，我除了对爷爷进行细致的采访外，还仔细查阅了《静宁县志》、教科书，同时要求父亲两次（清明节和端午节）陪我到静宁老家采访、取证。

通过此次采访、取证和写作，透过爷爷的一生经历，我感受到了历史与人物之间的紧密关系；基本上厘清了新中国从计划经济到市场经济转变的脉络；也了解了中华人民共和国成立后经历的土地革命、"三大改造"给中国农村带来的好处，"大跃进"、人民公社化运动和"文化大革命"给中国社会带来的巨大冲击，改革开放、党的富民政策使人民富起来的经过。更为重要的是让我明白了历史就在我们的身边，我们不能忘记历史，要时刻铭记我们身边的历史。

由于水平和能力有限，此次写作肯定有诸多不完善和认识不到位的地方，今后我会一直关注"兰山杯"、支持"兰山杯"，关注我身边的历史，以此为契机和题材更进一步研究历史、探究历史。

指导教师评语

本文作者刘欣雨同学通过对爷爷一生生活经历的描述，为我们清晰地呈现出了中华人民共和国成立70多年来我国农村、农业和农民发生的翻天覆地的变化。从爷爷的"地狱"生活到"天堂"生活的转变，让我们重温了中国共产党领导中国人民从"站起来"到"富起来"的奋斗历程。文章以小见大，凸显了中国共产党不忘初心、踔厉奋发、全心全意为人民服务这一根本宗旨，进而明晰了中国共产党为民族谋复兴、为人民谋福祉这一终极奋斗目标。

作者在写作过程中通过采访、查阅历史文献与工具书、实地考察求证等方式，体现了求真务实的求学与写作态度；也通过写作激发了作者对党的热爱与忠诚；同时使作者认识到今天幸福生活的来之不易，使其更加热爱生活、热爱家乡，激励作者奋发求学、力争为新时代中国特色社会主义现代化建设贡献力量的决心和斗志；体现了作者浓厚的家国情怀。

但作为初中学生，作者由于知识储备与架构、历史思维与学科素养等因素所限，在历史问题的认识与剖析上还不够深刻。希望作者以后加强学习与训练，以期能有更好的写作呈现。

总评：本文从文章立意、题材选择、题目拟定、谋篇布局、结构语言、故事细节等各个方面都符合中学生历史写作的要求，值得推荐。文中小作者以"爷爷的'地狱'与'天堂'"为题，分七个篇章：爷爷的求学之路、爷爷的逃荒岁月、爷爷的羊倌生涯、爷爷的劳动历程、爷爷的勤劳致富、爷爷的二次承包和爷爷的"天堂"生活。文章以爷爷的成长为线索，通过爷爷一生的坎坷经历，以小见大，折射了中华人民共和国成立70多年翻天覆地的变化：土地改革、"三大改造"给中国农村带来的巨变，"大跃进"、人民公社化运动等探索中的弯路，计划经济到市场经济的伟大改革，让我们重温了中国人民从"站起来""富起来"到"强起来"的光辉历程。尤其是小作者从爷爷身上获得的宝贵精神财富：在逆境中要坚强和抗争，心存善念和感恩、扶危助困，一心向党、拥护党、忠诚党。这些精神应该已化作小作者成长的精神养分，滋养他的一生。爷爷的经历也让我们更深刻地体会到今天幸福生活的来之不易，我们应当珍惜并以更高的标准要求自己，努力成长为中国特色社会主义伟大事业合格的建设者和接班人。

作者：刘欣雨

指导教师：刘佳俊

第七章

教师指导感悟

历史写作活动让广大中学历史教育工作者，找到了传承红色基因、讲好中国故事、践行核心素养、落实新课程理念的抓手。从指导学生体验历史、反思历史、感悟历史、书写历史的点点滴滴中，广大历史教师自身专业素养不断提升。

中学生历史写作是中学历史教学的实践性课程之一。中学生历史写作提供的历史文化课程资源，既是我们进行历史教育的有效载体，也是我们进行课堂教学的鲜活资源。

历史写作是一场穿越时空的对话，一次净化灵魂的革命，一份慰藉心灵的缅怀，一趟品尝孤寂的旅行。

仰望星空，脚踏实地。每个人都是历史的创造者、亲历者。历史写作通过文字表达的内容，以及所传递的信息应具有时代性，要大力弘扬社会主义核心价值观，引导广大中学生在星辰大海中找到那颗最亮的星，并努力成为一颗耀眼的星。

没有什么是不朽的，包括历史本身。唯一不朽的是历史带给我们的思考。

凡是过往，皆为序章。

第一节　延伸课堂　开发资源

历史教育承担的根本任务是立德树人，历史课堂是培养社会主义核心价值观的主阵地。在有限的课堂教学中，学生只能学到基本线索和一般规律，记住一些重大事件和重要人物；因为历史课要记住的人物、时间、事件太多，所以，好多学生都有畏难情绪，总觉得书上讲的这些事都发生在他出生之前，好像与他没有多大关系。

中学生历史写作其实是历史课堂教学的延伸。

一、学而时习之，不亦说乎

历史写作为广大中学生提供了一个走进历史、发现历史、求证历史、记录历史、爱上历史的机会和平台，让学生在历史的殿堂里，指点江山，激扬文字，培养学科素养，共育家国情怀。学生在撰写文章的过程中已经不仅仅是历史的学习者，还是历史的观察者、研究者和记录者，进而明晰自己的角色和使命，并为之努力成为伟大历史的创造者。历史写作也让广大中学历史教育工作者找到了践行核心素养、落实新课程理念的抓手。

中学生历史写作活动的举办顺应了新课程改革的大潮，回应了广大中学生对历史课堂教学的新诉求，它把遥远的过去拉近，将冰冷的历史激活。历史不应该被遗忘，宏大的历史总是与微小的个人息息相关。祁明泉老师说：

在"兰山杯"历史写作过程中，初次阅读彭赫奕同学的作品《姥爷的非凡人生》，我内心便有了深深的感触。

作品以口述历史为主，记述了一位老艺术家的非凡人生：有刻苦练功的辛苦，有登台表演的激动和喜悦，还有许多不同于常人的经历。读她的初稿明显感觉到作品中有许多不足之处，比如叙述较乱、层次不明、细节交代不清，还有错别字、标点符号运用不当等，结尾似乎也缺了点什么。

从初读这部作品到现在，我和彭赫奕已经斟酌了许多遍。我建议她分节叙述，从人生几个不同的阶段来突出老先生的人物形象；在写到老先生晚年经历时，应该再问问家里人，多了解一些生活中的小事，或者是能鲜明突出人物形象的细节；在作品中插入一些符合实际情况的照片，能更大效果地引起读者的共鸣。我们还仔细讨论了多种结尾方式，最终选择了适合的一种。

彭赫奕是个聪明的学生，她能在我只言片语的建议中找到关键，然后用非常恰当的语句来完善作品；或者是自己能找到作品缺失的点，然后修改。包括作品内容本身，也都是她在大量的口述资料当中选取部分让人眼前一亮的事件来进行描述。她在采访家里人的过程中陆续完善了一些资料，包括珍贵的照片和奖状。当问及为什么想到去刻画姥爷的形象时，彭赫奕同学认真地回答：初衷是因为姥爷在家人当中的经历是最丰富的，能有多种具有他个人特色的事例来体现他这个人本身。但更多的是缅怀，为了纪念他曲折坎坷又不平凡的一生。

这次的历史写作比赛不仅锻炼了彭赫奕收集资料、整理资料和运用资料的能力，也给了我一次印象深刻的教育。历史学习不能仅仅局限在课堂和教科书中，而是要贴近生活、贴近实际，结合每个人自身对历史的理解和感悟来进行。彭赫奕就做到了融会贯通，通过对史料的收集、整理，将零散的事件串联起来讲述一个故事，让我看到了一个并不被太多人知道却依然不平凡的老先生的一生和他身上带有的坚韧不拔的品质。我想这也是老先生生前时时刻刻都想要对她传达的精神。希望彭赫奕能在接下来的学习中保持住在这篇作品中所展现出来的韧劲，更加努力，做到她心中那个最好的自己。

通过此次历史写作的指导，我也深刻地认识到：历史写作对于学生历史核心素养的培养非常重要，既能够有效推动学生的时空观念、唯物史观的形成和促进史料实证、历史解释能力的提升，又能促进学生树立正确的人生观、社会观和价值观。因此，在以后的教学中，我们教师应当更加重视历史写作，提高学生历史核心素养，从而全面提升历史学科的价值。

在课堂教学中，历史教师可以充分利用多媒体手段营造良好育人氛围，让学生在声、光、电的交响乐中穿越时空隧道，置身于历史情境当中，了解历史，品味历史，指点江山，激扬文字。但是，历史知识浩如烟海，难以穷尽，学生在课堂上学到的只是历史发展的线索和大致轮廓，怎样学以致用，把学科核心素养落到实处，中学生历史写作为我们开辟了一条新通道。古云："学而时习之，不亦说乎！"

历史教学的目的是教育学生在唯物史观的指导下探寻历史真相，总结历史经验，认识历史发展规律，进而在个人发展历程中自觉顺应历史发展趋势，把个人理想与国家民族命运紧密联系，为国家发展、民族复兴做出应有的贡献，让自己的生命变得硕果累累。中学生历史写作则将这种理念以学生亲身实践的形式落到实处，在写作中进一步增强学生的世界意识，拓宽学生的国际视野。

二、小人物和大历史

中学生历史写作通过实地调查、史料收集、当事人访谈等一系列环节，使学生在探究的过程中初步了解了以往社会的模样，进一步思考当时的政治、经济、思想文化是什么样的状况，当时人们的衣、食、住、行、用与今天的差别，思考从昨天到今天的变革有哪些因素，过去对现在产生了哪些影响，过去成功的决策造福今天，从而成为宝贵的历史经验；过去不切实际的行为带给社会经济怎样的破坏，成为今天人们反思的教训。

历史连接过去、现在和未来，人类社会每前进一步，都要付出代价；不吸取历史教训，永远没有进步，躺在历史的功劳簿上沾沾自喜，也不会有创新发展。"以史为鉴，可知兴替。"中学生通过历史写作了解了人类社会经历的多样性、复杂性，对历史和现实有了正确的认识，初步形成了正确的世界观、人生观、价值观和历史观，让中学生由爱一个人到爱一群人，从了解一个家族到了解一个国家，从研究一个村落的变迁到看清一个世界的发展。历史写作有助于增强中学生的历史使命感、民族自尊心和民族自豪感，有助于增强对伟大祖国的认同，对中华民族的认同，对中华文化的认同，对伟大的中国共产党的认同，对中国特色社会主义道路的认同，对构建人类命运共同体的认同。

王建莉老师认为：

想想自己的父辈、祖辈和周围老去、逝去的人，他们都是微不足道的小人物，多少年之后终将被人遗忘，毕竟能青史留名的都是王侯将相，历史与小人物无关。然而，我却总为将他们遗忘心有遗憾：他们当中有人是清朝的遗民，穿着长褂，脑后还有一根小辫子；有的人在中华人民共和国成立前被国民党连夜抓走当兵，据说去了台湾，后来还写信来寻亲；有的人是村里的老地主，20

世纪90年代初他们还住在已经破败的堡子里，地主家的后人们一般都是整个村子里最穷的；我的父母小时候还在农业合作社干活挣工分，这些无人记录的历史拼凑在一起，形成了我对过去最初的认知。等到开始学书上的历史了，我们才发现身边这些人的生活经历和人生的转折点和书上记载的"大"历史是契合的，他们和同时代的人共同参与历史、创造历史、承载历史，我们每个人都是历史的一部分，该有人将"小"人物的历史写下来。

幸而，这些年历史观念变化，公众史学家认为每个人都是历史的书写者，从微观层面观察、讲述宏观的历史，以"微"见大，我们身边的"小"人物们也可以写下关于自己的记忆并融入"大"历史了。然而，这些微小的历史记忆散落在身处各地的不同个体身上，他们当中少有人会想到要在历史中为自己书写下一笔，那么，谁来为他们提笔写史呢？

从这个层面上讲，组织中学生写史活动，是在帮助我们留住那些随着时光推移迅速消逝的人们，以指导教师身份参与其中，与有荣焉。

通过写史，"小"人物和"大"历史，学生第一次感受到二者关系如此密切。写个人史、家族史，沿着一个人记忆的轨迹，找到一个人、一群人生活的地方和时代，这样的历史里有个人的血泪和欢乐，有集体的记忆和思考，多角度、有温度地通过个人生活反映历史的变迁，很直观地反映个人生活和时代洪流的互相作用，真实不虚无。这样，我们反思历史就有了一个真实的立足点，将这种人文的关怀从身边的亲人出发，投射到其他个体，投射到整个社会及国家，历史教育所呼唤的家国情怀由此得到培养。陈浩阳同学说，在写《奶奶的历史》的过程中，他惊觉"历史就是生活，生活便是历史"，在生活中发现历史仿佛是在拼一幅《清明上河图》的拼图，将各行各业的人物通过世俗生活拼凑在一起，历史第一次在我的眼中"活"了起来。以书写者的身份参与活动，幸甚至哉。

历史不只是单项选择与材料解析，课堂之外的历史是金戈铁马、浩瀚星空和家国情怀，它值得我们终其一生地仰望。对历史的学习不应该只将书上的内容死记硬背，应该置身于历史大背景下，去领悟那段时光里特有的风物人情。历史不是几行冰冷的文字，它其实包含着一代人跌宕起伏的一生。透过历史的烟云，我们能看到一段沧桑，感受一片情怀，触摸一种精神。

历史本来就是由一个个小生命、小事件、小人物构成的，书写这些平凡人的经历中，我们能够感受到小人物对战争的恐惧、对亲人的思念……正是这种不完美中绽放的温暖光芒，才更加难能可贵。历史写作使平凡人物的历史记忆受到尊重，使那些被压抑的故事、情感得以复活；历史写作也可以通过个体的历史回忆，来勾起一家人、一代人的集体记忆，进而产生社会影响力。

没有什么是不朽的，包括历史本身。唯一不朽的是历史带给我们的思考。

三、历史就在身边

在"兰山杯"中学生历史写作活动中，王栎璟同学在《姥姥姥爷的沧桑经历》中讲述了秦王川的历史变革，文末这样写道：

曾以为，所谓历史，就是水浒一百单八好汉，就是三国群英战吕布，可后来才发现，一桩断木的年轮、一块被人遗弃的土地、一张满面皱纹的笑脸、都包含着一段过去的历史。历史就在我们身边。

现在的我们只会沉浸于自己的世界，忙于一些不知所云的事情，却忽略了老人口中传出的"老古董"，自动屏蔽了他们眼中流露出的沧桑。人生很短，历史很长，读别人的历史，就仿佛是在穿越时空，将他或她的过去重演一遍，这样短暂的生命才会显得精彩而充满活力。

央视《百家讲坛》为什么很火？因为它满足了大众对历史知识的需求。历史人物不仅仅是个名字，他是有血有肉、有爱有恨的生命体，之所以青史留名，主要是顺应了历史潮流，为家、为国、为人类社会发展进步作出了贡献；其实，历史从未走远，历史活生生地存在于我们的身边。对广大中学生而言，困惑在于以什么方式来书写历史、讲述历史、接纳历史。

杨彩玲老师谈及自己的感想这样说：

如何让历史活起来，如何满足学生的好奇心、探索欲，如何授之以渔，如何提高学生的历史思维能力，是我不断思考、不断实践的课题之一。由易而入，从细着手，是我历史教学的体验之一。

时事新闻、焦点人物等均可"入料"，重要的是让学生感觉到你我皆历史，万物均相通。2019年8月20日，习近平总书记视察山丹马场，我告诉学生两汉与匈奴争夺生存空间关键在优良的马匹，没有良马，"犯强汉者，虽远必诛"只能是空想，得天下、守国土，军事装备必须走在前面。近几年，兰州降水量明显多起来，我和学生重温历史上长城的不同轨迹的变化与气候的关系，朝代更迭与气候的关联。

组织学生进行姓氏寻踪、故乡何处、服饰变革、信息载体演化、娱乐变迁等内容的自学和讨论，在交流中让他们更深地体会中华民族的大融合、人类在地球上的活动和文明轨迹，增进学生的历史感，拓宽学生的历史视野。不少学生曾发出这样的感叹和体悟："衣冠南渡"竟与我相连；"三线建设"是决策者不得不用的退路之一，父母所工作的工厂迁来兰州，有深刻的战略考虑，千面不同的人脸上有着历史上复杂的民族融合；种族、民族、地域歧视是必须抛弃的人生观；佛教、基督教、伊斯兰教中国化的过程必然与儒家思想多方面结合才能在中国的土地上生根，原来我们常用的"世界""三生有幸""一尘不染"等与佛教相关，中国文化之所以生生不息的密码就在于海纳百川，文化自信从我做起。

在"兰山杯"中学生历史写作活动中，郑方普同学在《姥姥的三尺讲台》中，通过一些泛黄的老照片，逐渐揭开历史的幕布，挖掘一段沉寂的岁月；从一个伏案备课的身影写起，为我们讲述了一个似曾相识却又不为人知的故事。难能可贵的是作者在完成历史写作后谈及构思作文的心路历程：

曾经，"50后"的姥姥和"00后"的我总有一层不可消除的隔阂，这个时代的我和当时那个时代的姥姥仿佛有一条不可逾越的法线。其实，姥姥是踏着她的人生之路成长的，而我，不正是听着姥姥的故事成长的吗？姥姥讲述着历史，而我回顾着历史。我想，一个家庭的风气也许就是这样传承的吧。

通过这次对姥姥的采访，我看到的不仅仅是个人的人生轨迹，更是以小见大，看到了老一辈教育工作者的缩影，我们现在学习条件是如此之便利，都是每一位教育工作者辛勤奋斗而来的，我为我的姥姥感到骄傲。我仿佛看到了一片恢宏的未来，拥有如此便利的条件，我们还有什么理由不刻苦努力呢？我们是祖国的花朵，我们是未来的希望，历史的大旗由我们来扛，未来的发展由我们来闯。

作者通过对姥姥求学、劳动和从教经历的描述，使读者了解了普通个体生命与时代变化的关系，也使老一辈教育工作者认真踏实的形象呈现于读者面前。应该说，像姥姥这般平凡地在教师岗位奉献一生的人有很多，"桃李不言，下自成蹊"。正是有了无数像姥姥这样的教师，我们的教育事业才会不停地向前迈进。文章叙述有序，语言平实，读来深感其味！

历史就在身边，记下来就会被流传，丢掉了可能被尘封。家族迁徙，姓氏来源，和每个人息息相关。当你着手寻根问祖，追述先辈事迹，传承淳朴家风的时候，历史已经触手可及。当你故地重游，查找大槐树的前世今生的时候，历史并不再遥远。

四、抢救性挖掘

历史写作为课程资源开发提供了新的途径。一些"抢救性挖掘"出的口述史，经过教师的考证和辨析，既可以当作校本教材开发出来，也可以作为课堂教学的补充史料。

在"兰山杯"中学生历史写作活动中，杨佳逸同学查阅了家谱年鉴，访问了众多知情者，写了自己的太爷爷杨慎之先生。查百度百科可知：

杨慎之，原名杨思，1882年生，甘肃会宁城关镇人。1902年壬寅科乡试报捷。1903年癸卯科以三甲45名而登高第，殿试后，即授翰林院庶吉士，旋升检讨，次年诰授奉直大夫。1906年东渡日本，就读于东京法政大学。1909年完成学业返回北京，任职翰林院编修。后受孙中山之命到兰州负责革命工作，与孙中山常有书函往来。1913年3月任甘肃省议会第一届副议长。1917年任安肃道尹（河西行政长官）。1921年甘肃省第三届议会议长。任兰山道尹（兰州市市长）。1929年后任《甘肃省通志》总办兼总纂，甘肃省省长、省通志馆馆长。1949年12月后任西北军政委员会委员、西北军政委员会人民监察委员会副主任、西北军政委员会土地革命委员会副主任。1955年2月任中国人民政治协商会议甘肃省第一届委员会第一副主席。1956年10月27日病逝于兰州家中，享年75岁。

杨慎之先生是甘肃近代风云人物，少年意气，翰林学士；效力民国，举办实业；忧国忧民，坚定信念。他历经清末民初，见证共和新生。

杨佳逸同学的《纪念慎之先生》一文节选：

中华人民共和国成立之后，太爷爷已年近古稀，但他热爱人民政府，庆幸自己能在有生之年看到政权回到人民手中，从而以实际行动支援国家建设。1950年，国家发行"人民胜利折实"公债，他把兰州西城巷的住宅楼及平房四十余间变卖，认购公债7000万元，折合现币7000元，自己迁居兰州小稍门外女儿家去住。1951年夏，他动员女儿杨修慧和女婿秦崇模将珍藏的珍贵书画千余册无偿捐献给兰州大学图书馆和甘肃省博物馆，其中有不少价值连城的珍品，如元代《陶宏烟溪雨霁图》、明代《郝仲舆花鸟》、清代《御刻三希堂石渠宝笈法帖》等各种图书894册，书画76幅，石刻拓片43件。抗美援朝期间，他深知"唇亡齿寒，救邻自救"的道理，捐献银洋千余元，帮助政府购买飞机大炮。在镇压反革命运动中，他立场坚定，旗帜鲜明，积极支持政府镇压反革命，保卫人民政权，为新中国的建设作出了很大的贡献。

本文通过叙述杨慎之先生一生跌宕起伏的革命生涯，生动再现了中国近代史自光绪年间到中华人民共和国成立初期这段时间，社会的重大变革及主人公的人生转折，特别是在中华人民共和国成立后，杨慎之先生变卖家产，认购公债，支援国家建设；捐款购机，支援抗美援朝，动员家人将珍藏的珍贵书画千余册无偿捐献给兰州大学图书馆和甘肃省博物馆等情节的描述，令人深刻感受到乱世之中的惊心动魄，体会到一位忠义爱国志士的拳拳报国之心。中学历史教科书关于这段历史的记述都是粗线条、大手笔，学生不容易记住。教师如果能把这篇文章略加考证，选取其中真实的细节融入课堂教学，一定会调动学生的积极性，收到事半功倍的效果。

文中还写到杨慎之先生的一首诗及诗作背后的故事：

1950年春，因为工作需要，杨慎之初登华山写下七言律诗《游华山》：

七十来游太华峰，莲花顶上倚青松。

西瞳绝塞八千里，东瞰雄关百二重。

岭云变幻朝霞外，渭水萦回夕照中。

我是风尘厌倦客，息心高卧学仙翁。

此诗经习仲勋同志推荐，毛泽东主席看后称赞说："不愧出自翰林之手。"

这首诗也表明了杨慎之先生的立场和心中坚定的信念。他为官时勤政爱民，为民时仍然心忧政事，心境不喜不悲，不因正处顺境而倨傲，也不因门可罗雀而低迷。

对比学生作品和百度百科，我们发现关于杨慎之先生的介绍，网络资料严肃刻板，按部就班，着重介绍历史人物突出贡献和重要职衔；而学生作品比较接地气，有细节描述，有感情渲染，有些情节是官方记录中没有的，正好和官方记载互相补充。经过考证之后，对采信的部分也可以当作校本教材开发出来。

例如，"兰山杯"中学生历史写作活动中张佳钰同学在《凛冽英杰照陇原》一文中用饱含深情的笔触，记述了四太爷张亚衡的一生：

一、生于医学世家，志于读书救国

20世纪20年代初，在榆中金崖这片热土上，先后走出了许多有志之士，他们为了党和人民的事业抛头颅、洒热血，谱写出了一首首壮丽诗篇。1895年出生于金崖的张亚衡也是其中一位。……四太爷从小喜爱读书，一入学就得到老师和同学的赞扬。他原名张全定，别名张驭中，可是幼小的四太爷对祖太爷起的名字很不满意，在上学时他便要求改名，最终取名为张钧，字亚衡。……于1912年在金崖小学毕业后以优异的成绩考入甘肃省立一中。在此期间，他还遇到了志趣相投的同学张一悟，共同的志向使他们结为生死与共、亲同手足的挚友，他们更是成为兰州一中优秀校友。

1919年年初，四太爷又奔赴北京求学，与同乡张一悟和早年考入北京大学的同窗好友丁益三居住在一起，史称"榆中三杰"。

二、铿锵五四风雷，民主革命燎原

（五四运动期间）在集会的人群中，有三个人特别活跃，他们就是张亚衡、张一悟和丁益三，这几个血气方刚的青年，怀着一腔爱国热情，与其他学生一起火烧赵家楼，痛打章宗祥。面对当局的残酷镇压，他们丝毫没有退却，而是联络各高校爱国学生，纷纷走上街头。发通报、撒传单、演讲，强烈要求政府释放被捕学生，惩办曹、章、陆三个卖国贼。在这场激烈的斗争中，张亚衡、张一悟、丁益三行动积极，斗争坚决，始终战斗在最前线。也就在这场伟大斗争中，张亚衡受到了进步思想的影响，开始了解和学习马克思主义。他通过书信将五四运动的情况，以及他所认识到的进步思想，告诉给家乡的亲朋好友。

三、踏上共产之路，坚守报国之志

五四运动后不久，四太爷考入国立武昌高等师范学校读书。在校期间，他仔细阅读了马克思主义的经典著作《共产党宣言》《共产党》以及《新青年》等革命刊物，接受了马克思主义。随着阅读的深入，他郁闷的心扉彻底打开。为了拯救中华民族，为了推翻黑暗统治，他决定为人民贡献自己的一生。

1924年，四太爷终于如愿以偿地加入了中国共产党。

沧海桑田，斗转星移，有些人会消失于历史长河中，无影无踪，也有些人会被铭记，有些精神会被传承。作者通过记述张亚衡的一生，展现了中国共产党人的精神风貌，通过了解革命党人坚韧、执着、不屈的性格，触摸到了他们伟大的灵魂，也明白了作为先烈后人要铭记历史，传承爱国主义精神，为实现中华民族的伟大复兴作出贡献这一道理，"悠悠年华写春秋，奔波一生美名留；异乡大地埋忠骨，一路豪歌昭千秋。"

张亚衡，在平凡的人生道路上坚守信念，为了心中的梦想，鞠躬尽瘁，一路豪歌终不悔。本篇写作培养了作者对家族、对祖国的情怀，提高了学生收集史料的能力和学习历史的兴趣。传承红色基因，发扬良好家风、家训是每一位青年学子立志报国的起点，接续奋斗、砥砺前行是我们的义务，更是担当和责任的诠释。

1921年，嘉兴南湖，燃起中国革命的火种，就是这一点点萤火微光传遍大江南北，越过黄河两岸，点燃了兰州青年张一悟的革命理想。

1923年，刚刚大学毕业的张一悟回到甘肃兰州，在兰州女子师范担任国文、历史教员。他积极向进步青年介绍五四运动，宣传民主与科学，鼓励妇女解放、婚姻自由，倡导放足、剪辫子，并用从武昌带来的革命书刊对学生和青年进行民主革命思想和马克思主义的思想教育。在他的教育和影响下，兰州女子师范师生掀起了反封建的学潮。不久后，张一悟却因为宣传革命思想被排挤，不得不离开兰州。虽说张一悟在这里的时间不长，但是，他播下的革命种子却在悄悄生根发芽，1926年冬到1927年4月，兰州女师附小就有4名教员加入中国共产党。

就在张一悟他们在武昌读书期间，中国共产党第一次全国代表大会先后在上海法租界望志路106号和浙江嘉兴南湖召开，中国共产党的成立，是一个开天辟地的大事变，给灾难深重的中国人民带来了光明和希望，使中国革命有了坚强的领导力量。自从有了中国共产党，中国革命有了正确的前进方向，中国人民有了强大的凝聚力量，中国命运有了光明的发展前景。从此，中国革命的面貌焕然一新。

1922年7月16日至23日，中国共产党第二次全国代表大会在上海南成都路辅德里625号召开。大会根据世界革命形势和中国政治经济状况，第一次提出党的反帝反封建民主革命纲领，第一次提出党的统一战线思想，第一次公开发表《中国共产党宣言》，制定了第一部正式的党章，第一次比较完整地对工人运动、青少年运动和妇女运动提出要求，第一次明确决定加入共产国际，第一次明确阐释了党的民主集中制原则的基本思想，第一次明文提出"中国共产党万岁"的口号。

当时恽代英在武昌创办了利群书社，公开销售进步书刊，张一悟常去书社读书。新思想的冲击还有恽代英等人的影响，使张一悟进一步深刻认识了马克思主义，逐步确立了革命的人生观。

1923年6月，中国共产党第三次全国代表大会在广州举行。大会决定共产党员以个人身份加入国民党，实现国共合作。大会选举陈独秀为中央局委员长，毛泽东成为中央局成员，担任中央局秘书，这是毛泽东第一次进入党的领导核心层。

中国共产党第三次全国代表大会闭幕时，全体代表高唱《国际歌》。自此，在党的全国代表大会闭幕式上奏唱《国际歌》成为延续至今的传统。

1924年，在李大钊、恽代英的介绍下，张一悟加入了中国共产党，他成为甘肃省第一个中国共产党党员。

1925年1月，中国共产党第四次全国代表大会在上海召开，第一次明确提出了无产阶级在民主革命中的领导权问题和工农联盟问题。这年冬天，共产党员宣侠父、钱崝泉随军来到兰州，与张一悟建立联络，为了推动甘肃革命的发展，他们秘密创建了中国共产党在甘肃的第一个组织——中国共产党甘肃特别支部（简称"中共甘肃特支"）。张一悟任书记，宣侠父、钱崝泉任委员。三位热血青年，用他们对共产主义的信仰和救国救民的理想，掀开了中国共产主义运动在陇原大地上的新篇章，燃起了陇原大地上的第一颗革命星火。

1927年4月12日，蒋介石在上海发动了震惊中外的"四·一二"反革命政变；之后，在甘肃成立"清党委员会"，开始大肆搜捕共产党员。为了保存革命力量，同年11月，张一悟在五泉山嘛呢寺召开紧急会议，安排在兰州的30多名共产党员立即疏散，转入地下工作。

1927年4月27日至5月9日，中国共产党第五次全国代表大会在武汉举行。大会明确规定实行民主集中制，将中央执行委员会改为中央委员会，设立中央政治局等。大会在党的历史上第一次选举产生了中央监察委员会。

1928年，张一悟参与了渭华起义的领导工作。1929年3月，任中共陕西省委常委。1932年3月，在山东济南被捕。1937年12月，经组织营救出狱，回到甘肃继续从事革命工作。1951年1月3日因病去世。张一悟同志为党和人民事业奋斗了一生，他在陇原大地最早播下革命火种，为甘肃党组织的创建、发展和马克思主义在甘肃的传播作出了重要贡献。

习近平总书记在庆祝中国共产党成立100周年大会上的讲话中指出："一百年前，中国共产党的先驱们创建了中国共产党，形成了坚持真理、坚守理想，践行初心、担当使命，不怕牺牲、英勇斗争，对党忠诚、不负人民的伟大建党精神，这是中国共产党的精神之源。"

"为有牺牲多壮志，敢教日月换新天"，正是因为有无数个像张一悟这样的共产党员威武不屈、贫贱不移、视死如归、前赴后继，才有了我们今天的幸福生活。中国共产党自成立之日起，就把为中国人民谋幸福、为中华民族谋复兴作为初心和使命，"革命先辈用生命播下的种子，用鲜血铸就的精神，一定会生根发芽，长成参天大树，也一定会在新时代焕发光彩。"

学生资源也是重要的历史课程资源，开发与利用好学生资源，不但可以打破唯教材为本的陈旧观念，丰富教学内容与手段，而且可以强化学生在学习中的主体地位，有效地激发学生的学史兴趣，促进学生有效参与教学过程，最终促进学生的发展。中学生历史写作提供的历史文化课程资源，既是我们进行历史教育的有效载体，也是我们进行课堂教学的鲜活资源。在历史课堂教学中较好地实施学生课程资源自主化开发，可加强历史学科知识的实践性，丰富历史教学内涵，扩展历史教学的外延，增强学生探究知识的兴趣，凸显本土文化特征，优化历史教学课程的自身建设，真正实现历史教育的课程目标。

以上两位同学记录了自己家族前辈历经乱世而不彷徨，立志救国救民，把个人命运和国家前途紧密联系在一起，坚持真理，坚守信念，立鸿鹄之志，做奋斗者，以奋斗担当谱写青春华章，为当代青年学子树立了榜样。文中记录的既是凡人小事，也是国家大事。但是，由于学生资源和当代中学生有情感上的天然联系，更容易激发学史兴趣，注入情感，融入记忆，产生历史感。这些身边的历史就是鲜活的案例，是优质历史课程资源，开发好、利用好这些资源，如家谱、不同时代的照片、实物以及长辈对往事的回忆与记录等。这样可以在巩固学生历史知识的同时加强其动手、动脑的能力，有利于学生素质的全面提高。

第二节　学史力行　教学相长

一、我思故我在

中学生历史写作也是中学历史教学的实践性课程之一。我们每一个人所经历着的都必将成为历史，如果我们真实地记录下昨天、今天，那么，我们每一个人都是那个书写历史的人。

信环霞老师说：

历史作文更追求从一种历史视角、历史的态度、历史的感悟中来看待身边的人、物及事件……对学生而言，作文创作中最难的莫过于选题了。我告诉学生，历史不是遥不可及、干瘪苍白的，历史是鲜活的，有生命的，根植于我们的现实生活中，每个人都生在这个历史当中。历史无小事，在恢宏的历史画卷中，除了英雄人物的浓墨重彩之外，还有许多平凡的小人物也值得我们去关注。不论是伟人的光辉事迹，还是一位平凡人的生活；不论是一段引人为傲的历史，还是难以言表的屈辱，都是值得我们去深入思考、用心研究、理性反思的。让学生正视身边的历史，触摸身边的历史，感悟身边的历史，从而寻找到作文的素材。在帮助学生确定身边的历史主题之后，教师根据手册内容，在不同时期有计划地对学生进行阶段性的指导，引导学生去挖掘其主题背后的历史背景，激活学生的历史思维，唤醒历史的感动，挖掘出学生的潜力，培养学生的自主性。通过反复指导，多方面的印证，学生发现问题、解决问题的能力得以提升，从而能更好地把握历史背景的准确性和完整性，去辩证地看待历史，真实地还原历史。

对广大历史教师而言，正确认识中学生历史写作的意义，厘清思路，找到突破口，把历史写作当作历史课堂的延伸部分看待，启发学生从身边的人、身边的事寻找素材，从凡人小事中挖掘闪光点，这个过程就是在践行学科核心素养。信环霞老师谈及指导学生历史写作的心路历程时感慨颇深：

回顾这次活动，引导、鼓励学生从毫无头绪、无从下笔、无证可循，到一步步确定探究主题、寻找素材、进行采访收集，再到最后整理成文。在这个过程中，学生们一次又一次地突破自己，除了对课本知识认识的加深，培养了采访、收集、记录、整合、写作等各方面能力之外，更使学生在亲身经历后产生了潜移默化的影响，使他们对身边，甚至是更长远、更复杂的历史有了新的认识和感情，也刷新了他们对自我的认知。对学生来说，历史写作活动是一种宝贵的创作经历和一种能力的提升；对我来说，这是一次师生共同成长的机会，在不知不觉中改变着我们的气质，使我们对这个世界的认识能够更加客观公允，对待历史能够运用理性思考和人文关怀的方式。

尽管只能面对历史的影子，但我们有信心一点点逼近历史的真实。当我们意识到历史并非遥不可及，而是我们每时每刻都要呼吸的空气时，历史才回到了自己的本位。作为一名历史学科的教师，我愿意成为历史与未来的摆渡人，带着我的学生们，用客观科学严谨的态度，寻找历史的真实，去见证、记录、传承每一天都在悄悄改变的历史。

也许有人觉得指导学生写作是语文教师的工作，历史教师别掺和，其实不然。历史写作不同于文学创作，必须以唯物史观为指导，以史实为依据，有时空限定，强调史料实证，涵育家国情怀。中学生历史写作由于作者的基础知识、文学功底的差异而参差不齐，所以，更需要历史教师的专业指导。在指导学生历史写作的过程中，学生有进步，教师有突破，这就是教学相长。教学是特殊的学习活动，教师是教育者，也是学习者，向书本学、向学生学、向同伴学，学无止境。

信环霞老师愿意成为"历史与未来的摆渡人"，带领学生畅游历史天地，以科学的精神、务实的态度，寻找历史的真实，见证世间的美好，记录每一天都在悄悄改变的历史，相信这是所有历史教师的愿望。

杨静静同学的指导老师深有感触：

守护中华文脉，是对历史瑰宝的回溯与追寻，是对中华文化的开拓与创新。习近平总书记曾说："学史可以看成败、鉴得失、知兴替；学诗可以情飞扬、志高昂、人灵秀；学伦理可以知廉耻、懂荣辱、辨是非。"作为教授学生历史的老师，见到学生可以在课本之外学习感悟到历史，能够在实地实践来获取探究的历史信息，更是令我欣慰感慨。"问渠那得清如许？为有源头活水来。"诚哉斯言。对杨静静同学的"羊皮筏子"文章，更多的是我在与她共同学习中，有幸作为指导老师推荐此文章。在杨静静同学的文章中，我也感受到当代青年学生对中华文化的热忱，更希望广大的青年学生能更深入地了解中华文化，透过中华文化的基因，预见生生不息的未来。

立足当代，回望过去，多少绝续兴替，岁月深藏；多少烽火硝烟，时光掩埋。当一切归于沉寂，祖传的工艺、静默的文物偏居一隅，无声地诉说历史的沧桑。中华文化的发展与创新，不仅需要薪火相传、代代守护，更需要与时俱进、推陈出新。当广大中学生开始社会实践，感受中华传统文化的魅力，思考并用笔把自己的感悟写成文字的时候，我们看到了中华民族伟大复兴的美好前景。

二、与有荣焉

杨彩玲老师在指导学生历史写作的过程中感触颇深：

艺楠同学给我说她想写一写她的舅公公，一个命运多舛而又奋争不息的平常人，一个遭受许多苦难而又笑对人生的身边人，一个既远又近对她的家族恩义绵延的国民党老兵的故事，我听后既喜又愧，喜的是，她能从小处着眼，有打开历史裂缝，为有恩于她和家族的凡人立传的创意；愧的是，身为老师，我也有一个身为国民党老兵的爷爷，我虽然有幸带父亲到新竹的墓前祭拜，但从未想过回望我爷爷的历史。指导艺楠的过程也就成为我和她共同温习近现代史、穿越时空走进一个平凡人一生的过程。远观，既叹于历史中小人物命运被裹挟的无奈，又惊于其舅公公不屈抗争发光发热的有情。近想，我爷爷从离开大陆到去世，他可曾梦中回到黄土高原上的原野道路？他是否恨过浅浅的海峡——他在这头，妻子在那头？幼小的儿子是否受人歧视？每当清明，他是否遥望来时的方向，为不能祭拜父母祖先而怅然泪下？

人类的历史河流奔腾向前，日夜不息。更多的生命故事是没有被记录、记忆的，或者是渐被遗忘的。历史不会忘记，因为绝大多数人也是历史的一部分，已与历史不可分割。历史更需要记忆和回望，记住族谱家史，记住守望相助，记住乡愁恩情。

……

古云："学然后知不足，教然后知困。知不足，然后能自反也；知困，然后能自强也。故曰：教学相长也。"教学相长，互为师生，感谢艺楠同学带给我的提升。

杨彩玲老师的爷爷也是当年被裹挟到台湾的国民党老兵，由于历史的原因独在异乡为异客，有生之年始终未能回到家乡。一湾浅浅的海峡阻断了游子的团圆梦。是这次历史写作的机缘，触发了杨老师对亲人的怀念，对往事的追忆。历史就有这样的巧合，生活就有这样的奇妙，在指导学生历史写作的同时，师生一起穿越时空，与历史对话，与生命对话，在历史大潮中采撷一朵浪花，仔细凝视，深情对白，写在纸上，刻在心里，留下永久的记忆。"教学相长，互为师生。"杨老师通过指导学生历史写作，自身的专业素养有了进一步的提升，同时，心路历程和家国情怀也有了进一步升华，所以说历史写作促进师生共同成长。

斗转星移，岁月更替，今天的中国早已"站起来""富起来""强起来"了。中国特色社会主义进入新时代，我们取得了脱贫攻坚的伟大胜利，全面建成小康社会的奋斗目标已经实现，中国共产党团结带领中国人民又踏上了实现第二个百年奋斗目标新的赶考之路。全体中华儿女喜逢盛世，与有荣焉。

三、奔赴星辰大海

历史长河在百转千回中奔腾前行，作为历史教育工作者，我们如果不能把自己变成一个教育理论家，那就努力成为一个扎根实践的思想者，在教育教学实践中探寻规律、探求真理，带领学生奔赴历史的星辰大海，追寻那一道微光，在激情燃烧的岁月里主动参与，积极思考，用心感悟；组织学生在改革开放的大潮中去实践，去表达，写有生命的历史，做有故事的人。

刘艳云老师的感悟是：

对薛颖来说，作品是她一生的财富，因为她加深了对奶奶的了解；写作的过程更是她一生的财富，因为她切实地掌握了历史研究的相关方法和指导思想。本次写作过程对我来说也是一生的财富，不仅让我深刻地认识到初中历史教学应当注重方法，还让我积攒了指导学生进行历史写作和研究历史的经验。

刘老师寥寥数语，点明中学生历史写作活动对学生的一生影响深远，意义重大；对老师也是一生的财富，教学相长，共同进步。

贾惠珍老师的感悟是：

历史的本色是生动活泼、多姿多彩的。学习历史应该是兴趣盎然的事情。历史教育如果脱离了现实生活就会变得枯燥乏味，而结合了现实就会有丰富的内容，大大提高了学生的学习兴趣。然而，在实际的历史教学中，我们往往侧重于课本历史教学，对于真实的人物、事件的关注较少，更未充分重视和发掘身边地方史资源在教学中应有的地位与作用。是"兰山杯"历史写作大赛，让我们走进了"活"的历史，拉近了历史与学生的距离，激发了学生对历史的兴趣。

刚接到大赛通知时，我既高兴又紧张。高兴的是历史写作可以让学生充分利用家谱、地方史志、口述资料等史料撰写自己身边的人或地方发生的历史，可以让学生了解史料的多种类型，明确时空观念，提升学生的史料实证和历史解释能力，提高学生的写作和历史思维能力。历史写作能发挥学生的自主性，让学生自主整理、学习，在收获知识与能力的同时，对于当下历史教学中核心素养的生根落地非常重要。紧张的是学生和我都是第一次，深感机遇与挑战并存。指导学生去进行历史写作，这对我来说很陌生，学生也不知道从何入手。后来的事实也印证了我的这点担心。

历史写作让中学历史课不再枯燥乏味，历史教师普遍有一种感受，因为有了历史写作这样一种渠道，学生对历史课堂产生了浓厚的兴趣，课间咨询历史老师问题的人渐渐多了。因为历史就在身边，每一个人的过往，如果能找到一个恰当的支撑点，就能和国家民族的历史关联起来。这正是历史的神奇所在，也是激发中学生历史写作的源头。贾惠珍老师这些年指导学生参加全国"燕园杯"历史写作大赛和"兰山杯"中学生历史写作活动，成绩斐然，积累了丰富的经验，他分享自己的做法这样说：

在学生上交的初稿中，问题很多，加之本次大赛学生参与热情高，让我的修改指导工作量倍增。指导学生的内容包括如何收集、辨别、运用史料，对口述史料的查证，对运用史料的规范注释，写作的格式以及文章的真实性和可读性要求等。通过对学生集中讲授、单个辅导、师生互帮、家长配合，学生利用周末、中高考放假多次修改查证，一篇篇初稿才算完成。在忙碌的写作中，大家度过了假期，忙并快乐着。

由于目前还没有专门的学科指导学生进行历史写作，就历史教师本身而言，在大学历史专业的学习中，也没有接受过专门的培训。所以说对历史写作而言，大家都是"摸着石头过河"，在实践中摸索，在摸索中提高。贾老师指导学生如何收集、辨别、查证、运用史料，是抓住了历史写作的关键点，通过集中讲授、单个辅导、师生互帮、家长配合等多种形式，为历史写作提供了很好的借鉴。贾惠珍老师对历史写作寄予厚望，充满信心：

一件件平凡的小事、一个个普通的小人物，而正是这种平凡和普通，更加贴近学生的现实生活，更加易于引发学生心灵上的共鸣，也能让学生感受到历史的鲜活与全面，进而提高了对历史的学习兴趣，增强了学习历史的内在动力，培养了学生的家国情怀。对地方历史名人和自己的亲人的研究学习，使学生感悟到不同历史人物的不同历史担当，这种感悟在潜移默化中引导学生的价值观向良性方向发展，从而形成学生个人的责任担当意识。

历史不仅由流芳千古的英雄儿女构成，更是有着黎民百姓的参与才让其更加完整。历史不仅是书本上那些英雄儿女的历史，也是星星点点普通人的记忆。一次历史写作锻炼了学生的综合能力，一篇文章蕴含着诸多努力。在长辈的经历中，学生更加懂得珍惜现在的生活，更加懂得学习的重要性，也明白了在游中学、于行中悟。星辰大海是人类共同的征途。历史是常新的，常新的价值在于发掘；历史是宽广的，宽广的智慧在于开拓；历史是遗憾的，遗憾的魅力就是艺术……

仰望星空，脚踏实地。每个人都是历史的创造者、亲历者，历史写作通过文字表达的内容，以及所传递的信息应具有时代性，要大力弘扬社会主义核心价值观，引导广大中学生在星辰大海中找到那颗最亮的星，并努力成为一颗耀眼的星。

第三节　书写历史　传承精神

每个人都有书写历史的责任，每个人都有传承精神的使命。

新教育创始人朱永新教授提出："你是你自己生命故事的主人翁，也是你自己生命故事的作者。"实际上，从历史的角度来说，你既是你自己历史的主人翁，也是你自己历史的书写者。朱永新教授说："事实上，每个人本身就是书写自己历史过程的作者。每个人从来到这个世界，到离开这个世界，这是一部完整的个人历史。为什么有的人个人历史写得很一般，而有的人却写得很壮丽、写得很伟大？这在很大程度上与人的生命意识有关。"

何为生命意识？生命意识是指每一个现存的生命个体对自己生命的自觉认识。从哲学的角度来讲，生命如流水，只有在冲破高山峡谷的阻挡，奔涌前进的时候，才美丽，才有意义。

"历史本身不仅仅让你变得更聪明，而且让你变得更有责任感。"一个有历史情怀、有历史意识的人，一定会把继承和弘扬中华优秀传统文化当作一种历史责任。

一、写好"最熟悉的陌生人"

每个历史学家都提供了一种通向过去的特殊途径。

中学生历史写作的特点是故事性强，内容丰富，图文并茂，感情充沛；以描写小人物、平凡事烘托大背景、大历史；以描写变化的城市、村落、学校，唤醒人们久已沉睡的记忆。

每个人都能书写他的历史篇章，王永平老师认为：

再多的历史人物和事件，与师生自己不发生联系，理解其实总有苍白之感。在这次活动中，学生关注到与自己有关联的人和事，一下子热烈和活泼起来了。很自然地熟悉了学生自己的名字的由来，自己亲戚们的事迹，自己的家人、家风，等等，而这些，原来他们竟然很少注意过！

……

历史教学大多讲述的是国家的事、往昔的事、别人的事。这次活动促进了学生好好了解了自己的家乡风土人情，家庭的沧桑变迁。学生才发现他们最不熟悉的竟然是自己的父母、自己的爷爷辈们和自己的故乡。

例如，"兰山杯"中学生历史写作活动中田芷萱同学在《冰霜傲骨为党为民　清清白白不染一尘》一文中讲述了爷爷不平凡的一生，从追求理想、信念坚定、勇往直前写起，到对党忠诚、担当奉献、为民服务，再到勤俭持家、廉洁从政、清白做人结尾，为我们展示了一位老共产党员的精神风貌。谈及选题与写作，他说：

从我记事起，奶奶和爸爸就常常提到关于爷爷的事迹，在我的心中，爷爷一直是一个宏伟高大，但又有一丝模糊的形象。因为爷爷走得早，我和爷爷虽未曾谋面，但在我的写作过程中，爷爷对后辈的言传身教一直影响着我，激励着我前行。从最初的只有一个大方向，到慢慢通过爸爸、妈妈、邻居和爷爷以前的同事的讲述，以及整合资料之后的反复斟酌，历经了几个月的修改，文章的骨架结构慢慢清晰起来，到现在终于完成了此次写作。

整个写作过程中的感动无法用言语来表达，第一，我对爷爷的形象由模糊到丰富和立体，深深震撼于爷爷及那个时代的领导干部的廉洁和对工作的认真执着，当然还有留给后代的美好的家教和家风；第二，感动于老师的严格要求和帮助，在老师的指导下，文章反复修改了许多遍，原本逻辑不够清晰的话语，在精心斟酌之下，变得凝练通顺下来了；第三，我感动于我自己，在反复查证相关历史资料，翻老相册，听父辈讲述，参考相关文献，我学到了整合资料、汇总资料的方法，语言组织和运用也进步不小，我个人的写作能力提升不小，为以后的论文写作能力也打下了基础。

例如，"兰山杯"中学生历史写作活动中周琪同学在《与时俱进奋斗不止》这篇文章中写了爸爸的奋斗史，从爸爸求学到初入职场肯吃苦，从下岗到重新学习勇攀登。爸爸的成长故事如一幅幅画卷铺开在读者面前，一路上跌跌撞撞，直到迎来春回大地。爸爸在社会的不断变革中努力奋斗，砥砺前行，用双手为自己的前程拼搏，为实现中华民族伟大复兴添砖加瓦。他前进的一小步，回望历史，却是国家跨越的一大步。谈及自己的构思过程，他说：

作为一名对历史有着浓厚兴趣的学生，我是一个在城市出生并长大的"00后"，祖祖辈辈生活过的农村故乡，对我而言，仅仅是一个常听到却一无所知的地理名词。常常听爸爸说起年轻时的奋斗史——正是因为爸爸的不懈努力，才把我从一个落后的小乡村，带进了如今的省会城市。但也就听听而已，从未过多留心，更别说细细探究与整理了。于是，"我来自哪里？""我怎么来到了兰州？""我的爸爸是怎么长大的？"这些问题一直萦绕在我的心头。正巧有了这次探寻的机会，我便立即确定了本次写作的主题"我家的传承"——重点探究爸爸的成长故事。

回顾爸爸的奋斗史，我清晰地意识到，中华民族的辉煌不只是由那些英雄人物创造的，更多的是人民大众所创造的，正因为有了像我爸爸这样的许许多多通过努力改变自己命运的人民群众，才有了今天的历史，才有了中华民族的辉煌成就。所以从现在开始，我也一定会努力学习，用奋斗做水去浇灌梦想的花朵，为实现中华民族的伟大复兴添砖加瓦！

写身边的人和事，让学生有话可说，在家人的回忆中品味历史，展望未来，进而明白历史是由每一个劳动人民共同书写的，每个人或平凡或伟大都有着属于自己的别样历史；讲述自己的历史，让学生增强对自我的认同与肯定，也更好地交流两代人的想法，进而让学生了解他们的历史，认同他们的观念，珍惜现在美好的生活。这正是历史教学核心素养要达成的目标之一。

这些文章之所以感动读者，就是情真意切，真实记录，把中学生最熟悉却又最陌生的家人写进文章，让每一个生命都能散发出自己的光芒。中学生对历史的理解大多是概念和名词，认为历史就是金戈铁马、叱咤风云的帝王将相，是枪林弹雨/硝烟弥漫的战争，是轰轰烈烈、大刀阔斧的改革。他们的目光总是盯着政治家、军事家、改革家，忽略了朝夕相处的家人，最亲近的人却变成了"最陌生的人"，最熟悉的家却变成了"被遗忘的角落"。而历史写作是对课堂教学的完善补充，书本上的历史知识与学生身边的亲人掌故结合起来，这样的历史才真正接地气，有内涵。我们感谢历史写作，是它让中学生将目光从课本转向家人，从过去回归生活，找到了历史写作的源泉。

段世荣老师有这样的感悟：

首先，学生通过历史写作加强了与长辈之间的沟通交流，弥合了代沟，增强了家庭和谐。初中学生学习压力大，长期不与长辈交流，甚至认为长辈们有着老的思想，与时代不同步，很难换位思考。而且初中生的年龄又处于叛逆期，更是加深了彼此之间的隔阂。此次写作需要学生用心去发掘身边的、自己家庭（家族）的历史。同时，学生发掘和探究的过程不仅是在追寻那些渐渐被遗忘的记忆，也是在寻找和父辈、祖辈等家庭（家族）成员的亲近感……通过深入调查研究、近距离接触，增进了感情，引发了思考。学生在完成写作后都感慨，从来没想到身边的人和事、成长的环境竟然那么丰富，那么感人，那么亲切。他们说，他们学会了很多，也体验了很多。

在文字功夫和研究方法上，他们也许是青涩的，不完美的。但这种体验和尝试、各种滋味，或欢喜，或艰难，都无比珍贵。因为他们成长了，也更加热爱生活了。

历史就像一棵根深叶茂的参天大树，每一片树叶都是一个不同的人，每一个枝丫都是一个家族的繁衍，他们各具特色，各有源头。冬去春来，树叶凋零，一代人的生命走到尽头的同时，又有一代新人站了出来，推动历史的车轮滚滚向前。家族为每一个人的成长提供了文化和道德摇篮。中学生历史写作从身边的人写起，其实为中学生创造了一次和亲朋好友"叙旧"的机会，打开了情感交流的"闸门"，让亲情涓涓流淌，滋润心田，使中学生和家长之间的"隔阂"也在不知不觉中消失；让学生了解了家族过往，知道了祖辈创业的艰难，他们也就理解了家长的良苦用心。

二、我和我写的历史

历史写作需要找到"这个人""这个地方""这个物品"和"我"的关系，让读者明白你写作的缘由，唯有如此，才能"吹着他吹过的风，走过他曾走过的路"，感受着他有过的爱恨情仇、悲欢离合，进而感动自己，打动读者。王永平老师认为历史写作对学生的历史学习起了三个明显的作用：

一是对提高学生的历史学习兴趣起到了很大的推动作用。在调查、交流和写作过程中，学生普遍感到新颖、有趣，主动性很强。师生的互动性频繁了许多。学生主动请教、询问，师生互相研讨，教学相长，感觉到历史学习的氛围特别浓厚。

二是通过以小论文等的写作形式和对身边的历史事迹的挖掘，促使历史探究性的学习方法更加灵活、生动、鲜明、深化；也使学生不再仅仅局限于死板的课本阅读和做题，反过来，对历史教学起到了很好的推动作用。

三是根据大赛主旨，我们重点以家庭、家族、家乡为重点，强调"自我"的注入，更具体地指导学生进行调查研究和写作，通过对故国家园的历史材料挖掘，确实对学生家国情怀素养的培养作用很大。

在中学生历史写作活动中，我们特别强调学生以"我"为主，写与自己有关的历史，以"我"注入，以家庭、家族、家乡为主线，让学生有话可说，有事可记，对学生触动很大。他们逐渐明白了自我的发展绝不可能是凭空而来的，也不会随风而去的，探索历史的规律有助于自我的发展。

在"兰山杯"中学生历史写作活动中，王博同学的《甘当孺子牛，不忘来时路》，用大量篇幅写了父亲的扶贫路。他有感而发道：

我发现，一直到整理完这篇采访录之前，我并不是很了解我的父亲。我从记事起，就知道父亲很忙，平日里，和父亲交流很少，话语里，知道父亲做扶贫工作，实际上，对父亲的工作了解不多。

2月25日，作为榆中县的扶贫代表，父亲在全国脱贫攻坚总结表彰大会上获得"全国脱贫攻坚先进个人"荣誉称号。我从妈妈的手机上观看了大会回放。习近平总书记在全国脱贫攻坚总结表彰大会上庄严宣告："经过全党全国各族人民共同努力，在迎来中国共产党成立一百周年的重要时刻，我国脱贫攻坚战取得了全面胜利。"习爷爷全面总结了脱贫攻坚的艰辛历程和伟大成就，并生动阐释了脱贫攻坚精神——"上下同心、尽锐出战、精准务实、开拓创新、攻坚克难、不负人民"。就是这个精神，让我在激动的同时产生了了解父亲、了解扶贫的冲动。

采访从父亲开始。几天时间里，父亲在微皱眉头中娓娓道来，我脑子里有了一个大框架。又从父亲那些平时常见又不甚熟悉的同事那里了解，父亲的扶贫之路渐渐清晰。从乡县两级的扶贫档案里，这条路又再现真实。

就如父亲所说，作为全县"扶贫人"的代表，他为脱贫攻坚的伟大成果孕育的伟大精神感到激动，为能够参与其中见证奇迹感到自豪。我又何尝不是在一步步的解读中激动不已，作为父亲的孩子，脱贫攻坚伟大精神又何尝不是自己弥足珍贵的传家宝。

脱贫攻坚取得全面胜利是中华民族发展史上的永恒丰碑，是人类减贫史上的伟大奇迹,在创造历史的同时也孕育了伟大的脱贫攻坚精神。作者通过深入了解自己的父亲——一名扶贫一线党员的扶贫历程,从一名别样见证者的角度,向我们展示了这场攻坚战的情感画面。文章因为"我"的走访、调查,获取大量一手史料,也因为"我"和主人公之间特殊的亲情关系,让文章有亲和力、时代感。作者对这段父亲扶贫工作的真情叙述,文字行间里,我们能从扶贫政策的贯穿中感受到"一任接着一任干"的坚守与执着,能从扶贫干部的艰辛和努力中感受到什么是"精准",什么是"务实",能从"脱贫路上不落一人"的铮铮誓言中感受到"不负人民"。

一百多年来,中国共产党领导下的中华民族不忘历史、不负历史,中国共产党领导下的中国人民也一直在创造历史、见证历史。未来已来,希望可望。先辈们的光辉事迹,必将激励一代又一代中华儿女接续奋斗,砥砺前行。

三、源远流长的传统文化

培育和弘扬社会主义核心价值观,必须立足中华优秀传统文化。每个人都是文化的传承者。

兰州羊皮筏子的历史悠久,因古代黄河上游资源匮乏,且陆路交通不发达,古代先民们便利用羊牛皮、麻绳、木头等常见材料造出皮筏。人们最初是用单个的革囊泅渡,后来为了人身安全和增大货物载重量,便将若干个革囊相拼,并在下面架木排,再绑以麻绳,就成了皮筏。但鲜为人知的是,皮筏古称"革船",其悠久的历史可以追溯到1500年前,并且,在320年前,兰州还大量使用羊皮筏子渡河。

在"兰山杯"中学生历史写作活动中,杨静静同学的《生于此岸心无岸》文章节选:

现在因为羊皮筏子需求量小,传承人越来越少。马师傅也说,他的子女们不愿意继承这门传统工艺,而是有别的志向。羊皮筏子现今处于濒危的境地,其实在20世纪八九十年代,它的运输功能丧失,而这时旅游又尚未兴起,所以它就曾一度中断,处于消亡状态。后来随着旅游业的兴起,羊皮筏子漂流作为一种特色旅游项目,由民间自发组织,才又重露头角。所以,羊皮筏子的抢救和保护迫在眉睫。

在实地考察中,杨静静和小伙伴们详细了解了羊皮筏子的历史渊源和制作流程，意识到羊皮筏子在市场经济大潮中面临的窘境，提出抢救和保护非物质文化遗产迫在眉睫，反映出当代青少年学生的历史情怀和责任担当，值得点赞。

那么传承呢？传承羊皮筏子，去了解、弘扬它的价值与影响只是其一，更要推动它创新性改造，更是启示我们，要像祖辈那样，即使周边环境受限，也要用智慧与创新精神开拓历史新河。正如徐艺乙所说，传承需要通过基础文化教育来增强年轻人对传统工艺的理解，加强对传统手工艺人才的保护和培养。

虽然研究性学习就此结束，但我们团队人员对羊皮筏子的关注并不会就此停歇。令人感到欣慰的是，为了保护羊皮筏子这种古老的运输工具，兰州已经在申报非物质文化遗产的过程中，而且兰州的羊皮筏子也已经制订了五年计划保护。

中国的传统手工艺是中国人生活方式的重要组成部分，有着悠久的历史、良好的技艺以及庞大的知识体系，需要在保护的过程中认真学习、体悟、研究。我们高兴地看到，作为将要担当民族复兴大任的时代新人，中学生已经有了保护传统文化的意识，有了传承中华文明的行动，这是民族之幸、国家之幸。

在"兰山杯"中学生历史写作活动中苏煜同学在《我家那些事》中记述了爷爷苏永泉悬壶济世、治病救人的若干事例，从爷爷拜师当地一位名医，到搜罗民间秘藏，研习中医理论，在学医的道路上翻山越岭，风雨无阻，行走于大山之间十几年，在长期的行医实践中积累了丰富的经验。文中写道：

由于我跟祖父相处时间较少，从祖父出版的两本书《苏永泉婴幼儿太极按摩真传》和《苏永泉诗文选》中，一生从医的爷爷，认识到"滥用抗生素——新的国难"，提出"母亲工程"——让每个妈妈学会婴幼儿太极按摩，减少抗生素对孩子的药害。他的事业父亲在继续，我也要努力学习祖父那种锲而不舍、努力钻研与创新精神。

历史写作让我们看到了中国传统文化生生不息的生命力，不论是中医针灸还是京剧秦腔，子承父业、后继有人的事例俯拾皆是，可谓是"江山代有才人出，各领风骚数百年"。我们期待中华传统文化不断发扬光大。

在"兰山杯"中学生历史写作活动中，蒋天昊同学以兰州府文庙为例，在《论大成殿蕴含的人文精神——以兰州府文庙为例》一文中，以兰州府文庙，即现在的兰州二中内大成殿为例，将其建筑特征作为出发点，用观察法、文献调查法、比较研究法等研究方法，分析了大成殿承载的人文寄愿、大成殿历史发展中体现的文化和不同时代价值，进而从历史的角度论述了大成殿蕴含的人文精神，使人们得到了较深的历史感悟。

如今的大成殿已经褪下了神圣的光环，成了高中校园里的普通场景，但是寄寓其中的历史文化却并未消散，反而得到了正确的转化。兰州二中素有以"诚正勤朴"为核心的"大成文化"，以"至诚至正的人文精神，求真求实的科学精神，争先争优的创造精神"为整体的二中大成精神和"明德启智，和谐大成"的办学理念开展教育教学。她是屹立在原兰州府文庙土地上的新式学校，继承了儒家的大成殿文化，并在此基础上进行了符合时代要求的文化创新。儒家精神已变作新的文化精神，大成殿蕴含的历史文化也因此得到了凝聚、继承与发扬。

建筑是凝固的历史，承载着历史的变迁。岁月如流，星移物换，大成殿蕴含的人文精神与时俱进，不断升华。

第四节　存史启智　以文化人

　　历史写作强调史料的真实性，聚焦选材的典型性，让文化触手可及，让历史不再遥远。

　　2022年9月20日，习近平总书记在《复兴文库》序言中写道："修史立典，存史启智，以文化人，这是中华民族延续几千年的一个传统。"

　　修史立典，就是记录历史、树立典范，使后人以史为镜，用为参照，有所为有所不为。存史启智，就是要完整保存好党史国史，并从中汲取推进党和人民事业发展的思想伟力和智慧之光。以文化人，就是要讲好中国故事，传播中国声音，以坚定的历史自信掌握历史主动，坚定不移走中国特色社会主义道路，同时，向世界展现可信、可爱、可敬的中国形象，让世界了解中国，让中国走向世界。中学生历史写作就是要让青年学生找准爱党爱国的起点——爱家乡爱亲人，挖掘地方红色资源，讲好家族故事，写出有温度的历史。

一、历史写作：一场穿越时空的对话

　　探寻历史是一个艰难而有趣的过程，每个家庭都有独特的代际传承和岁月记忆，我们通过历史写作就是要客观地记录这些历史年轮上的真实故事，透过这些鲜活的故事，可以探究历史沉淀的厚度，领略代际传承的情感温度。

　　例如，"兰山杯"中学生历史写作活动中张潇匀同学的《忆香冰先生——我的太爷爷张作谋》一文，记述了1932—1942年担任甘肃省立第一中学校长的香冰先生的一些往事，并发自内心地写道：

　　太爷爷在1977年故去，我并不曾谋面。爷爷家挂有许多太爷爷的照片和画像，我小时候只是知道这位面带威严的老人是我的太爷爷，再就知道他是兰州一中以前的校长。记得在我10岁以前，爷爷经常外出办事，听家里人讲是去收集太爷爷遗失的手稿，或是将太爷爷、太奶奶的遗物捐赠到档案馆，那时的我很不解，不就只是一中以前的校长吗？为什么档案馆和博物馆要收藏这些东西呢？何况那也不过是祖辈辉煌，爷爷又为何要忙前忙后。

直到这次参加历史写作大赛，我认真读了太爷爷的著作，以及他的友人和学生写的追忆稿，我着实被震惊了，不敢相信我的太爷爷居然做了这么多的事情，而文章也不过只是呈现了一部分。我也终于可以理解爷爷了，其实历史上有许许多多的英雄，也许对于他们来说，不过是完成了本职工作，然而这些工作却铸就了我们现在的幸福生活。在那个战火纷飞、民不聊生的年代，祖辈们用自己的血肉、智慧创造了我们的美好生活。我们缅怀他们不是停留在过去的辉煌，而是用祖辈的精神激励我们这些后人，今天我们已经有了更好的条件，应该更要为大好未来去拼搏。这大概就是精神的继承、文化的传承，我相信一批不忘过去、积极走向未来的青年定会成长为不辱时代使命的青年。

又如，"兰山杯"中学生历史写作活动中卫益彤同学的《献给老一辈革命者的赞歌》，就是专为纪念他的曾祖父写的一篇文章，文章写道：

清明时分，我来到他的墓碑前，放下花篮，用手扫去落叶灰尘，我鞠了三个躬，然后深深凝望着他的遗像，"您在那边过得好吗？"我听不到他的回答，只见他微笑着，无言地微笑。相片中的他很平静，只是默默地看着眼前的这片土地。这片和平、发达、他曾用生命捍卫过的土地。他热爱这片土地，热爱这个用无数英雄的生命换来的土地；他眷恋这片土地，因为他把满腔热血、灿烂的青春献给了这土地和土地上的中华儿女。

今天，我在此怀念我的曾祖父，将他那平凡却又伟大的故事写下。我深知他早已离我远去，但我又觉得他还在我身边。每当我参加升旗仪式时，庄严的国歌响起，鲜艳的国旗在空中徐徐升起，我不禁想起曾祖父为了中华民族英勇奋战的样子；每当我眺望这繁华的城市时，我又想起了曾祖父为了新中国的发展而操劳的日日夜夜；每当我翻开他写下的诗词时，曾祖父，您那不朽的诗作和坚定的信仰都是我秉志前行的动力。

黑格尔说："历史是一堆灰烬，但灰烬深处有余温。"新时代的中学生生在红旗下，长在春风里，与时代同步，和互联网同行，更和伟大繁荣的共和国一起成长，他们不用像前辈那样爬雪山过草地、挖野菜来充饥，远离了炮火硝烟，淡忘了艰难困苦。通过历史写作，让这些青少年来一场穿越时空的对话，更能唤醒他们的使命担当。

二、历史写作：一次净化灵魂的革命

在我案头放着两份文稿，题目都是《我家有枚军功章》。这是我的学生岳思淇的两份历史写作的文稿。

根据学校安排，我给学生布置了"兰山杯"历史写作的任务，并在课堂上做了关于历史写作的动员，主要讲历史写作基本要求。很快地，学生就开始动起来了，陆续就有人课间找我，咨询写作的各种问题。因为历史写作对中学生而言，以前没有搞过，也没有专门的课程教他们如何写作，所以，学生也是一头雾水，不明就里。我反复强调历史写作不同于语文学科的作文，要从最熟悉的身边历史入手，不能写成散文、诗歌、小说。

这时候，岳思淇找到了我，给我说她想写她的父亲——一位参加过对越自卫反击战的战士。听了她的简短介绍，我觉得这个选题很好，当事人和作者是一家人，亲人之间的交流可以随时补充完善，距离那场战争的时间也不远，口述者对自己的亲身经历记忆犹新，父女之间的亲情更容易让文章有真情实感，这样的内容也符合主旋律，充满正能量。所以，我肯定了她的想法，建议她列好提纲，择机对她父亲进行采访，早日完成写作。

大约一周以后，岳思淇交来了第一份文稿。初稿就是详细记述了她父亲如何当兵，如何走上对越自卫反击战的前线，在前线遇到了哪些困难，参加了一系列战斗，获得了一枚军功章，还有就是后来经常和战友们在一起回忆往事，等等。其实就是罗列了一些事件，像记流水账似的，行文虽说流畅，但是重点不突出，缺乏感人的情节，也不符合历史写作的要求。

看完初稿后，我找她来详谈了一次。我问了她几个问题：参加对越自卫反击战的人很多，你父亲对这场战争最深的记忆是什么？你父亲的回忆中感动你的细节有哪些？这枚军功章背后的故事有哪些？写这篇文章的过程中你的感悟和体会是什么？经过我的启发和指导，岳思淇同学若有所悟，我建议她在历史写作的环节上补充完善附录部分，适当增加脚注和参考文献，把家里的军功章拍照，选一些能佐证文章观点的照片插入文档。

大约十天之后，经过反复修改后的定稿就放在我的办公桌上了。这次的稿件较前有了很大进步，增加了插图，补充了细节，突出了主题。特别感人的一个细节是：

父亲拿出一本相册、一枚军功章和一本他们团赴老山前线对越作战三十周年纪念册。当我将那本相册打开时，映入眼帘的全是父亲穿着军装的照片。放在相册最前面的是一张父亲身穿军装、戴着钢盔、怀里抱着一把枪趴在地上的照片。我说，这就像电影里打仗时的照片。他说是的，根据规定，部队上前线前，会给每个战士拍一张这样的照片，是牺牲后作为遗照用的。这时我才反应过来，我的父亲是一个曾经参加过战争的人。

读到这里，我的心里感受到了强烈的震撼，忽然想起来一句话："从来没有什么岁月静好，只是有人在替你负重前行。"身处和平年代的我们，的确要发自内心地感谢那些可爱的战士，正因为有他们的奉献与牺牲，才有了我们今天的幸福生活。

关于那枚军功章的来历，文章写道：

那枚军功章记录着一次战斗，也是那些常到我家来的叔叔们讲得最多的"黑豹行动"。1987年1月7日，父亲所在的417团接到命令，要拔掉老山战场最敏感的那拉口地区敌人的167阵地。该点地势低洼，受敌三面直接监视与火力控制，地形条件有利于越军。特别是1985年友军出击167阵地之后，敌人放重兵把守，加强火力控制；观察火力配备完善，工事掩体密布。战斗从早晨7时开始到下午5时结束，我方成功夺取167阵地，并连续击退敌人6次反扑。这场战斗是收复老山以来影响最大，持续时间最长，战斗最激烈、最紧张、最艰苦的一次出击拔点作战。共毙敌531人，包括击毙越军团副参谋长、副营长各1人。我方牺牲14人，负伤20多人。战斗的胜利不仅震惊了老山战区，在国际上也引起了强烈反响。"美国之音"两天后报道："一月七日，在中越边境爆发了自一九七九年以来规模最大的一次战斗。"战斗的经过父亲没有告诉我，他不想回到那个场景中，只说战斗结束后阵地上只留下了被翻了数遍的红土地和被炮弹炸得粉碎的石头，其实电影《芳华》已经告诉了我。

文中有详细的时间、地点，还有佐证史料，让读者仿佛亲临战场，与主人公一起冒着枪林弹雨，冲锋陷阵。真实是历史写作的基础，那些网络上复制粘贴的东西，或者凭空杜撰的夸张情节不仅不能感动人，反而让读者厌恶。历史写作也不是"穿越剧"，更不是"科幻小说"，尊重历史，就要从细节做起，这也是该文吸引读者的地方。

文章最后，岳思淇有这样一段感悟：

战争真的离我们遥远吗？

其实不是，实际上，战争时时刻刻都在我们身边发生。提起战争，我们想到的通常是第二次世界大战，总感觉战争离我们很遥远。甚至当我向朋友、同学提起我父亲曾经打过仗时，他们都很疑惑，询问我父亲多大了。

战争是残酷的，他带走的人不仅仅是几个数字那么简单，而是一个个有血、有肉、有思想、有感情的生命。

现在我们貌似对战争都少了一丝畏惧。每当两国之间有矛盾时，我们不乏会听到人们对此的评价。一些人高举旗帜，叫嚣着用战争解决问题。可他们似乎忘了上战场的不是他们，浴血奋战的也不是他们。

处于战争年代的人们盼望和平的到来，处于和平年代的我们该做些什么呢？我们总是说现在的和平来之不易，但很少有人能真正体会到。我们的任务就是维护今天的和平，维护那段用鲜血铸成的历史。

青山依旧，岁月如常。

让我们珍惜用鲜血和生命换来的和平吧。

我惊讶于岳思淇同学有这样深刻的感悟，这绝不是几节历史课能带来的变化，应该感谢这次历史写作活动，能不能获奖已经不重要了，我们的学生能够通过一次写作活动，收集史料，采访亲历者，查阅文献资料，在写作过程中运用唯物史观，构建时空观念，学会史料实证，落实历史解释，培育家国情怀，这就是最大的褒奖。可见，历史写作是一次净化灵魂的革命，教人惩恶扬善，见义勇为。

三、历史写作：一份慰藉心灵的缅怀

历史写作，对逝者是一种缅怀，对生者是一种激励。

例如，"兰山杯"中学生历史写作活动中，卫益彤同学在《献给老一辈革命者的赞歌》一文的附录中说：

如今曾祖父离开我们快两年了。今年6月8日，又是他100周年诞辰纪念日，此时此刻，作为子女，我们追昔抚今，心潮澎湃，浮想联翩。与曾祖父在一起的往事，老人家对我们的谆谆教诲，他和蔼可亲的音容笑貌，以及与曾祖父在一起的许许多多美好的生活片段，像影片一样，时时在脑海中涌现，久久不能

释怀。曾祖父是一位享受红军待遇、有80年党龄的老革命，曾祖父的一生，是无限忠诚于党和人民事业的一生，是勤勤恳恳无私奉献的一生，是努力践行为人民服务这个思想宗旨的一生。无论身处顺境逆境，他始终坚持理想信念不动摇，矢志不渝地为实现民族独立和解放、国家的繁荣昌盛，奉献出了自己的全部力量。

曾祖父品格高尚，心性率直，感情真挚。他友善乡邻，凡善必举。他为人谦和，淳朴善良。他济贫助人，一以贯之。凡与其熟识的乡亲父老、好友亲朋，对曾祖父的为人，无不交口称颂。

曾祖父一生勤奋好学，兴趣广泛，尤其是对诗词歌赋情有独钟，不仅是个老革命，还是一位诗词爱好者。多年来，无论工作、生活及人生旅途中遇到的重大事件和有意义的事情，他都会以诗词的形式，热情地给予描绘和歌颂。可以说，诗词伴随了曾祖父的一生。

曾祖父坚信主义，不忘初心，无怨无悔，坚定踏实地走完了他98岁的人生历程。曾祖父的一生，是奋斗的一生，是坎坷的一生，也是快乐的一生，幸福的一生。曾祖父从1936年参加革命到1990年离休，经历了土地革命、抗日战争、解放战争、社会主义建设、改革开放的各个时期，在山西、甘肃两省的多个单位工作，且离休以后，还参与了部分社会活动，可谓贡献大、阅历丰。其人生历程对后人来说，无疑是一笔丰厚的精神遗产，应予传承。

于是，我以收集到的相关党史资料、回忆文章等为佐证和辅料，以曾祖父遗留的笔记、墨迹、实物、照片等为补充，将它们串联起来，汇集成册，以便同气连枝的后代们追思缅怀。以此，了结我的心愿，告慰曾祖父的在天之灵。

文章将国家社会的历史变化，浓缩在曾祖父艰苦奋斗、自强不息的一生中，为我们讲述了中国近现代史上有关土地革命、抗日战争、解放战争、社会主义建设、改革开放时期曾祖父的典型实例，由小见大，体现了历史发展的曲折性和生动性，字里行间满满的家国情怀感人至深。中学生历史写作不论对作者还是读者，都是一次心灵的洗礼。

又如，"兰山杯"中学生历史写作活动中，樊珈妤同学在《他乡，我乡》中记述姥爷那段知青岁月时这样写道：

姥爷说知青岁月的记忆是他这一生中最难以忘怀的青春岁月，让他记忆最深刻的一件事就是知青自己做饭。

　　他们下乡的头几天，村上派了一位中年妇女帮知青们做饭，并教他们怎样学做当地的农家饭。几天后，知青自己轮流做饭，当年除了玉米面还是玉米面，他们不知道如何做。这玉米面在知青手里怎么也做不出诱人的美味。他们经过商量用玉米面撒成糊状再放些食盐，切点土豆块和野菜浆水一锅乱搅，做成了当地农民称作馓饭的食物。这群刚走出校门的学生，正是发育、长身体的阶段，一个月的口粮不到半个月就吃完了，剩下的日子每天只能喝些没有油水、没有蔬菜的玉米稀饭。姥爷说最让他们尴尬的就是烧火点灶，这可是个技术活。大大的土灶里塞满从山里砍来的树枝，但是怎么也点不着，好不容易点着了，火苗呼地一蹿，经常把自己的眉毛、头发给烧着了，弄得满屋子烟熏火燎地睁不开眼睛，呛得满眼流泪，不停咳嗽。每当姥爷说到他们做的浆水馓饭时，就会一脸认真地说："我觉得什么美味也没有浆水馓饭好吃！"

　　几十年过去了，当年的青春岁月渐成往事，几乎被湮没；他们曾经挥洒过汗水的他乡，如今已铸成他们生命中不可缺少的我乡。他乡，我乡，是那一段知青岁月最后的见证。当年小小少年的青丝如今皆成华发，岁月沧桑了他们的容颜，洗尽了他们人生中许许多多美好的时光，却怎么也冲刷不尽这段青涩的回忆，反而变得越发清晰了。如果不是小作者用心记录，作者姥爷等知青经历的艰苦创业，就会随风远去。历史写作给一代人留下一份慰藉心灵的缅怀，也给下一代人留下了一次触摸历史的机会。

第五节　凡是过往　皆为序章

一、历史写作：共育家国情怀

家国情怀是中华优秀文明的发展基因，是中华民族伟大复兴的力量源泉。

在"兰山杯"中学生历史写作活动中，张雯杰记述姥姥平凡的一生，有段文字这样说：

时间慢慢流淌，姥姥守着一方土地，迎来了自己的儿孙满堂。教育自己的这些孙子成了姥姥人生最重要的事情，且家法严格。姥姥教导孙子们要尊敬长辈，要勤劳善良。每当我的哥哥们因为不注意直呼长辈的名字，姥姥便会提着"家当"，候着自己的孙子，收拾遍了淘气的哥哥们。但是姥姥对孙子们的爱却丝毫不减，有什么新奇的玩意，姥姥总会想着留给自己的孙子孙女们。

随着时代的变迁，姥姥曾经生活的村子规模渐渐变小，务农的百姓慢慢少了，在偏远的农村种地不如外出打工，青年人离开了农村，村子里的老人也越来越少，原来500多户的大村落渐渐没落，只留下几十户人家。姥姥一辈子面朝黄土背朝天，因为多年劳作积劳成疾，身体越发佝偻了起来，在妈妈怀着我的2002年，姥姥离开了这片黄土地。作为姥姥最小的孩子，因为怀有身孕，妈妈没能见到姥姥最后一面，生前姥姥最牵挂的宝贝女儿也未能拉着手再叙家常。那个在田地间劳作的身影被风吹散了，在油灯下缝补衣物的身影也渐渐暗淡了……一辈子省吃俭用，抚养儿女成长，独自一人扛着家庭的担子，看着孩子们成家立业、儿孙满堂……

姥姥只是众多西北农村中质朴与勤劳的妇女之一，她把自己的一切献给了家庭。姥姥背上扛过的不仅是农具，她扛着的还有一个农村家庭的未来，怀着心中平凡的爱，度过了辛劳的一生。最终，耕作一辈子的姥姥也化为这天地间的一抔黄土，徒留下后人的念想。当我再次回到姥姥生活过的小村庄，望着村中渐渐荒废的土地、颓坏的房屋、村子中越来越少的人家，姥姥一生在黄土地中劳作的故事似乎也越来越远。可是，我抚摸着姥姥亲手种下的杏树，望着老家后院高大挺拔的杨树遮蔽着小小的一方院落，似乎姥姥藏在时间光阴里的形象又逐渐鲜活了起来。我写下姥姥的故事，记录的不只是姥姥的一生，还有更多西北地区农村家庭妇女的厚重和质朴。

书写中顿悟，叙事中成长。

历史承载了许多纵横捭阖的大事件，也积淀着许多小人物朴实无华的一生。作者犹如捡拾海边的贝壳，用姥姥这样一个普通中国妇女的质朴人生串起了从民国到解放至改革开放时期，历史变迁下的中国普通百姓平凡而精彩的人生故事，使一个农村老太太勤劳、俭朴、养育子女的艰苦辛劳、锲而不舍的形象跃然纸上，为我们呈现出了一个普通小人物的生活抗争史、艰苦奋斗史，文章不失为一篇体现正能量、反映时代性的佳作。小作者在附录部分谈及写作的感悟时说：

在我未写故事之前，姥姥只是我在照片中见过的慈祥的老人，老一辈的历史故事于我而言也只是遥远的过往，可当我翻开历史，听到姥姥的人生，我窥见中华人民共和国成立以来最基层的百姓生活和经济状况，望见了老一辈农村人和土地相伴的身影。回忆历史，提醒着我们不要忘了人类发展的根源——土地。中华民族的祖先最早种下了黍粟等农作物，在黄河和长江流域发展起了农耕业，自此，中国千百年来的历史发展与土地有着不可分割的联系，农民耕耘于土地之上，每一个王朝兴盛都要衡量农民与土地的关系，农民千百年来都凭借着自己的双手耕耘土地，依靠着土地生活……直到中华人民共和国成立，土地重新分配，农民才终于拥有了属于自己的一片土地，农业逐渐发展，经济飞速进步，中国从古老的农耕文明一路走来，站在了今天对世界有举足轻重的大国地位。在工业化较为强盛的今天，我们追逐中国飞速前进的脚步，不妨也停下来，感受农村人世世代代的耕耘与发展，于一把细腻的黄土之中，拾起老一辈艰苦奋斗的品格，承启前人的智慧，知苦难，创未来。

家国情怀是学习和探究历史应具有的人文追求，体现了对国家富强、人民幸福的情感，以及对国家的高度认同感、归属感、责任感和使命感。培养学生的家国情怀是历史教学的最终落脚点。诚如作者所言："我写下姥姥的故事，记录的不只是姥姥的一生，还有更多西北地区农村家庭妇女的厚重和质朴。""于一把细腻的黄土之中,拾起老一辈艰苦奋斗的品格,承启前人的智慧,知苦难,创未来。"让我们看到了历史写作对培育中学生家国情怀所起的重要作用。

二、历史写作:传承红色基因

历史无声,岁月有言。

例如,"兰山杯"中学生历史写作活动中,李婷婷同学在《祖屋的荣光》一文中通过记述祖屋发生的故事,凸显了革命军人和人民群众为革命事业不怕困难、勇往直前的精神,祖屋作为历史的见证,见证了军民鱼水情。其中小作者还写到她的父亲小时候给烈士扫墓,如今她和同学们每到清明节也去烈士陵园祭拜的情节:

在爸爸那代人的儿时,那座小山包是他们的红色教育基地。我们附近几个乡镇的学校清明节都来我们这里给烈士扫墓,有我们来紫堡乡的,也有定远镇和金崖镇的。每逢清明节前几天,每个班扎一个或几个大竹圈,上面糊上白纸,班里的每个同学在家糊几个小纸花,带到学校后班主任一一用糨糊粘在上面,并写上纪念革命先烈的挽联,在清明节早晨全校师生排着长队,高举着少先队队旗(初、高中班举着共青团团旗)和大家亲手做的花圈,走向英烈长眠的小山包。父辈们第一次佩戴红领巾加入少先队和入团宣誓仪式都是在烈士陵园举行的,高年级的同学在家里带上铁锨,给每个烈士坟头添土。

2021年清明节,学校组织学生去兴隆山烈士陵园扫墓。我们每人自制了一朵小白花戴在胸前,缅怀先烈,牢记历史。尽管雨雪交加,但学生仍坚持徒步爬上了兴隆山烈士陵园。因前段时间,听长辈们讲了上述故事,所以当我第一次到达烈士陵园,心中充满了对烈士的敬仰。途中,我们还瞻仰了张一悟纪念馆,希望可以将红色基因、革命薪火代代相传。

作者以祖屋为载体记述了祖屋的许多美好回忆,在回忆中发自内心地说出美好生活都是那些平凡而又伟大的人不惜用他们的生命换回的,革命先烈用自己的身躯为国人筑起了一道生命的防护墙。因此,作为今天的青少年更应该珍惜当下,心怀感恩,牢记历史,报效祖国;要在追忆中奋起,反思中前行,铭记光辉历史,传承红色基因,不负青春韶华。

三、历史写作：践行核心素养

历史学科核心素养既不能写在纸上，贴在墙上，也不能靠教师的说教来落实，只有通过学生的实践活动，在做中学，学中悟，悟中行。

王钊和老师的感悟：

现在我们大谈特谈学科的核心素养，那如何将之落地、生根、开花呢？历史写作就是一次成功的探索和实践。就获奖这名同学来说，通过本次写作，追溯自己的血缘、家族的历史，作者发出了继承先辈的不畏艰苦、勇于奋斗、甘于奉献的精神，为祖国的繁荣富强努力学习的感悟，有助于初步培养他主动承担家庭、学校、社会乃至国家赋予的责任和使命的意识。祖辈们的荣光是家族辉煌的根基，更是后辈奋进的榜样。他们的故事能激励我们承载家族荣耀，再续辉煌，这体现了核心素养中的"时空观念""家国情怀"。而通过前辈的讲述和实地走访，了解相关情况并整理成文，这又锤炼了他"史料实证""唯物史观"之精神和方法。所以，历史写作可以在平时教学中适当使用，至于操作层面的写作，到实践时再去慢慢打磨，但这个方向是正确的，要趁热打铁，多多推广。

一线教师对历史写作的热烈响应，说明新课程背景下落实学科核心素养渠道很多，中学生历史写作就是一个很好的"抓手"。

常顺喜老师对此的体会是：

面对历史的浩浩长河，我们可以无尽地抒发对家乡、对历史、对家国的热爱和情怀。但历史作为一门人文学科，尤其是历史写作，自有它的特点和规范。在当前大力倡导核心素养的背景下，我认为没有历史写作参与的核心素养是不完整的，并深以为然！

其一，历史写作是沟通中学和大学历史专业教育的有机路径。随着我国成为高等教育大国，高等教育实现了大众化，但高等教育的质量却不容乐观。基础教育与高等教育的严重脱节给培养人才带来了极大障碍。《国家中长期教育改革和发展规划纲要（2010—2020年）》在人才培养方面提出："树立系统培养观念，推进小学、中学、大学有机衔接。"因此，加强大学与高中教育之间的衔接，为大学教育奠基，也成为我们普通高中教学育人任务的应有之义。而从历史学科的角度看，让中学生参与历史写作，接受较为系统规范的准学术训练或写作，不但会有效助力学生学科核心素养的提高，让核心素养落地生根，更可以通过历史写作，为一批有志于大学学习历史专业的学生打下良好的学术底子，实现高中历史教育和大学专业教育的有效对接。这也正是举办"燕园杯"和"兰山杯"历史写作大赛的初衷之一。

其二，历史写作是助推课堂教学改革的催化剂。核心素养是适应个人终身发展和社会发展的必备品德和关键能力，也是学生面对未来世界发展、应对未来自身挑战的重要砝码。因此，将核心素养落实到课堂教学中，借助学科教学不断强化核心素养的培养，是当前课堂教学的重要任务之一。历史写作不论从选题立意，史料与参考文献的甄选与运用，历史解释，论证能力，写作与语言运用的规范性、思想性及文采底蕴等方面，都较好地反映了学生的综合素质。在课堂教学中，我们历史教师必然要做出相应的调整：以核心素养为导向，升级教学目标，整合课程内容，改变教与学的方式，基于学生自主发展，立足思维训练。同时我们要以历史写作为催化剂，在课堂教学中有意识地引导学生捕捉生活中有历史文化价值的事物，培养学生对历史现象的敏感；在课堂教学中，语言的运用要有严谨性和学术气息，鼓励学生对有价值的历史事件进行研讨，并有计划地让学生以学期或学年为周期，以历史写作的方式完成作业或学分的认定，都不失为一种有益的探索。

四、历史写作：彰显中国精神

实现中华民族伟大复兴必须弘扬中国精神，这就是以爱国主义为核心的民族精神和以改革创新为核心的时代精神。中国精神贯穿中华民族五千年历史，积蕴于近现代中华民族复兴历程，特别是在中国的快速崛起中迸发出来的具有很强的民族集聚、动员与感召效应的精神及其气象，是中国文化软实力的重要显示。

百川归海，大浪淘沙；物竞天择，适者生存。随着社会的发展，有些东西正在被遗落，有些事物悄悄在变化。

例如，"兰山杯"中学生历史写作活动中王强同学的《父亲的老刨子》一文节选：

"虽说是辛苦，但我们从未想过要偷工减料，不敢有一丝懈怠，将自己能做的做好，尽到一份打工人的责任，就心安理得了。"父亲说。这大概就是对

"能做事的做事，能发声的发声，有一分热，发一分光"的生动诠释。这样一份单凭蛮力又烦琐的工艺流程必然会被时代的浪潮逐渐吞噬，那种吃苦耐劳、精益求精、永远不知道偷奸耍滑这四个字怎么写的工匠精神不应被吞噬，不应被遗忘。传承是一种信念，传承也是一种义务，取代虽是一种必然，但是取代也要"量体裁衣"、不可盲目。父亲他们用大刀锯的程序已经近乎失传，但是诸如父亲这类"匠人"会将他们那种"工匠精神"永远传承下去……

说起木工的历史，可以追溯到春秋战国时期。《考工记》是中国春秋战国时期记述官营手工业各工种规范和制造工艺的文献，该书在中国科技史、工艺美术史和文化史上都占有重要地位。书中记述了木工、金工、皮革、染色、刮磨、陶瓷六大类30个工种的内容，反映出当时中国所达到的科技及工艺水平。依赖于冶铁工艺的日臻完善，木工的鼻祖鲁班发明了锯子，即便如此，要加工原木依然只能凭人力一刀一刀地锯。中国人往往不用设备，也能轻松做到外国人做不到的事情，比如榫卯结构就是中国智慧的缩影，外国人怎么也想不明白，几块木头不用一颗钉子也能摇身一变，还变得无比坚固、牢靠。王强同学认为不管社会如何进步，"吃苦耐劳、精益求精、永远不知道偷奸耍滑这四个字怎么写的工匠精神不应被吞噬"，这就是对中国精神的传承。文章选取的一些情节也给读者留下了深刻的印象：

不同的只是那些大刀锯、斧子、刨子早已被开料机、切割机、打磨机等现代机器所取代。虽然需要人工的流程已经不多，但工作之余，父亲仍然会打开那个花布包，像往常一样，操练起他那些珍惜的"老把什"，钉钉桌子、拼拼椅子……

一有时间，父亲便会教我一些关于木工工艺的活儿。他经常说："郎中要老，而这木匠要巧。"当他拿起那只黑刨子，目不转睛地盯着木板，好像每一丝凹凸都要被父亲推平，嘴里不时念叨着推刨子的讲究，"说这前不低头，后不翘尾，前七后八，四十五度才是最佳……"

作者选取经典细节，描述了父亲对旧刨子难舍难弃的情愫，表达了一代工匠对传统工艺的深厚情感，"他总设想着这刨子会在他手中传多久，因为时间给了它太多厚重的沉淀，历史赋予它太多智慧的结晶，父亲不忍将它丢弃，而是将它紧紧攥在自己手中。"

当代青少年生活在改革开放的新时代，享受着高科技带来的丰硕成果，但是作为华夏子孙，我们不能忘记历史，要时刻铭记历史，学习并感受历史。许多传统手工艺人以及非物质文化遗产传承人将过去的历史带到现在，纵然有些落后的工艺流程被逐步淘汰，但是他们那种埋头苦干、实事求是的工匠精神以及那种敬业、求精、专注、创新的精神，值得我们永远学习和传承。

如今传统工艺已不再是养家糊口的特殊本领，更多地，我们将它当作一种艺术、一种灵魂、一种初心，纵然时代如何进步，灵魂也不能丢，初心也不能改。

中国精神还包括创业精神、井冈山精神、长征精神、延安精神、抗战精神等。在新的时代条件下，我们尤其需要大力弘扬实事求是精神、改革创新精神、以人为本精神、艰苦奋斗精神，使中国精神成为全党全国各族人民团结奋斗、推进中国特色社会主义事业的强大精神动力，让中国精神在新的时代条件下闪耀璀璨光芒。

有位教育家说："教育的使命就是帮助一个人的生命从自然人变成社会人，同时拓展一个人生命的长度、宽度和高度，帮助每个生命成为更好的自己。"历史书写活动同样能够让每个生命不忘来时的路，牢记心中的梦，绽放最美的自己。

历史长河奔涌向前，永不止步；历史写作，传承创新，永远在路上。

经过三年多的酝酿、素材准备、文稿撰写、讨论修改，这本书终于和读者见面了。书中采用学术讲座的风格，探讨了中学生为什么要进行历史写作、写什么、怎样写等问题。三位作者虽然教学风格与写作风格不同，但是他们共同的教育教学追求、良好的指导学生写作经验、丰富的历史写作评选素材、多次的探讨推敲修改，使这本书浑然一体，知识体系明晰，案例典型，重点突出，通俗易读，指导性强。

这本书是我们在指导中学生历史写作过程中记述的具有一定参考价值的反思文本，是指导中学生历史写作的经验总结。本书突出的特点是实现了理论研究与案例分析的有机结合，将案例放到一定的理论框架中去叙述与解释。书中理论的阐述力求通俗简约，结构的设计力求全面完整，案例的点评力求丰富多彩。理论内容是在解读《普通高中历史课程标准（2017年版2020年修订）》的基础上阐释历史写作中发展学生历史学科核心素养的目标，阐述写作准备的主要环节，阐明正文写作要素与辅文写作要求。案例内容则是总结和梳理了"兰山杯"中学生历史写作活动中的部分典型案例和素材。这本书为中学历史教师打开了新的思路，有助于广大中学历史教师改变教学方式，将中学生历史写作融汇到历史课程和教学过程中，使历史教学向课外延伸。这本书也为广大中学生开阔了学习历史的新视野，满足了中学生写历史的需要，教会他们收集史料叙写历史，唤醒他们主动了解和关注历史，寻找历史真相，并主动承担起家庭和社会所赋予的历史责任。

编写本书的初衷是汇聚历史写作的实践智慧，切切实实为历史教师开展历史写作指导提供开阔的思路与启迪，帮助他们不断地去破解中学生历史写作的困惑和难题，指导中学生在历史写作中了解身边的历史，把握现在，创造未来，在历史写作中借鉴历史，完善自己，充实人生，在历史写作中反思历史，认清方向，造福社会。本书在编写过程中，借鉴了许多专家学者的研究成果，得到了兰州市高中历史学科教学研究基地、兰州市教科所历史学科中心教研组的大力支持，"兰山杯"中学生历史写作活动发起人、金城名校长、兰州市第三十三中学校长骈旭为本书撰序，书中吸收了"兰山杯"中学生历史写作活动中的部分优秀写作案例，我们均已在书中一一注明，在此谨向他们真挚地表达我们的敬意和感谢！

由于编者的水平和时间所限，特别是中学生历史写作尚处于起步阶段，书中难免有疏漏和不妥之处，肯定存在有待完善的地方，恳请读者批评指正。

施泽玉

2022年11月28日